Der Ukraine-Konflikt, Russland und die europäische Sicherheitsordnung

Schriftenreihe des Wissenschaftlichen Forums für Internationale Sicherheit e.V. (WIFIS)

herausgegeben von Prof. Dr. Michael Staack

Band 33

Michael Staack (Hrsg.)

Der Ukraine-Konflikt, Russland und die europäische Sicherheitsordnung

Verlag Barbara Budrich,
Opladen • Berlin • Toronto 2017

Bibliografische Information der Deutschen Nationalbibliothek
Die Deutsche Nationalbibliothek verzeichnet diese Publikation in der Deutschen Nationalbibliografie; detaillierte bibliografische Daten sind im Internet über http://dnb.d-nb.de abrufbar.

Gedruckt auf säurefreiem und alterungsbeständigem Papier.

www.budrich-verlag.de

ISSN 1864-6131

ISBN 978-3-8474-2089-7 (Paperback)
eISBN 978-3-8474-1119-2 (eBook)

Umschlaggestaltung: Walburga Fichtner, Köln
Typographisches Lektorat: Anja Borkam, Jena – kontakt@lektorat-borkam.de
Druck: paper & tinta, Warschau
Printed in Europe

Inhalt

Einleitung

Michael Staack

Im Jahr 2014 jährte sich zum 100. Mal der Beginn des *Ersten Weltkrieges*. In verschiedenen Reflexionen und Publikationen zu diesem Jahrestag wurde darauf hingewiesen, dass die Architekten (und wenigen Architektinnen) der neuen Ordnung nach dem Ende des Ost-West-Konflikts aus den Fehlern gelernt hätten, die die zweite große Katastrophe, den *Zweiten Weltkrieg*, mit verursacht hätten. Die *Friedens- und Sicherheitsordnung* in Europa sei stabil, die frühere *Konkurrenz* von Großmächten durch *Sicherheitsgemeinschaften* wie die EU oder die NATO überwunden, Territorialkonflikte und Wettrüsten gehörten der Vergangenheit an. Ganz anders sehe es in *Ostasien* aus. Die dortige Sicherheitskonstellation sei mit der europäischen vor 1914 vergleichbar. Kriegerische Konflikte seien dort möglich und „das heutige China in der Position des wilhelminischen Deutschland" (vgl. Münkler 2013: 773). Zehn Wochen nach Jahresbeginn begann die *Krim-Krise*, die sich zum *Ukraine-Konflikt* ausweitete und das *Ende der westlichen Partnerschaft mit Russland* und damit auch der bisherigen europäischen Sicherheitsordnung bedeutete.

2015 folgte ein weiteres wichtiges Jubiläum: der 200. Jahrestag des erfolgreichen Abschlusses des *Wiener Kongresses*. Dieser Kongress schuf eine europäische Sicherheitsordnung, die, beruhend auf Gleichgewichtspolitik und ungeachtet zahlreicher Krisen und Machtverschiebungen, im Grundsatz bis zur Entfesselung des Ersten Weltkrieges bestehen blieb. Bemerkenswerterweise dauerte es 160 Jahre, bis der nächste *gesamteuropäische Kongress* zusammentrat: 1975 unterzeichneten in Helsinki 35 Staats- und Regierungschefs (unter Einschluss der USA und Kanadas; ohne Albanien) die bis heute gültige *Schlussakte der Konferenz über Sicherheit und Zusammenarbeit in Europa*. Anfang der 1990er Jahre dann, nach dem Ende des bipolaren Konflikts, wurde Wien zum Sitz der wichtigsten KSZE- bzw. (seit 1994) OSZE-Institutionen und damit zur informellen Hauptstadt des gesamteuropäischen Kooperationsprojekts.

Über die *Einordnung des Wiener Kongresses*, insbesondere seine Friedens- und Stabilitätswirkung, und über die *Ursachen des Ersten Weltkrieges* bzw. deren Gewichtung wird, das haben die Jahrestage nochmals deutlich gemacht, wird weiterhin heftig debattiert.[1] Die große historische Distanz hat folglich nicht zu eindeutigen wissenschaftlichen Urteilen geführt. Insofern verwundert es nicht, dass auch über die *Ursachen des derzeitigen Ukraine-*

1 Vgl. zum Wiener Kongress Duchhardt 2013; Kissinger 1990; Lentz 2014; Zamoyski 2014; zum Ersten Weltkrieg Clark 2013; Krumeich 2014; Münkler 2013.

Konflikts sehr unterschiedliche Sichtweisen bestehen. Russland hat mit seiner Annexion der Krim-Republik und mit der Unterstützung sezessionistischer Gewaltakteure in der Ost-Ukraine die völkerrechtlichen Grundsätze der territorialen Integrität und Souveränität der Staaten gebrochen. Zu diesem Konflikt haben aber, in längerfristiger Perspektive, unterschiedliche Entwicklungen beigetragen, über deren Ursächlichkeit bzw. Bedeutung nach wie vor gestritten wird. Einseitige Schuldzuweisungen mögen im politischen Bereich gebräuchlich sein, in der Wissenschaft verbieten sie sich in Bezug auf komplexe Konfliktkonstellationen von selbst. Aus einer kritischen Reflexion und genaueren Analyse der Fehlentwicklungen, die zum russischen Völkerrechtsbruch und zum Ende der bisherigen europäischen Sicherheitsordnung führten, können – nicht zuletzt – Schlussfolgerungen für eine bessere *Organisation der Sicherheit* in der Zukunft abgeleitet werden.

Dieser Band vereint *unterschiedliche Sichtweisen* auf den Ukraine-Konflikt und auf mögliche Strategien, um die Krise der europäischen Sicherheit zu überwinden. Erich Csitkovits umreißt die Entscheidungen, mit denen EU, NATO und OSZE auf das russische Vorgehen im Ukraine-Konflikt geantwortet haben. August Pradetto diskutiert die Entwicklung der westlich-russischen Beziehungen seit dem Ende des Ost-West-Gegensatzes und diagnostiziert, dass ein echter Neubeginn u.a. aufgrund verfestigter Identitätsperzeptionen nicht stattgefunden habe. Dagegen argumentiert Klaus Wittmann, dass die Hauptverantwortung für den Konflikt bei Russland liege, dass auf Kooperationsangebote von NATO und EU nicht eingegangen sei. Der Westen müsse aber *über Putin hinausdenken* und künftig wieder eine erneuerte Partnerschaft mit Russland anstreben. Egbert Jahn analysiert die innergesellschaftlichen Debatten und veränderten Anforderungen in Bezug auf die deutsche Russland-Politik. Er plädiert für eine Aufgabenteilung zwischen staatlichem und zivilgesellschaftlichem Handeln. Gerhard Jandl befasst sich mit den Motivstrukturen und Neubestimmungen in der russischen Außenpolitik, die oft nur schwer nachvollziehbar sei. Rudolf A. Mark ordnet die Ukraine-Politik Putins in den historischen Kontext der Beziehungen zwischen Moskau und Kiew ein. Ulrich Kühn legt eine Bestandsaufnahme des Verfalls der Rüstungskontrollvereinbarungen in und für Europa vor und macht deutlich, dass die Geringschätzung dieses herausragenden sicherheitspolitischen Instruments schon seit über 15 Jahren um sich greift. Michael Staack diskutiert die zentralen ordnungspolitischen Konfliktpunkte zwischen Russland und dem Westen und unterbreitet fünf Vorschläge, die eine Verbesserung der Beziehungen fördern könnten.

Die Debatte über das Verhältnis zum europäischen Nachbarn Russland und über die Wiederherstellung der gesamteuropäischen Friedens- und Sicherheitsordnung hat erst begonnen. Möglicherweise wird es auch diesmal, wie in den 1960er Jahren, einer *Politik der kleinen Schritte* bedürfen, um letztendlich zu *großen, friedenstauglichen Lösungen* zu kommen.

Hamburg, im April 2017

Prof. Dr. Michael Staack

Literatur

Clark, Christopher (2013): Die Schlafwandler. Wie Europa in den Ersten Weltkrieg zog, München.
Duchhardt, Heinz (2013): Der Wiener Kongress. Die Neugestaltung Europas 1814/15, München.
Kissinger, Henry A. (1990): Das Gleichgewicht der Großmächte, Zürich.
Krumeich, Gerd (2014): Juli 2014. Eine Bilanz, Paderborn.
Lentz, Thierry (2014): 1815. Der Wiener Kongress und die Neugründung Europas, München.
Münkler, Herfried (2014): Der Große Krieg. Die Welt 1914 bis 1918, Berlin.
Zamoyski, Adam (2014): 1815. Napoleons Sturz und der Wiener Kongress, München.

Die Krise in der Ukraine – Auswirkungen auf die europäische Sicherheitspolitik

Erich Csitkovits

1. Ursachen der Ukraine-Krise

Die Ukraine war seit der Unabhängigkeit stets im Spannungsfeld westlicher und russischer geopolitischer Interessen und steht daher im Zentrum der gesamteuropäischen Stabilität. Die Annexion der Krim durch Russland im Frühjahr 2014 stellt eine schwere Verletzung des Völkerrechts und somit der Grundsätze der *Charta der Vereinten Nationen*, der *KSZE-Schlussakte von Helsinki*, der *Erklärung von Minsk* 1991 betreffend die Gründung der *Gemeinschaft Unabhängiger Staaten* zwischen Russland, der Ukraine und Weißrussland sowie des *Budapester Memorandums* aus 1994 dar. Diese Annexion wurde deshalb vor allem auch von der internationalen Staatengemeinschaft und im Besonderen von der Europäischen Union auf das Schärfste verurteilt. Erstmals seit 1945 wurden Grenzen zwischen zwei europäischen Staaten mit militärischer Gewalt de facto, jedoch nicht de jure, geändert: „Damit wurde die im Verlauf von Jahrzehnten geschaffene Friedensordnung infrage gestellt" (Vukovich 2014: 31). Für die Souveränität eines jeden Staates, somit auch für die Ukraine, gilt, dass jeder Staat sich über seine *politische*, *wirtschaftliche* und *sicherheitspolitische Ausrichtung* frei entscheiden und somit seine Zukunft frei bestimmen kann.

Im Fall der Ukraine geht es vor allem um sich überlappende *geopolitische Interessen* der USA und Russlands. Dieser Konflikt um die Einflusssphären „hat die heutige Krise maßgeblich mit herbeigeführt" (Staack 2015: 8). Ein derartiger Konflikt kann jedoch keineswegs im Interesse Europas liegen. Russlands Präsident Vladimir Putin merkte einst sarkastisch an: „Vielleicht ist ja die Art und Weise, wie Amerika Führung praktiziert, mit dieser ganz besonderen Selbsteinschätzung tatsächlich ein Segen für uns" (Seipel 2015: 47). Putin weiter: „Vielleicht bringt ja diese weltweite Einmischung Frieden, Fortschritt, Wachstum und Demokratie, und wir sollen uns einfach entspannen?" Putin beantwortete diese Frage wie folgt: „Einseitiges Diktat, das Bestreben, jemanden sein Modell aufzuzwingen, bewirkt das Gegenteil" (ebd.: 47f.).

Aus russischer Sicht geht es im Ukraine-Konflikt keineswegs um *völkerrechtliche Fragen*, sondern um klare *Machtinteressen* mit dem Ziel, die Ausdehnung von NATO und EU an die russischen Grenzen zu verhindern. Russlands Präsident Putin sprach sich in diesem Zusammenhang während der

Münchener Sicherheitskonferenz im Februar 2007 vehement gegen die Errichtung eines US-Raketenabwehrsystems in Mitteleuropa aus und warf in diesem Zusammenhang der US-Führung vor, „eine monopolare Welt anzustreben" (Hauser 2008: 11). Die Sanktionen der EU sieht die politische Elite in Moskau nicht als Maßnahmen zur „Disziplinierung des Landes, sondern als den strategischen Teil eines offiziell nicht erklärten Krieges" an (Seipel 2015: 48). Der Russlandexperte Hubert Seipel schreibt dazu:

> „Was offiziell als moralischer Kreuzzug des Westens im Namen von Selbstbestimmung und mehr Demokratie verkündet wurde, ist für Putins Wirklichkeit der fortgesetzte Versuch, den Einfluss Russlands zu kappen. Ein Beweis für jene Doppelmoral, die im selben Atemzug dem russischen Präsidenten vorwirft, die alte Sowjetunion wiederherstellen zu wollen" (ebd.).

In den USA wird die Politik Russlands sehr verurteilt, wie auch aus der *US-Militärstrategie* vom Juni 2015 hervorgeht: Darin wird dargelegt, dass die russische Regierung die Souveränität der Nachbarstaaten nicht respektiere und auch nicht vor Gewalt zurückschreckt, um ihre politischen Ziele umzusetzen. Das Papier betont: „Russlands Militäraktionen unterminieren direkt die regionale Sicherheit" (Joint Chiefs of Staff 2015: 2) durch bewaffnete Einheiten, die stellvertretend für Russland agieren.

Russland sieht die Erweiterung der NATO und somit eine Ausdehnung des Westens als große Gefahr an. Bereits in der *Russischen Militärdoktrin* aus 1993 – diese wurde im Jahr 2010 durch eine neuere abgelöst – sind als Grundprinzipien verankert: ein starkes Russland als beste Schutzgarantie für die gesamten Territorien der ehemaligen Sowjetunion, „die Schutzpflicht gegenüber Russen im nahen Ausland, die Abwehr der Expansion der NATO sowie die Verteidigung der russischen Interessen im In- und Ausland" (Laqueur 2015: 233).

Viele Menschen im Westen hatten nach 1989 nicht verstanden, dass Russland aus Sicht der politischen Eliten in Moskau eine Demütigung erfahren hatte:

- erstens durch den Zerfall der Sowjetunion mit dem Wegfall seines unmittelbaren Einflussgebietes vor allem in den westlichen Nachfolgestaaten der Sowjetunion und den ehemaligen mitteleuropäischen Verbündeten des Warschauer Paktes und
- zweitens der damit verbundenen „Siegerrolle" des Westens (vgl. Holmes/Krastev 2015: 14).

Folglich sieht der Westen den post-sowjetischen Staatsbildungsprozess als „Ordnung", Russland diesen jedoch als „Unordnung" an (ebd.). Umgekehrt werden vom Westen die eingefrorenen Konflikte in Moldawien (Transnistrien), Georgien (Abchasien, Südossetien) und in Armenien/Aserbaidschan

(Nagorni-Karabach) als „Unordnung" angesehen. Russland sieht dagegen diese Art der Konfliktführung im Zusammenhang mit der *Schaffung defensiver Puffer* mit dem Ziel, „Ordnung" zu schaffen und in der Folge den westlichen Einfluss aufzuhalten bzw. einzudämmen (ebd.). Die Annexion der Krim und die Unterstützung der kriegerischen Konflikte in den Bezirken Donezk und Luhansk waren somit die Antworten Russlands auf die unzureichende Sensibilität des Westens gegenüber russischen „nationalen Interessen" (Aron 2015: 40).

Russland sieht seit mehr als 20 Jahren, dass sich vor allem die USA sehr bemüht, Staaten wie die Ukraine und Georgien in die *euro-atlantischen Sicherheitsstrukturen* umfassend zu integrieren. Während sich die Ukraine bereit erklärte, auch über die *NATO Response Force* (NRF) verstärkt mit der NATO streitkräftepolitisch zusammenzuarbeiten, ist Georgien seit der so genannten *Rosenrevolution* 2003 bestrebt, erstens eine Teilnahme am *Membership Action Plan* (MAP) der NATO und zweitens in der Folge eine Aufnahme in das Bündnis zu erreichen. Die NATO hatte am 3. April 2008 auf ihrem Gipfel von Bukarest die *Aufnahme von Georgien und der Ukraine* in Aussicht gestellt, wörtlich:

> „NATO welcomes Ukraine's and Georgia's Euro-Atlantic aspirations for membership in NATO. We agreed today that these countries will become members of NATO. […] MAP is the next step for Ukraine and Georgia on their direct way to membership. Today we make clear that we support these countries' applications for MAP" (NATO 2008: Punkt 23).

Nach dieser Zusage der NATO gegenüber der Ukraine und vor allem Georgien folgte der *August-Krieg* zwischen Georgien und Russland, das im Zuge dessen seither die abtrünnigen georgischen Provinzen Abchasien und Südossetien als unabhängige Staaten anerkennt. Mit der Errichtung des *NATO-Georgian Joint Training and Evaluation Center* im *Krtsanisi National Training Center* bei Tiflis im August 2015 soll die Partnerschaft zwischen der Allianz und dem südkaukasischen Land verstärkt werden. Dieses Zentrum dient der Ausbildung von Truppen aus NATO-Mitgliedstaaten genauso wie aus Partnerländern. Georgien erhofft die ersehnte Teilnahme am *Membership Action Plan* (MAP) als formelle Vorstufe für eine Mitgliedschaft in der NATO bewilligt zu bekommen (vgl. Defense News 2015b: 7; Agence France Presse/Defense News 2015).

2. Welche Auswirkungen hat die Ukraine-Krise nun auf die europäische Sicherheit?

Für die NATO und einige Partnerstaaten:

- Die NATO zielt auf die *Stärkung ihrer Mittel und Fähigkeiten an den Ostgrenzen des Bündnisses.* So wurde am 5. September 2014 in Wales der *Readiness Action Plan* beschlossen mit dem Ziel, Fähigkeiten für die kollektive Verteidigung und das Krisenmanagement mit folgenden Maßnahmen zu stärken: a) „Assurance" (Zusicherung) mit den Zielen ständige Luft-, Land- und Seepräsenz sowie Erhöhung der militärischen Aktivitäten im östlichen Teil der NATO (vgl. NATO 2014b: Punkt 7). Diese „Assurance" soll vor allem eine Abschreckung der NATO Richtung Osten auf der Grundlage der flexiblen Erwiderung – abhängig von der jeweiligen Sicherheitslage – gewährleisten (vgl. ebd.). b) „Adaption" (Anpassung) mit den Zielen Erhöhung der Einsatzfähigkeit der NATO-Hochbereitschaftstruppe NATO *Response Force* (NRF) durch die Entwicklung von Streitkräfteeinheiten, die in die Lage versetzt werden, in geeigneter Weise potenziellen Herausforderungen und Risiken entgegenzutreten (vgl. ebd.: Punkt 8). Als Teil der NRF wurde folglich in Wales vereinbart, eine *Very High Readiness Joint Task Force* (VJTF) ins Leben zu rufen: Diese VJTF soll als „spearhead within our response forces" (so Generalsekretär Anders Fogh Rasmussen) aus bis zu 5.000 Soldaten bestehen sowie zum Teil in Ostmitteleuropa stationiert sein. Für die VJTF sollen speziell Infrastruktur, Ausrüstung, Nachschub und Stützpunkte seitens ostmitteleuropäischer NATO-Verbündeter zur Verfügung gestellt werden (vgl. ebd.). In diesem Kontext sollen auch die Ständigen Seekräfte der NATO (*Standing Naval Forces*) verstärkt werden mit dem Ziel, maritime Lageauswertungen zu unterstützen und das volle Spektrum von konventionellen Seeoperationen durchzuführen (vgl. ebd.). Das regionale Hauptquartier *Multinational Corps Northeast* soll als Hub für regionale Kooperationen innerhalb der NATO aufgewertet werden (vgl. ebd.: Punkt 9). Die USA wird sich mit Führungseinheiten, Kampfflugzeugen und Überwachungskapazitäten an der VJTF beteiligen. Die NRF soll von 13.000 auf 40.000 Soldaten (einschließlich VJTF) aufgestockt werden (vgl. NATO 2015).
- Die *ukrainischen Streitkräfte* sollen künftig mit jenen der NATO interoperabler werden und sich weiterhin regulär an NATO-Übungen beteiligen (vgl. NATO 2014a: Absatz 9). Zudem nimmt die Ukraine weiterhin an der *NATO Response Force* (NRF) teil. Die NATO wird auf jeden Fall „Küstenstaaten des Schwarzen Meeres" unterstützen, um deren Sicherheit und Stabilität zu gewährleisten (vgl. NATO 2014b: Punkt 18).

- Die *Suspendierung aller zivilen und militärischen Kooperationen* zwischen der NATO und Russland bleibt in Kraft, politische Kommunikationskanäle bleiben weiterhin offen (vgl. ebd.: Punkt 22). Sämtliche Stabilisierungsmaßnahmen in Bezug auf die Ukraine-Krise werden von der NATO unterstützt, so jene der OSZE und der EU, die eine zivile GSVP-Mission zwecks Sicherheitssektorreform inklusive Reform des Polizeisektors und Achtung der Rechtsstaatlichkeit durchführt (vgl. ebd.: Punkt 27).
- Die durch die Ukraine-Krise geänderte geopolitische Lage veranlasste *Litauen*, die Wehrpflicht wieder einzuführen. Nach Zustimmung des Parlaments werden seit Ende 2015 jährlich wieder 3.000 bis 3.500 Rekruten über neun Monate ausgebildet werden. Diese Wehrpflicht soll vorerst fünf Jahre gelten und alle männlichen Staatsbürger von 19 bis 26 Jahren erfassen, für jene mit höherer Ausbildung soll sie sogar bis zum 38. Lebensjahr bindend sein (vgl. Litauisches Verteidigungsministerium 2015). Die Armee des Landes besteht derzeit aus 8.000 Berufs- und Zeitsoldaten, zu denen noch 4.500 freiwillige Reservisten zu zählen sind. Das Budget 2014 belief sich noch auf 0,78 Prozent des BIP und wurde 2015 auf 1,11 Prozent des BIP angehoben (vgl. Jedlaucnik 2015: 8). *Polen* und *Schweden* haben beschlossen, ihre Seestreitkräfte auszubauen, als eine direkte Antwort auf die seitens des Kremls erfolgende Stärkung der Marine- und Luftkapazitäten „in den Regionen des Baltikums und des Hohen Norden" (O'Dwyer 2015: 11). Mit Hilfe eines amerikanischen Kapitalinvestitionsprogramms von zwei Milliarden US-Dollar wird Schweden eine neue U-Bootklasse beschaffen, bereits existierende Korvetten in Fregatten konvertieren und seine Militärpräsenz auf Gotland verstärken (vgl. ebd.). Schweden plant zwischen 2016 und 2020 aufgrund der nach eigener Argumentation russischen militärischen Ambitionen das Verteidigungsbudget um 1,18 Milliarden US-Dollar (10,2 Milliarden Kronen) zu erhöhen (vgl. Defense News 2015a: 3).
- *Norwegen* wird am US-Raketenabwehrprogramm teilnehmen, zudem soll das jährliche norwegische Verteidigungsbudget von derzeit 1,43 Prozent des BIP auf zwei Prozent erhöht werden. *Polen* sowie *Lettland* und *Litauen* erhöhen als Reaktion auf die Ukraine-Krise ebenso ihre Verteidigungsbudgets auf zwei Prozent des BIP (vgl. Adamowski 2014: 7), seit 2015 gehören zudem Soldaten der georgischen Streitkräfte erstmals der NATO-Hochbereitschaftstruppe *NATO Response Force* (NRF) an. In der Folge erreicht die *militärische Kooperation zwischen Georgien und der NATO* eine neue Ebene. Georgien stellt eine Kompanie von 130 Soldaten; deren Beteiligung an der NRF wird von den USA finanziert. Tatsächlich wird die NATO Georgien aber nicht als Mitglied aufnehmen, solange seine Gebietsprobleme in Hinblick auf Abchasien und Südossetien nicht gelöst sind (vgl. Georgia Online 2015).

- In *Polen* verzeichnen derzeit sogenannte *Bürgermilizen* und paramilitärische Verbände regen Zulauf: dort herrscht die Befürchtung, „das nächste Opfer einer russischen Aggression zu werden“ (Der Spiegel 2015: 88). Laut Schätzungen sollen über 500.000 *Vaterlandsschützer* in mehr als 100 Verbänden und Gruppen für den Ernstfall trainieren, darunter auch viele Frauen: „Feindbild der Milizen sind die sogenannten grünen Männchen, jene Soldaten ohne Hoheitsabzeichen, die […] von russischer Seite auf die Krim eingedrungen waren“ (ebd.). Polen plant zudem die Beschaffung von *Cruise Missiles* für drei U-Boote, die bis 2023 angekauft werden sollen, zudem sollen auch norwegische Seeraketen angeschafft werden (vgl. O’Dwyer: 2015: 11).
- Zahlreiche Übungen und Truppenstationierungen erfolgten indirekt oder direkt als Reaktion auf die Ukraine-Krise, auch mit Ländern der Partnerschaft für den Frieden: so fand von Ende Mai bis 4. Juni 2015 die Übung *Arctic Challenge Exercise 2015* mit 3.600 Soldaten und 115 Kampfflugzeugen in Finnland, Schweden und Norwegen statt, ebenso nahmen Truppen aus der Schweiz, USA, Deutschland, Großbritannien, Frankreich und den Niederlanden teil (vgl. Anwar 2015: 6). Der Schweizer Beitrag umfasste acht Kampfflugzeuge vom Typ F-18 sowie insgesamt 15 Piloten und 45 weiteren Angehörigen der Luftwaffe, die im Norden Schwedens stationiert waren (vgl. SRF 2015). Finnland und Schweden sowie auch Estland, Lettland und Litauen haben seit dem Ausbruch der Krise in der Ukraine im Frühjahr 2014 erhöhte Aktivitäten russischer Kampfflugzeuge angrenzend an ihre Lufträume „mit Besorgnis registriert“ (Anwar 2015: 6). Zudem nehmen Rivalitäten um Bodenschätze in der Arktis mit Russland zu: „Wir gewährleisten unsere Sicherheit zusammen mit anderen – und das bedeutet, dass wir zusammen trainieren müssen“, so Carl-Johan Edström von der schwedischen Luftwaffe (ebd.). Im Gegenzug hat Russland mit dem Ausbau der Streitkräfte in der Arktis begonnen. Im Frühjahr 2015 hatte Russland Bauteile für eine Marienbasis auf die Inselgruppe Franz-Josefs-Land transportiert und in der Nordpolarmeerregion Luftabwehrraketen stationiert. Im März 2015 gab es von den russischen Streitkräften auch die Durchführung eines Großmanövers von 40.000 Soldaten an der arktischen See. Russland beabsichtigt ebenso die Stationierung von mehr Kampfflugzeugen in dieser Region und auch die Errichtung eines Frühwarnsystems (vgl. ebd.).

Für die OSZE hat der Ukraine-Konflikt folgende Auswirkungen:

- Die OSZE avancierte im Zuge der Ukraine-Krise wieder zu einer wesentlichen *Scharnier-Organisation* zwischen Russland und dem Westen. Unter Schweizer OSZE-Vorsitz hatte sich am 5. September 2014 die *Trilaterale Kontaktgruppe* in Minsk auf ein Protokoll mit zwölf Punkten geeinigt, das ebenso von Vertretern der ostukrainischen Separatisten unterzeichnet wurde. Die OSZE erklärte sich bereit, die Umsetzung der *Minsker Vereinbarungen* zu überprüfen. Seitens der OSZE sind die Sicherheitszone und der vereinbarte Abzug zu überwachen, dazu kann die OSZE auch Überwachungsdrohnen einsetzen. Im *Normandie-Format* hatten sich am 12. Februar 2015 Deutschlands Bundeskanzlerin Angela Merkel sowie die Präsidenten François Hollande (Frankreich), Vladimir Putin (Russland) und Petro Poroschenko (Ukraine) über die Implementierung des *Minsker Übereinkommens* geeinigt. Am 12. März 2015 wurde seitens der OSZE das Mandat für die *Special Monitoring Mission* (SMM) um weitere zwölf Monate ausgeweitet – bis 31. März 2016.[2] Zudem kann dadurch eine Erhöhung der Zahl der Beobachter auf bis zu 1.000 bewirkt werden (vgl. OSCE 2015).

- Unter OSZE-Diplomaten, so Österreichs Botschafter bei der OSZE, Christian Strohal, gilt derzeit das Mantra „no business as usual", solange nicht alle OSZE-Teilnehmerstaaten zu einer gemeinsamen Verantwortung für die Ukraine zurückfinden (vgl. Strohal 2015: 22). Die Antwort auf die Lösung der Ukraine-Krise wird insbesondere in den USA, in der EU, in Berlin, Paris, London, Warschau und besonders in Moskau als in der OSZE selbst zu finden sein; eine nachhaltige Lösung des Konflikts wird für die OSZE-Vorsitze Deutschlands 2016 und Österreichs 2017 „eine zentrale Herausforderung sein" (ebd.). Die OSZE bleibt also weiterhin „unverzichtbar in der Entschärfung der verbleibenden Krisen in Europa und vor allem im Umgang mit dem Ukraine-Konflikt" (ebd.).

Das Klima zwischen Russland und dem Westen einschließlich der gesamten EU hat sich seit der Annexion der Krim durch Russland erheblich verschlechtert: Die EU und USA setzten unter anderem *Sanktionen* gegen russische und ukrainische Politiker in Kraft; die Sanktionen betreffen Einreiseverbote, Visabeschränkungen und Kontensperren. Am 7. August 2014 wurden weitere Sanktionen gegen Russland seitens der EU in Gang gesetzt, nachdem Russland den Importstopp für Agrarprodukte aus der EU, den USA und anderen westlichen Staaten erklärt hatte. Österreichs damaliger Bundeskanzler Werner Faymann, Vizekanzler Reinhold Mitterlehner und Außenminister Sebastian Kurz äußerten sich am 29. Januar 2015 klar gegen eine Verschärfung der EU-Sanktionen. Kurz sprach sich Ende Januar 2015 beim EU-Außenministertreffen in Brüssel lediglich für eine Ausweitung der Liste von Personen aus, gegen die seitens der EU ein Einreiseverbot und weitere Maßnahmen verhängt werden könnten (vgl. Die Presse 2015: 8). Aufgrund der Differenzen in der Ukraine-Krise hatte Russlands Präsident Putin am 1. Dezember 2014 das *Aus* für den Bau der russischen Gaspipeline *South Stream* verkündet. Diese Pipeline hätte ursprünglich 63 Milliarden Kubikmeter russisches Gas durch das Schwarze Meer (und an der Ukraine vorbei) nach Euro-

1 Inzwischen erfolgte eine Verlängerung bis zum 31. März 2018.

pa bringen sollen. Die Europäische Kommission hatte stets erklärt, dass in der EU die Produktion von Gas und der Betrieb einer Pipeline zu trennen sind; also anders, als es bei der *South Stream* der Fall gewesen wäre (vgl. Auer/Steiner 2014: 15). Nach dem Aus für die *Nabucco*-Pipeline im Sommer 2013 ist die *South Stream* bereits das zweite Großprojekt zur Energieversorgung mit Russland, das gescheitert war.

Die Ukraine-Krise mit der Schließung des *South Stream*-Projektes markierte „den Höhepunkt einer Entfremdung zwischen Russland und Europa", die nicht erst 2014 begonnen hatte, sondern sich seit dem ersten Gaskonflikt zwischen Russland und der Ukraine 2006 schrittweise entwickelt hat (ebd.). Im Fall der Lösung des Konfliktes in der Ukraine hatte Deutschlands Bundeskanzlerin Angela Merkel Russland sogar Gespräche über einen gemeinsamen Wirtschaftsraum mit der EU in Aussicht gestellt. Merkel sagte am 23. Januar 2015 in Florenz, Gespräche zwischen der EU und der Ende Mai 2014 ins Leben gerufenen *Eurasischen Union* seien möglich (vgl. Salzburger Nachrichten 2015: 7).

Durch die Ukraine-Krise entstanden in Europa – sowohl im Westen als auch im Osten – *neue unsichtbare Mauern*, die einer Konfliktlösung in der Ukraine und auch in Moldawien und Georgien äußerst hinderlich gegenüberstehen. Durch die Ukraine-Krise und das russische Vorgehen in dieser Angelegenheit sind zudem bündnisfreie Staaten wie Finnland und Schweden dabei, sich mehr als je zuvor der NATO anzunähern. Die Ukraine-Krise *spaltet den Kontinent Europa* in allen Bereichen – politisch, wirtschaftlich und militärisch. Die internationale Diplomatie – von Washington über Brüssel bis Moskau – ist äußerst gefordert, mittel- bis langfristige Lösungen für die Beilegungen der Konflikte zu erarbeiten: Ein wesentlicher Schritt wird es sein, die *Ukraine* politisch und wirtschaftlich zu *stabilisieren*. Hier bedarf es auch und vor allem der *Miteinbeziehung Russlands* in diesem Prozess.

Literatur

Adamowski, Jaroslaw (2014): Russian, NATO Arms Race Takes Shape. In: Defense News, 9.6.2014.

Agence-France Presse/Defense News (2015): NATO Opens Training Center in Georgia Amid Russia Tensions. In: Agence France-Presse/Defense News, 31.8.2015, http://www.defensenews.com/story/defense/2015/08/27/nato-opens-training-center-georgia-amid-russia-tensions/32476321/ (Zugriff am 8.9.2015).

Anwar, André (2015): Kriegsspiele im hohen Norden. In: Die Presse, 27. Mai, S. 6.

Aron, Leon (2015): Putinology. In: American Interests, Autumn (September/October), S. 40-45.

Auer, Matthias/Steiner, Eduard (2014): Das kurze Leben einer langen Röhre. In: Die Presse, 3.12.2014, S. 15.

Defense News (2015a): Sweden to Boost Spending. In: Defense News, 20.4.2015, S. 3.
Defense News (2015b): NATO Training Center in Georgia. In: Defense News, 31.8.2015, S. 7.
Der Spiegel (2015): Milizen gegen grüne Männchen. In: Der Spiegel 13/2015, 21.3.2015, S. 88.
Die Presse (2015): Österreich bremst bei Sanktionen. In: Die Presse, 30.1.2015, S. 8.
Georgia Online (2015): Georgia has joined the Response Force – Irakli Gharibashvili, 29.9.2015, http://georgiaonline.ge/news/a1/defence/1443567112.php (Zugriff am 26.10.2015).
Hauser, Gunther (2008): Das US-Raketenabwehrsystem als sicherheitspolitische Herausforderung für Europa, WIFIS-Aktuell, Band 40, Bremen.
Holmes, Stephen/Krastev, Ivan (2015): Russia's Aggressive Isolationism. In: American Interests, Winter (January/February) 2015, S. 13-18.
Jedlaucnik, Herwig (2015): Die Auswirkungen der Ukraine-Krise auf die budgetäre Situation der europäischen Streitkräfte. In: ISS Aktuell, 1/2015, Bundesministerium für Landesverteidigung und Sport (Hrsg.), Wien.
Joint Chiefs of Staff (2015): The National Military Strategy of the United States of America 2015. The United States Military's Contribution to National Security, June 2015.
Laqueur, Walter (2015): Putinismus. Wohin treibt Russland? Berlin.
Litauisches Verteidigungsministerium (2015): National Defence Systems begins preparations for prospective resumption of conscription. In: Litauisches Verteidigungsministerium (www.kam.lt), 25.2.2015 (Zugriff am 26.2.2015), Lithuania to reinstate conscription following Ukraine Crisis. In: Defense News (www.defensenews.com), 25.02.2015 (Zugriff am 26.2.2015).
NATO (2008): Bucharest Summit Declaration, Issued by the Heads of State and Government participating in the meeting of the North Atlantic Council in Bucharest on 3 April 2008, Press Release (2008) 049.
NATO (2014a): Joint Statement of the NATO-Ukraine Commission, Thursday, 4.9.2014, Press Release (2014) 124.
NATO (2014b): Wales Summit Declaration, Issued by the Heads of State and Government participating in the meeting of the North Atlantic Council in Wales 4-5 September 2014, Friday, 5.9.2014, Press Release (2014) 120.
NATO (2015): Press conference by NATO Secretary General Jens Stoltenberg following the meeting of NATO Defence Ministers, NATO, Wednesday, 24.6.2015.
O'Dwyer, Gerard (2015): Baltic Faceoff. In: Defense News, 13.4.2015, S. 11-12.
OSCE (2015): The OSCE in Ukraine December 2014 to June 2015. In: Security Community (The OSCE Magazine), 1/2015, S. 7-8.
Salzburger Nachrichten (2015): Merkel bietet Putin Handelskooperation an. In: Salzburger Nachrichten, 24.1.2015, S. 7.
Schweizer Radio und Fernsehen (SRF) (2015): Manöver nahe Russland gestartet Schweiz trainiert mit. In: SRF Online, 25.5.2015, http://www.srf.ch/news/schweiz/manoever-nahe-russland-gestartet-schweiz-trainiert-mit (Zugriff am 26.10.2015).
Seipel, Hubert (2015): Putin. Innenansichten der Macht, Hamburg.
Staack, Michael (2015): Der Ukraine-Konflikt und die gesamteuropäische Sicherheit, WIFIS-Aktuell, Band 55, Opladen/Berlin/Toronto.

Strohal, Christian (2015): Helsinki-Realität: OSZE und der Ukraine-Krieg. In: Die Presse, 5.8.2015, S. 22-23.
Tchakarova, Velina (2010): Die Östliche Partnerschaft: ein Königsweg für Osteuropa zwischen europäischen Integrationsalternativen und russischen Machtaspirationen? Fokus 9/2010, Austria Institut für Europa- und Sicherheitspolitik (AIES) (Hrsg.).
Vukovich, Martin (2014): Die Helsinki-Akte als Basis für ein neues Zeitalter. In: Die Presse, 24.10.2014, S. 30-31.

Die Ukraine, Russland und der Westen: Die Inszenierung einer Krise als geopolitischer Konflikt[1]

August Pradetto

1. Einleitung

Seit der Nichtunterzeichnung des Assoziationsabkommens zwischen der Europäischen Union und Kiew Ende November 2013 durch den damaligen ukrainischen Präsidenten Janukowytsch haben sich die Beziehungen zwischen dem Westen und Russland rapide verschlechtert. Angesichts der bei allen bestehenden Differenzen und politischen Konjunkturen insgesamt doch engen und kontinuierlichen politischen, sicherheitspolitischen und wirtschaftlichen Kooperation beider Seiten seit dem Ende des Kalten Krieges – also seit 25 Jahren – kam diese Entwicklung überraschend. Auf westlicher Seite wird als Erklärung hierfür vielfach die Absicht der russischen Führung unter Präsident Putin angeführt, Russland als *Quasi-Sowjetunion* restaurieren und wieder eine *Großmachtrolle* einnehmen zu wollen. Als Beispiel wird etwa das Agieren in den abtrünnigen und nach dem Krieg mit Georgien 2008 von Moskau anerkannten Provinzen Südossetien und Abchasien, vor allem in der Ukraine mit der Abtrennung der Krim und der Unterstützung und Anstachelung separatistischer Kräfte im Osten und Südosten des Landes sowie das militärische Engagement in Syrien ab Herbst 2015 angeführt. Von russischer Seite wird dagegen behauptet, der Westen betreibe bereits seit 15 Jahren eine zunehmend *expansive Politik*, missachte *russische Interessen* und wolle Russlands *legitimen Platz* in den internationalen Beziehungen marginalisieren. Als Indizien werden vor allem die NATO-Osterweiterung bis an russische Grenzen, die Unterstützung *farbiger Revolutionen* mit dem Ziel von Regimewechsel in ehemaligen Republiken der Sowjetunion und in Russland selbst sowie die Interventionen von Serbien über Nordafrika bis in den Nahen und Mittleren Osten genannt.

Im Zusammenhang mit der Ukraine-Krise 2014 und den damit verbundenen Auseinandersetzungen zwischen dem Westen und Russland wurde darüber hinaus in Politik und Öffentlichkeit ein Vergleich zur Entwicklung nach dem Zweiten Weltkrieg bemüht und die Frage gestellt, ob ein *neuer Kalter Krieg* drohe. Tatsächlich erinnern aktuelle wechselseitige Anschuldigungen, Abgrenzungen, Sanktionen, militärische Drohgebärden und Inter-

1 Teilweise basiert der vorliegende Text auf Pradetto 2014a.

ventionen an den Streit um Einflusssphären, der bald nach dem Ende des Zweiten Weltkriegs ausbrach. Damals fand diese Entwicklung ihren Höhepunkt in den Jahren 1948 bis 1950: Berlin-Krise, Gründung von NATO auf westlicher sowie Rat für gegenseitige Wirtschaftshilfe (RGW) und militärische Beistandsabkommen auf östlicher Seite, Etablierung von zwei sich feindlich gegenüberstehenden Staaten – Bundesrepublik Deutschland und Deutsche Demokratische Republik – auf deutschem Boden, Ausbruch des Korea-Kriegs sowie diverse andere politische Entscheidungen, die die Bildung gegnerischer Blocksysteme markierten.

Schon diese Grobskizzierung des beabsichtigten Vergleichs macht indes die *Grenzen einer komparativen Betrachtung* deutlich. Eine Aufteilung Europas und der Welt in zwei Allianzen wie nach 1945 ist in der Zeit nach dem Ende des Kalten Krieges nicht zu erkennen und auf absehbare Zeit auch nicht zu erwarten. Die Blockbildung nach 1945 folgte den in Europa und der Welt militärisch gezogenen Grenzen, deren Wächter die USA und die Sowjetunion waren. Es dauerte nicht einmal fünf Jahre, und die jeweiligen Einflussgebiete waren von einer weitgehenden Hegemonie der Supermächte geprägt. Der Westblock reichte von Alaska, Kanada, den USA über den Atlantik bis Westberlin, der Ostblock von Ost-Berlin über Polen, die Sowjetunion, das nach dem Bürgerkrieg weitgehend kommunistische China und die (1948 gegründete) Volksrepublik Korea bis zu den Kurilen im Nordosten Japans.

Die Lage 25 Jahre nach dem Zusammenbruch dieser Weltordnung, die in ihren Grundzügen bis 1989 Bestand hatte, sieht ganz anders aus. *Der Westen* dehnt sich aus und füllt (in *neorealistischen* Kategorien gedacht) größere Teile des *Vakuums*, das der Kollaps der alten Ordnung hinterlassen hat. Die bedeutsamsten Organisationsstrukturen des Westens, die NATO und die Europäische Union, haben heute mehr als doppelt so viele Mitglieder wie vor diesen Umbrüchen. Teilweise ist diese Expansion (vor allem in außereuropäischen Gebieten) bereits mit *Überdehnungen* verbunden, die zu Erosions-, Zentrifugal- und Krisenprozessen führen. Der Westen ist militärisch so überlegen, dass er *wars of choice* wie in Serbien/Kosovo, Afghanistan, Irak oder Libyen führen kann, ohne dass er ernsthaft Sanktionen zu gewärtigen hätte. Der *Sieg im Kalten Krieg* und das Ende der Sowjetunion wurden als *Ende der Geschichte* im Sinne einer unbestreitbaren Überlegenheit des marktwirtschaftlich-demokratischen Systems mit globaler Gültigkeit interpretiert[2], die die Umsetzung seiner historischen Mission – die weltweite Implementierung marktwirtschaftlicher und demokratischer Verhältnisse – zur unmittelbaren Aufgabe mache. Woraus wiederum die Strategie maßgeblicher westlicher Länder, allen voran der USA, resultierte, ihre wirtschaftlichen, politischen

2 Auch wenn der Urheber dieser These, der Politikwissenschaftler Francis Fukuyama (vgl. Fukuyama 1992), in der Community heftiger Kritik ausgesetzt war, spiegelt seine Grundidee in hohem Maße die Befindlichkeit *des Westens*, seinen *Gestaltungswillen* und seinen *Weltordnungsgedanken* wider.

und militärischen Strukturen bis weit hinein nach Osteuropa sowie global auszubauen.

Moskau dagegen hat seinen Weltmachtstatus verloren, auch mit Blick auf Möglichkeiten, zum neuen Zentrum des Raums östlich von NATO und EU zu werden. Dazu reichen weder die ökonomischen noch die militärischen, politischen und kulturellen Ressourcen. Neue Mächte sind im Aufstieg begriffen, und Russland ist global gesehen eines unter anderen „aufstrebenden Schwellenländern", wie die BRICS-Staaten[3] charakterisiert werden.

Gerade aufgrund dieser Unterschiedlichkeit kann schon vorab ein Resümee gezogen werden: Eine *Neuauflage des Kalten Krieges* mit ähnlichen Konsequenzen wie sie 1948 bis 1950 auf dem Höhepunkt der *Bipolarisierung* und in den Jahrzehnten danach zu beobachten waren, wird es, wie immer auch die Ukraine-Krise sich entwickelt und ausgeht, nicht geben. Dies hindert freilich nicht, jene Mentalitäten und Verhaltensmuster, Abgrenzungsprozesse, Exklusionen, Feinbildproduktionen, Negativprojektionen etc. zu charakterisieren und zu qualifizieren, die als Parallelen zwischen der Zeit nach 1945 und nach 1991 erkennbar sind. Derartige Phänomene sind in den internationalen Beziehungen vielfach zu beobachten. In der europäischen Geschichte haben sich indes *Besonderheiten im Verhältnis zwischen dem Westen und Russland* herausgebildet, die sie von anderen Prozessen dieser Art unterscheiden.

Eine grundlegende *These* der hier vorliegenden Analyse besteht darin, dass die aktuelle Eskalation auf eine seit langem bestehende *Auseinandersetzung um die ideologische, systemische und strategische Hegemonie in Europa* zurückzuführen ist. Vor allem seit 1917 – seit der kommunistischen Revolution in Russland – sind in dieser Auseinandersetzung *spezifische Verhaltensmuster* sichtbar, die es erlauben, von einer *besonderen Beziehungskultur* (im Sinne einer politischen Kultur) zwischen dem Westen und Russland zu sprechen. Die Rahmenbedingungen für diese westlich-russischen Beziehungen haben sich freilich im Laufe der Zeit massiv verändert. Der Westen steht seit 1991 nicht mehr wie 1945 einer Supermacht gegenüber, die halb Europa okkupiert hatte und sich anschickte, eine aggressive Strategie in der Außenpolitik zu verfolgen, die auf den Auf- und Ausbau entsprechender organisato-

3 Brasilien, Russland, Indien, China, Südafrika. – Im Juli 2014 wurde die *New Development Bank* gegründet, eine multilaterale Entwicklungsbank, die von den BRICS-Staaten als eine Alternative zu den bereits existierenden Institutionen *Weltbank* und *Internationaler Währungsfonds* gedacht ist (vgl. Lewis/Trevisani 2014; Desai/Vreeland 2014). Auch dieser Schritt ist ein Indiz für die eklatante Einflussdifferenz zwischen der UdSSR und Russland. Die Sowjetunion hatte 1949 mit dem RGW und seinen Unterorganisationen ein formal dem westlichen Weltwährungssystem ähnliches internationales Gefüge geschaffen, das sie dominierte. Im 2014 etablierten System der BRICS-Staaten kann von einer dominierenden Rolle Moskaus nicht gesprochen werden. – Zur Rolle Russlands im Rahmen von BRICS bzw. in der postbipolaren Ordnung (vgl. Schmucker/Mildner 2012: 66-71; MacFarlane 2006: 41-57; Staack 2013: 9-49).

rischer internationaler Strukturen und die politische, wirtschaftliche und militärische Unterstützung *revolutionärer* Kräfte in unterschiedlichsten Regionen der Welt zielte.

Dazu hat Russland heute mit einer im Vergleich zur Sowjetunion halbierten Population (zusätzlich geschmälert durch einen *financial*, vor allem aber *brain drain*), seiner fehlenden Wirtschaftskraft (das Bruttoinlandsprodukt entspricht gerade einmal der Hälfte des deutschen BIP), dem Verlust seines Vorbildcharakters als gesellschafts- und entwicklungspolitisches Modell, dem China, Indien oder die asiatischen *Tigerstaaten* längst den Rang abgelaufen haben, und einem Militär, dem nicht einmal ein Zehntel dessen zur Verfügung steht, was allein die USA für Rüstung ausgeben, keine Chance. Russland verfügt zwar weiterhin über ein erhebliches Atomwaffenarsenal und beeindruckende (wenn auch großteils veraltete) konventionelle Streitkräfte, die in einigen Bereichen vor allem in der ersten Hälfte der 2010er Jahre modernisiert wurden. Eine *Machtprojektion in globaler Dimension* lässt sich daraus nicht folgern. Die Ressourcen reichen höchstens, um einen Machtpoker wie in Georgien um Südossetien und Abchasien[4], in Moldawien mit Transnistrien, in der Ukraine um die Krim und einige Gebiete im Osten des Landes sowie über staatlich gesteuerte Konzerne im Energiesektor und in der Gestaltung der Nachschubwege für Energieversorgung auszutragen – allerdings ebenfalls beschränkt, weil Moskau selbst vom Erlös abhängiger ist als die meisten Kunden (vgl. Gotz 2014; Wipperfürth 2009). Nicht einmal die Integration der früheren baltischen Sowjetrepubliken Estland, Lettland und Litauen, mit ihren z.T. hohen Anteilen an russisch-sprachiger Bevölkerung, in NATO und EU konnte verhindert werden, ebenso wenig wie der Aufbau eines westlichen Raketenabwehrschirms, der bei Bedarf selbstredend auch eine Abwehrfunktion gegen eine mögliche *russische Bedrohung* darstellt.

An diesem Befund ändert auch der Sachverhalt nichts, dass Moskau seit dem militärischen „Erfolg" in der Ukraine wieder *neues Selbstbewusstsein als international handlungsfähige Militärmacht* zu demonstrieren versucht und ab Ende September 2015 russische Kampfjets zur Unterstützung des syrischen Regimes den *Islamischen Staat* und andere islamistische Rebellengruppen bombardierten. Dass Moskau als Militärmacht und möglicher Bündnispartner auf internationaler Ebene im Jahre 2016 besser dasteht als zuvor, hat indes vor allem mit desaströsen Fehlentscheidungen in der Außenpolitik westlicher Länder wie in Afghanistan, Irak und Libyen, einer zerstörerischen und radikalisierenden Dynamik im Zusammenhang mit den Aufständen in der arabischen Welt ab 2010 und einem massiven Vertrauensverlust in den Westen zu tun. Diese *Erosion westlichen Einflusses* hat dazu geführt, dass sogar die irakische Führung – gegen den Willen Washingtons – auch in Si-

---

4 Allerdings ist der rechtliche und politische Hintergrund dort ein anderer als bezüglich der Krim (vgl. Mutz 2014).

cherheitsfragen stärker mit Iran und Russland kooperiert, um ihr Überleben zu gewährleisten (vgl. Schattenblick 2015).

Man kann also in Bezug auf das mögliche Ergebnis der gegenwärtigen Auseinandersetzungen zwischen dem Westen und Russland höchstens von der *Miniaturausgabe eines Kalten Krieges* unter ganz anderen Vorzeichen sprechen,[5] wird der Kalte Krieg, wie er sich ab 1945/46 entwickelt hat, zum Maßstab genommen. Dass die Frage nach einem neuen Kalten Krieg in dieser massiven Form erst fast ein Vierteljahrhundert nach den historischen Umbrüchen Ende der 1980er Jahre gestellt wird, ist ebenfalls bezeichnend – nicht so sehr für Wiederbelebungsversuche einer neuen Sowjetunion oder eines neuen russischen Imperiums, sondern erstens für den beschränkten Radius sowjetischer Einflusssphärenpolitik. Sonst wären geopolitische Reaktionen auf die westliche Expansion schon viel früher erfolgt. Der Bezug auf den Kalten Krieg im gegenwärtigen westlichen Diskurs, der Russland als Fortsetzung der früheren Sowjetunion suggeriert, erscheint vor diesem Hintergrund als Element einer gegen die „neuen Feinde" des Westens gerichteten Auseinandersetzung um Weltordnungspolitik.[6]

Dieser Diskurs weist diverse *Kalte-Kriegs-Parallelen* auf. Was nach 1946 für die *Falken* in den westlichen Außenministerien und *Think Tanks kommunistische Sympathisanten* waren, wenn diese auf den Anteil des Westens bei der Erosion von Kooperation zwischen den Supermächten und der Eskalation von Konflikten hinwiesen, sind für diejenigen, die heute ein „entschlossenes Vorgehen" gegen Moskau fordern, *Putinversteher* und *Russlandverteidiger*. Auch die Verteilung inhaltlicher Positionen unter den *Ostexperten* ist ähnlich. In den ersten Jahren des Kalten Krieges konnten die *Traditionalisten* eine fast vollständige Diskurshegemonie in ihrer Negativbeurteilung sowjetischer und der Nichtinfragestellung westlicher Politik erringen. Erst ab den 1960er Jahren wurde dieser Zustand von den *Revisionisten* in Frage gestellt. In der Auseinandersetzung um die Ukraine 2014 war die Debatte ebenfalls von erstaunlicher Einseitigkeit geprägt (vgl. Mutz 2014).

In der deutschen wie in der angelsächsischen *Ostwissenschaft* hatte es in den 1950er Jahren noch einen weiteren, mit der skizzierten Auseinandersetzung zwischen *Traditionalisten* und *Revisionisten* zusammenhängenden Disput gegeben: die Frage von *Determiniertheit vs. Kontingenz*. Die *Traditionalisten* vertraten die Auffassung, jeder einzelne Schritt der Machtübernahme in Osteuropa, der Transformation der dortigen Länder zuerst in *Volksdemokratien* und dann in kommunistische Systeme, sei von Stalin langfristig strategisch angelegt und operativ durchgeplant gewesen. Die *Revisionisten* verwiesen dem gegenüber auf die Dynamik von Entscheidungen und Maßnahmen, die von der einen wie von der anderen Seite ausgingen, auf die Reaktivität

5 Heinz Gärtner sprach von einer möglichen „Karikatur des Kalten Krieges" (Gärtner 2014).

6 Andere Beispiele sind der Vergleich der serbischen Politik im Kosovo 1999 mit Auschwitz oder die Präsentation Saddam Hussein als *Hitler des 21. Jahrhunderts* 2002/03.

von Politik auf beiden Seiten, auf den interaktiven Charakter der Prozesse, die sich zum Kalten Krieg aufschaukelten sowie auf die Bedeutung von *Perzeptionen*, *Fehlperzeptionen* und *Wahrnehmungsmustern*. Keineswegs nur Stalin, sondern auch die USA wären nach dem Tode Franklin Roosevelts unter Harry Truman extrem realistisch-machtpolitischen Denkschablonen gefolgt und hätten eine expansive, von Exklusions- und Dämonisierungsmustern begleitete Politik verfolgt. Viele Ereignisse und Entwicklungen seien in einem kontingenten, interaktiven Eskalationsprozess entstanden (vgl. Antoniu 2001: 33-46; Gaddis 2007; Loth 2000; Macdonald 1995: 152-188; Schröder 1976: 488-506; Ulam 1973).

Auch diesbezüglich ist eine Ähnlichkeit mit der Debatte in der Ukraine-Krise evident. Innerhalb weniger Monate verfestigte sich bei einem relevanten Teil derer, die sich mit der Moskauer Politik beschäftigten, die Auffassung, Putin setze einen Plan zur *Restauration einer Quasi-Sowjetunion* und einer *russisch dominierten Einflusssphäre* um.[7] Die Annexion der Krim und die nachfolgenden Entwicklungen im Süden und Osten der Ukraine würden einer lang angelegten Strategie folgen – ungeachtet der Tatsache, dass Putin, die russische Außenpolitik und die Kooperationsperspektiven des Westens mit Russland wenige Monate zuvor noch viel positiver bewertet worden waren. Wie indes im Weiteren zu zeigen sein wird, war die Moskauer Ukraine-Politik und die Entwicklung des Verhältnisses zum Westen in einem hohen Maße von *Interaktion* und *Kontingenz* bestimmt. Stimmen, die diese Auffassung vertraten, waren in der Debatte eher unterrepräsentiert.

Bei der Beantwortung der Frage, warum Beobachter und Analysten, denen *grosso modo* die gleichen Fakten vorliegen, zu so unterschiedlichen Ergebnissen kommen, ist ebenfalls ein Rückblick auf die dargestellte Debatte in der *Ostwissenschaft* zu Zeiten des Kalten Kriegs hilfreich. Die *Traditionalisten* blendeten eine kritische Bewertung der *eigenen*, westlichen Seite einfach aus; die Vernünftigkeit, Richtigkeit und Rechtmäßigkeit dieser Politik wurde schlicht vorausgesetzt. Solcherart erschienen die Entscheidungen des „Gegners“ nicht nur als aggressive Akte, gegen die man sich zu wehren hatte und auf die man reaktiv und defensiv Antworten suchte, sondern auch als eine Abfolge von Maßnahmen, die einem *bösen*, *ausgeklügelten Plan* folgten. Dem gegenüber verteidige der Westen – damals wie heute – Freiheit und Demokratie gegen den Despotismus und Expansionismus Moskaus. In dieser Weltsicht resultiert alles, was der Gegner unternimmt – auch Dialogangebote, Zugeständnisse oder Rückzüge –, aus einer *perfiden Strategie* des Machterhalts oder der Machterweiterung. Die Interpretation von Quellen und Dokumenten, die Auswahl von Zitaten etc. erfolgen durch diese Schablone.

Ein Charakteristikum des damit verbundenen Prozesses ist seine *Reziprozität* und *wechselseitige Konfirmation* bei den politischen Akteuren: Beide

7 Vgl. z.B. die „Münsteraner Erklärung“ von Mitgliedern der Deutschen Gesellschaft für Osteuropakunde vom April 2014.

Seiten folgen immer überzeugter dieser Sichtweise und sehen sich in zunehmendem Maße durch Denken, Handeln und Darstellung des Gegenübers als Feind in ihrer Auffassung bestätigt. Die Dynamik der Eskalation in den Kalten Krieg nach 1945 resultierte daraus, dass beide Seiten dieser Logik folgten und sich wechselseitig in ein immer stärkeres *Sicherheitsdilemma* manövrierten.

Dass von Seiten Moskaus in der Ukraine vor allem seit dem Sturz von Präsident Janukowytsch in der zweiten Februarhälfte 2014 eine *Aggression* stattfindet, die auf *geopolitischen Vorstellungen legitimer Einflusszonen* basiert, ist unzweifelhaft. Dass gegen eine solche, die Souveränität Anderer missachtende und verletzende Politik Maßnahmen zu treffen sind, die die mögliche Fortsetzung einer solchen Strategie konterkarieren, ist ebenfalls evident. Insofern liegen die vom Westen verhängten Sanktionen gegen Russland in der Logik des Eskalationsprozesses.

Zieht man indes nicht nur den Zeitpunkt der völkerrechtswidrigen Annexion der Krim und der Intervention in der Ostukraine durch Moskau und russische Nationalisten ab April 2014 (oder selektiv das Vorgehen gegen georgische Militäreinrichtungen im August 2008) in Betracht, sondern den historischen Kontext, wird deutlich, dass die *Ukraine-Politik Moskaus* nicht nur durch Sowjetnostalgie, Phantomschmerzen einer untergegangenen Weltmacht und neo-imperialen Vorstellungen über legitime russische Einflusssphären sowie dem Versuch determiniert wurde, durch eine nationalistische Mobilisierung und die Ableitung nach außen von internen Schwierigkeiten abzulenken. Diese Bedingungsfaktoren eines außenpolitischen Rollenverständnisses und Verhaltens sind nicht zu trennen von jenen Einflüssen und Entwicklungen im internationalen Umfeld, die vielen, von beiden Seiten betonten Intentionen einer gedeihlichen Kooperation und Bekundungen zu einer *gemeinsamen Sicherheit* zuwiderliefen. Der *westliche Anteil* an der Transformation politischer in moralische und Identitätsfragen sowie an der Geopolitisierung der ökonomischen, politischen und Sicherheitsbeziehungen in Europa und darüber hinaus wurde in der westlichen Berichterstattung über die Ukraine-Krise und in der Analyse der westlich-russischen Beziehungen vielfach ausgeblendet. Das ist der Grund, warum anschließend insbesondere diese Seite der Beziehungserosion beleuchtet wird.

Theoretisch-konzeptionell wird davon ausgegangen, dass *geopolitische Muster* und *Identitätskategorien* im Sinne eines Verständnisses der Rolle, die das eigene Land in den internationalen Beziehungen spielt bzw. spielen soll, nicht zu trennen sind. Die Dynamik dieses Zusammenspiels zu verdeutlichen, ist dezidierte Absicht nachfolgender Überlegungen. In einem ersten Schritt werden einige Determinanten des westlich-russischen Beziehungssystems benannt, wie sie sich in der neueren Geschichte herausgebildet haben. Der danach folgende Abschnitt widmet sich vor diesem Hintergrund der Entwicklung der westlich-russischen Beziehungen in der Ukraine-Krise ab dem

Sommer 2013, und zwar vor allem unter dem Aspekt geopolitisch-identitärer Dynamik. Im letzten Abschnitt wird neben einer Zusammenführung vorangehender Überlegungen auch die Frage nach alternativen politischen Strategien aufgeworfen.

2. Determinanten des westlich-russischen Beziehungssystems

Im Verlauf der vergangenen drei Jahrhunderte haben sich alles andere als einheitliche, gleichwohl in ihrer Diversität durchgängige und sich wiederholende Muster in der Gestaltung der Beziehungen herausgebildet, die erlauben, von einer *politischen westlich-russischen Beziehungskultur* zu sprechen (vgl. dazu Boulding 1969: 22-35; Frei 1985, 1989: 222-226; Jervis 1978; Kleinsteuber 1992: 50-53; Mark 2012; Neumann 1998: 17-44; Neumann/Pouliot 2011: 105-137; Nicklas 1985: 99-109; Stent 2007: 393-442; Weller 1993: 249-291).[8] Mit Blick auf die Ukraine-Krise und ihre Folgen für das westlich-russische Verhältnis wird hier auf einige wenige Faktoren rekurriert, die für die Auseinandersetzung mit der Problematik besonders relevant erscheinen.

Die Denkweisen und Verhaltensmuster, die die Beziehungen zwischen dem Westen und Russland charakterisieren, sind *heterogen* und *widersprüchlich*. Russland wurde in den vergangenen Jahrhunderten meist als *europäischer*, aber aufgrund seiner ungeheuren Ausdehnung zwischen Europa und Alaska auch als *asiatischer* oder *eurasischer* und als *regionaler* und *globaler* Machtfaktor betrachtet. Vor allem nach dem Wiener Kongress 1815 wurde Russland als konkurrierende Größe im europäischen Konzert und gleichzeitig als europäische Ordnungsmacht gesehen. Eine *systemische Abgrenzung* zwischen Europa bzw. dem Westen und Russland kam mit der forcierten ökonomischen Entwicklung in England und Kontinentaleuropa im 19. Jahrhundert. Karl Marx (und in seinem Gefolge andere) sprachen eher soziologisch, wirtschaftshistorisch oder ideologisch denn geopolitisch motiviert in idealtypischer Gegenüberstellung von Modernitätsentwicklungen von „asiatischer Produktionsweise“ und „asiatischer Despotie“, die Russland (und andere Gebiete im Osten) charakterisierten (vgl. Kößler 2001: 259-279; Marx 1983; Wittfogel 1962).

Andererseits hatten schon die russischen Zaren auf den Import westlicher Produktivkräfte (Bauern, Handwerker, Maschinen) gesetzt, um ihr Land zu modernisieren. Und auch in Russland setzte gegen Ende des 19. Jahrhunderts eine kapitalistische Entwicklung ein, die ein (vergleichsweise) kleines Unter-

8 Schon aus Platzgründen wird nachfolgend – von Ausnahmen abgesehen – auf Nachweise und Literaturhinweise im Einzelnen verzichtet.

nehmertum, eine kleine Mittelschicht und vor allem eine kleine Schicht von Lohnabhängigen kreierte, welche Lenin dann (in marxistischen Kategorien) als *revolutionäre Arbeiterklasse* betitelte und die die soziale Basis für seine gesellschaftlichen Umwälzungspläne darstellen sollten. Rechnet man Sozialismus und Kommunismus als Ideologie und gesellschaftliches Organisationsprinzip dem aus kapitalistischen Entwicklungen und Verhältnissen sowie aus demokratisch-revolutionären Emanzipationsvorstellungen resultierenden westlichen Denken zu, dann war die Umwälzung in Russland ab 1917 auch ein Produkt der europäischen Entwicklung. Die KPdSU wie auch die kommunistischen Parteien in den Satellitenstaaten nach 1945 waren – allen Unterschieden zum Trotz – vergleichsweise westlich orientierte Parteien, stellt man die Organisationsprinzipien und Strukturen den Herrschaftssystemen in orientalischen, asiatischen oder afrikanischen Ländern und Gebieten gegenüber.

Die versuchte *nachholende Entwicklung* durch Forcierung und Mobilisierung von Produktivkräften in Russland, die die kommunistische Partei zuerst unter Lenin, dann unter Stalin in Angriff nahm, orientierte sich an den fortgeschrittensten Entwicklungen des Kapitalismus und an den in Westeuropa ausgebildeten politischen und staatlichen Organisationsstrukturen. Vielfach folgte die Sowjetunion dem, was modernster Standard im Westen war, von der Architektur über die *Stachanow-Bewegung*, für die in US-Fabriken entwickelte arbeitsteilige Methoden Vorbild waren, bis hin zu den neusten Entwicklungen auf dem Gebiet der Hochtechnologie. In Teilbereichen war dies so erfolgreich, dass auch im Westen bis in die 1960er Jahre bei aller Abgrenzung gegen die Diktatur eine globale *Konkurrenz der Systeme* angenommen wurde. Ausdruck dessen waren u.a. der *Sputnik-Schock* und der dadurch ausgelöste *Wettlauf zum Mond*, massive Investitionen und Aufrüstungen von pro-westlichen Regimes in der sog. *Dritten Welt* oder auch der *Vietnam-Krieg* und die *Domino-Theorie*, die davon ausging, dass wenn ein Land in Ostasien (und in anderen Teilen der Welt) für den Westen verloren ging, die Nachbarn wie Dominosteine an Moskau fallen würden. Abgrenzungen resultierten vielfach aus Angst vor dem Erfolg, den das kommunistische System der Sowjetunion hatte: zum einen hinsichtlich der eigenen Entwicklung – nicht zuletzt der militärischen –, zum anderen in Bezug auf seine Außenwirkung – Nachahmung und Affinität prosowjetischer Parteien und Regimes in verschiedenen Teilen der Welt, die sich der westlichen Wirtschaft und Politik entzogen und ihr zum Teil feindlich gegenüberstanden.

Nicht nur aus *ideologischen* und *philosophischen* Motiven, sondern auch aus dieser *geopolitischen Konkurrenz* erwuchsen also jene Deutungs-, Abgrenzungs-, z.T. Dämonisierungsmuster, die ein seit dem Aufstieg der Sowjetunion elementares, je nach Konjunktur mehr oder weniger bedeutsames Charakteristikum des Beziehungssystems zwischen westlichen Ländern und Russland darstellt. In den vergangenen 100 Jahren – seit dem Ersten Weltkrieg und der *Oktoberrevolution* 1917 – überwog also mit konjunkturellen Schwankungen auf beiden Seiten eine *Politik der Abgrenzung und der Exklusion.* Im langen und umkämpften 20. Jahrhundert hatte diese Konkurrenz auch die Funktion, die jeweils eigene Identität zu festigen, politische Unterstützung und Ressourcen für die eigenen Interessen und Ziele (inklusive Kriege) zu mobilisieren und Krisen im eigenen Herrschaftsbereich zu externalisieren. Noch in den 1980er Jahren titulierte ein US-Präsident die Sowjetunion als *Reich des Bösen* und rechtfertigte solcherart seine Aufrüstungspläne. Auf der Gegenseite wurden über weite Strecken Kapitalismus mit *Imperialismus* und *Faschismus* gleichgesetzt und den westlichen Ländern unisono ein Wille zur Fortsetzung der Vernichtungspolitik des Dritten Reiches mit noch perfideren Mitteln unterstellt. Über Generationen hinweg bildeten sich entsprechende Images und Vorstellungen aus.

Dieses „Zeitalter der Ideologien“[9] und der heißen und kalten europäischen und Weltkriege war simultan ein Jahrhundert der Suche nach der *Identität des Kontinents* und seiner Bewohner. Diese Identitätssuche ist bis heute nicht beendet; auch das zeigt der aktuelle Konflikt um die Ukraine. Betrachtet man die wesentlichen Determinanten des Verhältnisses des Westens in den vergangenen 100 Jahren in seinen abgrenzenden und exklusiven Aspekten, dann lässt sich auch in Bezug auf Russland Ähnliches schlussfolgern wie es Edward Said für den „Orientalismus“ (Said 2010) getan hat: Die *Betrachtung des Anderen als Funktion der eigenen Identitätsfindung*, und zwar mit dem Ziel der Charakterisierung des Selbst als *positive Alternative* zu den Eigenschaften, die dem *Anderen* zugeschrieben werden. Nicht nur der Orient, sondern auch das große und weite Russland, dieses Reich im Osten, das zeitweise Teil und Verbündeter Europas war in der Auseinandersetzung mit dem Orient, nahm diese Funktion für Europa ein. Halbgesittetheit und Barbarei, Faulheit und Fatalismus, Trunksucht und Aggressivität, Zurückgebliebenheit und Despotie, Wildheit und Ungezügeltheit, Unterwürfigkeit und Grausamkeit, Vormodernität und *Potemkinsche Dörfer*, Totalitarismus und militärische Gefahr waren die negativen Images dessen, was man in Anlehnung an Said *Russismus* nennen könnte. Positive Images beschränkten sich meist auf die sich durch die Jahrhunderte ziehende Annahme, Russland sei ein mehr oder weniger begabter *Schüler Europas*, der gezähmt und zivilisiert werden müsse – mit oft mäßigem Erfolg (vgl. Neumann 1996a: 1ff., 1996b, 1998a, 1998b; Neumann/Pouliot 2011).

Zwar hatte insbesondere das 20. Jahrhundert gezeigt, dass die Vorstellung einer definitiven Eliminierung des Anderen eine Fiktion war, dass man aufgrund der jeweiligen Potenziale und der geographischen Nähe miteinander umgehen musste und dass der Austrag von Konkurrenz und Aversionen mittels Krieg katastrophale Folgen zeitigt. Dies hat vor allem nach dem Zweiten

9 So ein Buchtitel von Bender 1981; vgl. auch Bell 1960; Bracher 1982.

Weltkrieg zu einer Reihe von Versuchen geführt, Schnittmengen zu finden, Institutionen des Interessenausgleichs und der Mediation zu etablieren, sowie durch institutionalisierte wirtschaftliche, politische und sicherheitspolitische Kooperation den Zustand von Konkurrenz und Gegnerschaft wenn nicht zu überwinden so doch zu relativieren.

Aber erst mit der Auflösung der kommunistischen Systeme im Osten Europas und in der Sowjetunion schienen sich die systemischen wie auch die geopolitischen Voraussetzungen für die Gestaltung der Beziehungen zwischen Russland und dem Westen grundlegend zu ändern. Nach der Zustimmung zur deutschen Einigung, zur Auflösung des Warschauer Pakts und schließlich auch der Sowjetunion wurde Russland wieder vorwiegend als zu Europa gehöriger Teil des Kontinents (und als *Schüler Europas*) begrüßt. Beide Seiten bemühten sich um *integrative Entwicklungen.* In Russland war das verbunden mit einem neuen Modernisierungsanlauf, der bereits unter Michail Gorbatschow in der zweiten Hälfte der 1980er Jahre eingesetzt hatte.[10] Doch auch in dieser Zeit ab 1992 gab es in der Außenpolitik beider Seiten eine tendenzielle Kontinuität negativer Perzeptionen und Abgrenzungsmaßnahmen, die das Verhältnis auch schon nach 1917 und nach 1946 bestimmt hatten.

Teils bewusst, teils unbewusst, teils gewollt, teils ungewollt perpetuierte die *Konzeption Europas*, wie sie in den 1990er Jahren im Westen entworfen wurde, diese Abgrenzung und diese Identitätsbestimmung durch das Andere, das Russland darstellt. Neben der *Europäischen Union* wurde vor allem auch die *NATO* als *Wahrzeichen* und institutionelle Verkörperung der Zugehörigkeit zu Europa und zur *transatlantischen Gemeinschaft* präsentiert, nicht die Russland inkludierende OSZE, wie das kurzzeitig 1990/91 kontinentübergreifend projektiert worden war. Die Bi-Konstruktion EU-NATO[11] soll dem Grobkonzept nach alle europäischen Staaten zwischen dem Atlantik und dem Ural inkludieren – mit Ausnahme Russlands.

Die unter dem Gesichtspunkt der beidseitigen Reorientierung auf *abgrenzende Geopolitik* statt *inkludierende Kooperation* prekäre Entscheidung bestand in der Stilisierung der NATO zur *einzig funktionierenden Sicherheitsorganisation* auf dem europäischen Kontinent bei gleichzeitiger Exklusion Russlands aus diesem Sicherheitsbündnis. Moskau durfte am *Tisch 2* des Russland-NATO-Rats Platz nehmen, wo vor allem jene Themen besprochen werden sollten, bei denen Russland der NATO nützlich sein konnte. Je nach Bedarf wurde dieser Rat auch zur öffentlichen Bestrafung und Degradierung oder auch als Lob und Lockmittel genutzt. Die NATO blieb eine militärische

---

10 Zu den drei großen russischen Modernisierungsversuchen im 20. Jahrhundert vgl. Neutatz 2013; Reiman 1987.

11 Punkt 32 des NATO-Strategiekonzepts 2010: „Die beiden Organisationen vereint die Mehrheit ihrer Mitglieder, und alle Mitglieder beider Organisationen teilen gemeinsame Werte" (NATO 2010).

Organisation, die die Option einer Gegnerschaft zu Russland nie aufgab, auch wenn das NATO-Strategiekonzept von 2010 den Willen zu einer „wirklichen strategischen Partnerschaft" bekundete (vgl. NATO 2010).

Ein Indiz für die Rückkehr zur Geopolitik schon in der zweiten Hälfte der 1990er Jahre und gleichzeitig für das identitäre Verständnis bzw. für die identitätsbasierte Legitimierung dieser Politik war die Charakterisierung jeglichen russischen Vetos im Sicherheitsrat als *Blockade*. Diese Wertung verband sich mit einer systemischen Abgrenzung wie in vergangenen Sowjetzeiten, ungeachtet der Tatsache, dass nie in den 45 Jahren zuvor so viele gemeinsame Initiativen und Beschlüsse in den VN getroffen worden waren wie in der Zeit nach dem Ende des Kalten Krieges: Die westliche Politik legitimiere sich schon aufgrund des demokratischen Charakters ihrer Protagonisten; dem gegenüber wurde die Haltung Moskaus, immer wenn diese von der westlichen abwich, mit Hinweis auf ihren *demokratiedefizitären* Charakter delegitimiert. Vetos westlicher Staaten im Sicherheitsrat (z.B. im Falle von auf Israel bezogenen Resolutionen) wurden dagegen wie selbstverständlich nicht als *Blockade-Politik* gewertet, sondern als Ausdruck legitimen Handelns demokratischer Staaten, zugunsten des *einzigen demokratischen Staates im Nahen Osten*.

Der Westen wurde im Diskurs über divergierende Interessen und Auffassungen auch und gerade nach 1991 wieder das Synonym für das Richtige und Gute, *Russland* im Streitfall zum Synonym für das Negative, das dieses Land, seine Eliten und seine Politik schon immer ausgezeichnet habe. Diese *Existenzialisierung* in systemischen Kategorien war wiederum Katalysator geopolitischen Denkens. Umgekehrt war auf russischer Seite die Entwicklung analoger Muster deutlich. *Der Westen* wurde zunehmend mit seiner *imperialistischen Tradition* gleichgesetzt, gegen das sich ein von Eindämmung und Einkreisung bedrohtes Russland, das jetzt endgültig als europäischer und globaler Machtfaktor vernichtet werden solle, zu wehren habe. Und jede Seite wertete die Darstellung durch den Anderen als bösartige Denunziation, und sah sich dadurch in der negativen Beurteilung des Anderen bestätigt.

Die Initiative lag nach dem *Sieg* im Kalten Krieg beim Westen. Auf der Ebene operativer Umsetzung von Geopolitik kann die *Kosovo-Intervention* (gegen das Veto Russlands) und der Krieg der NATO gegen Serbien 1999 als Wendepunkt für diesen Prozess der Entfremdung und des Rückfalls in alte Muster erachtet werden. Damit verstärkte sich auch wieder jener Trend, der sich in der außenpolitischen Kultur ohnehin als wesentliche Determinante durch die Geschichte russischer Außenpolitik zieht: eine realpolitische Weltsicht, die Veränderungen wie die Erweiterung westlicher Organisationen als *Nullsummenspiel* begreift; Befürchtungen, unter nachteiligen Bedingungen zum Opfer militärischer Angriffe aus dem Westen werden zu können. Ausdruck dessen war die ab 2005 entwickelte Militärdoktrin der Russischen Föderation (veröffentlicht 2010), die von einer Verschärfung der Sicherheitslage des Landes ausging. Als externe militärische Gefahren wurden vor allem die Selbstlegitimierung der NATO für weltweite Einsätze außerhalb der Verteidigungsfunktion und außerhalb des VN-Sicherheitsrats, die Stationierung von NATO-Truppen in an Russland grenzenden Ländern, der Aufbau eines *Strategischen Raketenabwehrsystems*, die *Militarisierung des Weltraums* durch neue Waffensysteme sowie die „Verletzung" bzw. „Nichtbeachtung" internationaler *Rüstungskontroll- und Abrüstungsverträge* genannt, womit die Kündigung des *ABM-Vertrags* 2002 durch Washington und die Weigerung der NATO gemeint waren, den *Angepassten KSE-Vertrag* von 1999 zu ratifizieren (vgl. Klein 2010; RUSMilDok 2010 (offizielle Übersetzung des Bundesprachenamts vom 18.2.2010); Schmidt/Müller 2010).

Die strukturellen Verschiebungen und die sukzessive Akzentuierung abgrenzender Elemente in der außenpolitischen Kultur gingen einher mit personellen Veränderungen. Unmittelbar nach der Auflösung von Warschauer Pakt und Sowjetunion hatten sich mit Bill Clinton in den USA und Boris Jelzin in Russland zwei liberale Vertreter ihrer jeweiligen Interessen gegenüber gestanden. Mit George W. Bush und Vladimir Putin kamen zehn Jahre später die *Realisten* zurück und damit eine auf beiden Seiten stärker geo- und machtpolitisch definierte Außenpolitik. Als Fazit kann von einer vor allem seit Ende der 1990er und Anfang der 2000er Jahre sichtbaren *Geopolitisierung* der Beziehungen zwischen dem Westen und Russland gesprochen werden. Mit Putin übernahm ein Politiker die Führung in Moskau, der nicht nur das innenpolitische Chaos und die Macht der Oligarchen (vor allem jener, die ihm kritisch gegenüber standen) einschränken, sondern auch nach außen hin die *Würde der Nation* wiederherstellen und international die *legitimen Interessen Russlands* berücksichtigt sehen wollte. Das beinhaltete sowohl die Vorstellung einer *natürlichen* russischen Einflusszone in den Gebieten der ehemaligen Sowjetunion als auch die Wiedererringung einer globalen Machtstellung und ein Mitsprache- und Mitentscheidungsrecht in internationalen Angelegenheiten.[12]

Hinsichtlich der Mittel, um diese Zielsetzungen zu verfolgen, wurde angesichts der militärischen Überlegenheit des Westens und der eigenen Schwächeposition nicht in erster Linie auf *militärische Ressourcen* gesetzt, sondern auf ein *Wiedererstarken der russischen Wirtschaft*, wozu insbesondere der gigantische Reichtum an Gas und Öl beitragen sollte, und eine stärkere Kontrolle des Staates über diese natürlichen Ressourcen. Damit einher ging eine strategische Energiepolitik, die u.a. auf eine Umgehung der Ukraine

12 In der neuen russischen Sicherheits-/Militärdoktrin 2010 und in der neuen Konzeption der Außenpolitik der Russischen Föderation 2013 ist der in den Dokumenten von 1999 noch verwendete Begriff des „Nahen Auslands" nicht mehr zu finden, vielmehr wurde er durch „sphere of interest" (Einflusssphäre) ersetzt. Zu den Strategieveränderungen in der russischen Doktrin vgl. Baumgartner 2013; Blank 2011; Menkiszak 2014; Ruiz González 2013; Simons 2013.

mit Pipelines zielte, weil dieses *Nadelöhr* aus Moskauer Sicht erpressbar machte – etwa wenn sich Kiew weigerte, Energie weiterzuleiten, die für Mittel- und Westeuropa bestimmt war, bzw. die Pipelines bei eigenem Bedarf anzuzapfen. Das Vorantreiben von *North Stream* und *South Stream* versprachen darüber hinaus, die Energielieferungen aus dem öl- und gasreichen zentralasiatischen und kaspischen Raum nach Europa wenigstens teilweise kontrollieren zu können.[13]

Gegen den Irak-Krieg 2003 und die Aufnahme südosteuropäischer Länder wie Bulgarien und Rumänien in die NATO 2004 konnte man genauso wenig tun wie gegen die Integration der baltischen Staaten in die Allianz. Erst im Jahre 2008 gaben die von den USA subventionierte Politik der georgischen Führung unter Saakashvili und ihre Versuche, die abtrünnigen Provinzen Südossetien und Abchasien militärisch wiederzugewinnen, Moskau Gelegenheit „zurückzuschlagen", die Angriffe der georgischen Armee abzuwehren und die staatliche Selbständigkeit der beiden Provinzen anzuerkennen. Gleichzeitig konnte so zumindest vorerst ein Anliegen Washingtons durchkreuzt werden, mit Georgien ein weiteres Land an der russischen Grenze in die NATO aufzunehmen.

Mit Blick auf die *Rückkehr zu geopolitischen Denk- und Verhaltensmustern* ist festzuhalten: Vor dem Hintergrund der außenpolitischen Kultur Russlands und der postsowjetischen Gegebenheiten und Befindlichkeiten in Moskau wäre eine längerfristige Änderung im außenpolitischen Habitus und in den Einstellungen der politischen Führung des Landes in Richtung *mehr Kooperation*, *weniger Geopolitik* nur in einem dementsprechend veränderten Umfeld, d.h. durch eine entsprechende Außenpolitik des Westens sowie institutionelle Festschreibungen möglich gewesen. Es gab dazu Ansätze, sowohl von russischer als auch von westeuropäischer Seite. Die Vorschläge von Gorbatschow und Außenminister Eduard Shevardnadze zum Bau eines *gemeinsamen europäischen Hauses* und die von einigen westlichen Politikern und Experten propagierte *gemeinsame europäische Sicherheitsarchitektur* am Anfang der 1990 Jahre standen für diese Strömung.

All diese Ideen und Ansätze verflüchtigten sich indes innerhalb weniger Jahre. Was nach Kosovo, Afghanistan, Irak, Libyen und NATO-Osterweiterungsrunden bis knapp vor St. Petersburg in der sicherheitspolitischen Dimension außenpolitischen Denkens blieb, war die Bestätigung traditioneller Moskauer Auffassungen von einem expansiven und im Zweifel anti-russischen Westen. Die Konsequenz bestand in der Stärkung nicht der *kooperativ-europäischen Richtung* in der außenpolitischen Kultur, sondern der *abgrenzend-anti-westlichen Richtung*.

Nach der Rückkehr ins Präsidentenamt im Jahre 2012 entwickelte Putin eine neue Programmatik, „die Russland als machtpolitischen Gegenpol und

13 Zur Politik Moskaus zwischen Westorientierung und Integration im postsowjetischen Raum siehe Wipperfürth 2010.

als politisch-kulturelle, manche meinen gar ideologische Alternative zum Westen" definierte (Dembinski/Schmidt/Spanger 2014: 1). Die Behauptung, dass die Frage nach den Ursachen und Bedingungen russischen Außenverhaltens „weniger die Interaktionsdynamik zwischen Moskau, Brüssel und Washington als vielmehr die Ziele der russischen Führung" betreffe,[14] greift indes zu kurz. Putin ist bereits seit dem Jahre 2000 an der Macht. Bis 2013 sah der überwiegenden Teil der westlichen Rezeption innerrussischer Identitätsdebatten Putins Linie (und die seiner Mehrheitsfraktion in der Duma) im ideologischen und politischen Wettstreit mit den sich geopolitisch und gesellschaftlich ganz anders verortenden *Eurasiern* sowie den *russische Erde* sammelnden Nationalisten: vorrangig auf die Stärkung staatlicher Strukturen gerichtet, auf konservative Ordnungsvorstellungen und einen pragmatischen Realismus in der Außenpolitik. Mit diesen Einstellungen und Parametern wurden auch die Bemühungen der Moskauer Führung um eine enge Zusammenarbeit mit der EU und vielfach auch den USA erklärt: ihre internationale Statuspolitik als hochrangiges Mitglied der internationalen Gemeinschaft – am liebsten *auf Augenhöhe* mit den USA –, als Bestandteil der Gruppe der wichtigsten Industriestaaten (G8) ebenso wie die Kooperationspolitik im globalen Rahmen – sei es in der Frage der Terrorismusbekämpfung, der gegen die Politik des iranischen Präsidenten Achmadinedschad und für die im Sicherheitsrat der VN gegen Iran beschlossenen Sanktionen, der Kooperation in der Sechsergruppe, die sich um die Eindämmung des atomaren Bewaffnungsprogramms Pjöngjangs bemühte etc. pp.

Die Redefinition außenpolitischer Zielsetzungen ist also von der *Interaktionsdynamik im internationalen Raum* nicht zu trennen, zumal wenn man die russischen Identitätsdiskurse in den beiden Dekaden postsowjetischer Neubestimmung in Betracht zieht; sowenig wie die Redefinition der außenpolitischen Ziele und die Bestimmung der eigenen Rolle in der Weltpolitik durch Washington oder Berlin von den machtpolitischen Veränderungen nach dem Ende des Kalten Krieges, den neu eröffneten Möglichkeiten, den Erwartungen anderer Akteure, der Schwäche sonstiger Vetoplayer, konkreten Ereignissen wie *9/11* etc. zu separieren sind. Der psychologischen Attributionsforschung ist das Phänomen unterschiedlicher Standards bei der Begründung veränderter Verhaltensweisen durchaus geläufig: Der (von Dritten möglicherweise negativ bewertete) Wandel eigener Einstellungen und Verhaltensweisen wird meist mit äußeren Veränderungen bzw. Zwängen legitimiert; beim Gegenüber werden für negativ beurteilte Änderungen dagegen meist intrinsische Motive aufgrund negativer persönlicher Eigenschaften angenommen (vgl. Stein 2002).

---

14 Ebd. – Dembinski, Schmidt und Spanger fordern gleichwohl eine Russland einbeziehende europäische Sicherheitsordnung durch eine (im Report erläuterte) „Congagement-Strategie" sowie eine „Brückenfunktion" statt NATO-Mitgliedschaft für die Ukraine.

3. Russland und der Westen in der Ukraine/Krim-Krise

Die russisch-westliche Auseinandersetzung über die militärisch gestützte Regimewechselpolitik, die ab 2011 im Nahen Osten und Nordafrika insbesondere von Seiten der USA, Frankreichs und Großbritanniens eingeschlagen wurde (Sturz Gaddafis in Libyen 2011, Unterstützung gegen Assad kämpfender Rebellen in Syrien ab 2012, Vorbereitung militärischen Eingreifens im Iran 2013), wurde bereits vorrangig in geopolitischen Kategorien ausgetragen. Dieser Streit kulminierte im Jahre 2014 dort, wohin sich nun 25 Jahre nach Ende des Kalten Krieges in Europa die westlichen Grenzen verschoben hatten, und wo der Westen – in Moskauer Sicht – teilweise auch auf „urrussisches" Gebiet zugreifen wollte (vgl. Putin 2014: 94ff.).

Bereits kurz nach dem Amtsantritt von George W. Bush hatte die US-Administration die *Aufnahme der Ukraine* (*wie auch Georgiens*) *in die NATO* zu propagieren begonnen. Die Mehrheit der europäischen Politiker war allerdings dagegen. Aber schon damals ging ein Riss durch die Allianz, der sich nicht nur auf die Befürwortung oder Ablehnung einer Invasion in den *Irak* bezog, sondern auch auf die *Erweiterung der NATO* und die Politik gegenüber *Russland*. Das Allianz-Neumitglied Polen sowie eine Reihe anderer osteuropäischer Länder, die in die NATO wollten, unterstützten das Vorhaben der US-Regierung, konnten sich aber nicht durchsetzen.

Das hinderte die US-Führung (und den damaligen Generalsekretär der NATO, Jaap de Hoop Scheffer) nicht, diesen Plan mit der im Jahre 2005 im Gefolge der *Orangenen Revolution* an die Macht gekommenen ukrainischen Führung unter Juschtschenko, Tymoschenko und Jazenjuk weiter zu verfolgen und sie (wie auch die georgische Führung) schließlich einzuladen, auf dem Gipfel in Bukarest im April 2008 die Aufnahme in das Bündnis zu fordern. Die ukrainische Führung setzte sich so mit Unterstützung Washingtons über den *fehlenden innerukrainischen Konsens* bezüglich der außenpolitischen Orientierung des Landes und die Proteste Russlands bezüglich einer weiteren Ausdehnung der NATO an seine Westgrenze hinweg. Neben der katastrophalen ökonomischen Performanz, der Korruption und der Ausplünderung des Landes durch Oligarchen, die eng mit der politischen Führung verbunden waren, war es auch dieses Vorgehen, das im Jahre 2010 zur Abwahl dieser Politiker und zum Erfolg des nach Westen wie nach Russland offenen Wiktor Janukowytsch von der *Partei der Regionen* führte.

Dieser *multivektoralen* Außenpolitik des neuen ukrainischen Staatschefs war geschuldet, dass Kiew und Brüssel ein Assoziationsabkommen vorzubereiten begannen. Gleichzeitig war es die Intention der EU, nach der Aufnahme der ostmitteleuropäischen Länder Polen, Ungarn, Tschechien und Slowakei sowie der baltischen Staaten im Jahre 2004 und dann 2007 Bulgariens und Rumäniens auch östlich dieser neuen Unionsgrenzen eine enge Kooperation anzustreben, Reformen im Sinne der EU zu initiieren und solcherart die „europäische Stabilitätszone zu erweitern", wie die Zielformel der EU-Nachbarschaftspolitik lautete.[15] Unter diesem Aspekt betrachtet, hatte die Ukraine-Politik der EU ihre Logik. Schließlich handelte es sich um das größte im Osten an die EU grenzende Flächenland Europas, mit einer Bevölkerung von damals etwa 45 Millionen, also Polen oder Spanien vergleichbar.

Andererseits war Brüssel das Bemühen Russlands und Kasachstans bekannt, mit der Ukraine eine *Zollunion* zu kreieren. Anstatt – nicht zuletzt wegen der engen wirtschaftlichen Verflechtung der Ukraine mit Russland – diese Zielsetzungen komplementär zu betrachten und absehbare Friktionen in trilateralen Verhandlungen zu lösen zu versuchen, wurden sie in *exkludierender Konkurrenz* zu einander gesehen und mit geopolitischen und identitären Kategorien aufgeladen. Die EU lehnte mit dem Hinweis auf langfristige Vorteile nicht nur eine Kompensation für die für die Ukraine zu erwartenden wirtschaftlichen Nachteile ab, sondern auch noch kurz vor der geplanten Unterzeichnung des Abkommens von Janukowytsch vorgeschlagene Verhandlungen zwischen Kiew, Brüssel und Moskau (vgl. Malygina 2013: 5). Solcherart wurde aus den beiden Projekten ein Ringen um die Ukraine als *europäisches* oder *russisches* Einflussgebiet.

Das *Assoziierungsabkommen*, das am 28./29. November 2013 in Vilnius auf einem EU-Gipfel unterzeichnet werden sollte, war dann der Anstoß für eine Eskalationsspirale, die durch die Reaktion der EU auf die Nichtunterzeichnung – Beschimpfen der ukrainischen und russischen Führung (European Council/The President 2013a) – beschleunigt wurde. Vor allem wurde die Reaktion der EU von der ukrainischen Anti-Janukowytsch-Opposition als Signal begriffen, dass sie mit der Unterstützung aus Brüssel rechnen konnte, wenn sie zum Sturz des Präsidenten ansetzte. Hierzu trugen unter anderem Besuche diverser westlicher Spitzenpolitiker bei den Demonstranten auf dem Maidan bei. Brüssel hatte ursprünglich schon die Freilassung Julija Tymoschenkos zu einer Bedingung für die Unterzeichnung des Assoziierungsabkommens gemacht. Nun besuchten bereits am 30. November 2013, einen Tag nach dem Gipfel, europäische Spitzenpolitiker den Maidan und sprachen den Demonstranten ihre Unterstützung gegen die Regierung aus, darunter die litauische Parlamentspräsidentin Loreta Graužinienė, der polnische Abgeordnete Marcin Święcicki, die Europaabgeordneten Rebecca Harms und Paweł Kowal. Am 1. Dezember 2013 kam eine ganze Gruppe polnischer Politiker auf den Maidan. Fünf Tage später reiste eine Delegation von Europaabgeordneten der EVP-Fraktion in die Ukraine. Während in Kiew eine OSZE-

15 Vgl. European Council/The President 2013b. – Die *Östliche Partnerschaft* als Teil der *Europäischen Nachbarschaftspolitik* (ENP) soll die politische Assoziierung und die wirtschaftliche Integration mit den ehemaligen Sowjetrepubliken Armenien, Aserbaidschan, Georgien, Moldawien, Ukraine und Weißrussland voranbringen. Der Gründungsgipfel der Partnerschaft fand im Mai 2009 in Prag statt (vgl. Auswärtiges Amt 2014a, 2014b).

Konferenz stattfand, gingen auch der deutsche und der kanadische Außenminister zu den Demonstranten (vgl. Malygina 2013: 6). Damit aber flammte die seit mehr als zehn Jahren schwelende innenpolitische Auseinandersetzung über die außenpolitische Orientierung des Landes wieder auf. Anstatt mäßigend zu wirken, ging die Führung der EU auf Konfrontationskurs.

Nun dynamisierte sich die Wechselwirkung von interner Machtauseinandersetzung und externer Einmischung. Die Demonstrationen auf dem Maidan in Kiew, die bereits eine Woche vor dem EU-Gipfel, am 21. November 2013, begonnen hatten, richteten sich vor allem gegen die katastrophalen wirtschaftlichen und sozialen Zustände sowie gegen die Korruption und die Unfähigkeit der Regierung. Sehr schnell aber schaltete sich die organisierte politische Opposition ein und begann die Proteste für ihre Auseinandersetzung mit der herrschenden Fraktion um Janukowytsch zu nutzen. Sie stellte sich im Versuch, international Aufmerksamkeit und Unterstützung zu gewinnen, als *west-orientierte Alternative* zur Regierungspartei dar, die sie als *postkommunistische Seilschaften*, *Sowjetnostalgiker* und *pro-russisch* charakterisierte.

In Wirklichkeit unterschied sich diese Opposition wenig von der herrschenden Clique. In den fast sechs Jahren von 2005 bis zu ihrer Abwahl und der Machtübernahme durch Janukowytsch in 2010 hatte sich an den *korrupten*, *ineffizienten* und *extrem ungerechten* Strukturen und Verhältnissen nicht nur nichts geändert; sie waren noch eklatanter geworden. Von *europäischen Werten* war die Opposition offenkundig um nichts weniger weit entfernt als Politiker der *Partei der Regionen*. Von Rechtsstaatlichkeit, Korruptionsbekämpfung, Investitionsprogrammen in die Zukunft des Landes, Stärkung der Zivilgesellschaft etc. war in ihrer Regierungszeit genauso wenig zu sehen gewesen wie in der Zeit vor der *Orangenen Revolution* 2004.[16] Zwischen September 2008 und Ende 2009 war die ukrainische Währung um 42 Prozent abgestürzt, die Rechnungen für das aus Russland gelieferte Gas konnte nur mehr mit Devisenreserven beglichen werden (vgl. Handelsblatt 2010).

Dennoch waren es diese Kräfte, die der Westen, insbesondere die USA, gegen die *Post-Kommunisten* unterstützte, teils aus strategischen Gründen – wegen der gewollten NATO-Erweiterung –, teils aus der Auffassung oder Hoffnung heraus, dass sich die demokratischen Slogans, derer sich die Opposition bediente, mit der politischen Realität decken würden (vgl. Potekhin 2013: 9). Vom Standpunkt der Oppositionsparteien gesehen war es im Winter 2014 (wie bereits 2004) daher naheliegend, die Proteste zur *Richtungsfrage* über einen pro-westlichen oder pro-russischen Kurs des Landes und damit zu einer Auseinandersetzung über die Identität des Landes zu machen, weil sie sich solcherart der Unterstützung durch Washington und Brüssel sicher sein

16 Eine differenzierte Darstellung gibt Stykow 2014.

konnte. Aus dem *Maidan* wurde der *Euromaidan*:[17] Das Etikettierung spiegelte einerseits die Redefinition der Proteste, die sich in der Hauptsache gegen die ökonomischen und sozialen Missstände wendeten, in einen *Aufstand für die Zugehörigkeit zu Europa*, andererseits die Übernahme der Definitionshoheit durch die etablierten Oppositionsparteien, die die Erwartungen in Brüssel zu treffen suchten. Dort wiederum fühlte man sich bestätigt in der Annahme, es gäbe starke Kräfte in der Ukraine, die für einen *Westkurs* einträten. In einer Mischung von ideologisch eingeschränkter Wahrnehmungsfähigkeit und ebenfalls ideologisch bedingter Machtpolitik übersah man in Brüssel, wie man von der Anti-Janukowytsch-Fraktion im politischen Spektrum der Ukraine instrumentalisiert wurde.

Die Reaktion der Gegenseite folgte prompt. Während die einen wieder die Demokratie und die Europäische Union zu Leitbildern erkoren und die Bedrohung durch russische Vorherrschaftsgelüste auf die Ukraine an die Wand malten, beschrieben die Anderen die Demonstrationen in Kiew und den Machtwechsel in der Regierung nach der Flucht Janukowytsch' als vom Westen inspirierte und finanzierte Übernahme der Macht durch Faschisten, die die russische Sprache und die ukrainisch-russische Identität des Landes vernichten wollten.

In der Wahrnehmung Moskaus bestätigte sich die in den Jahren zuvor verfestigte Ansicht, es gehe *dem Westen* um eine *Ausdehnung von Einflusssphären*, um ein weiteres und definitives Heranrücken – zunächst der EU, dann der NATO – an die russischen Grenzen, und zwar mit allen Mitteln, d.h. mit Hilfe und durch Unterstützung lokaler radikaloppositioneller Kräfte, die jetzt an die Macht gebracht werden sollten, also um einen *Regimechange*. Die Auftritte nicht nur europäischer Politiker, sondern auch aus den USA, u.a. von Senator John McCain bereits am 15. Dezember 2013 und US-Außenminister John Kerry Anfang März 2014 auf dem Maidan, zusammen mit Versicherungen, man werde die Ukraine auf ihrem Weg ins transatlantische Bündnis unterstützen und dafür auch Geld zur Verfügung stellen; der vom Westen unterstützte *Machtwechsel in Kiew* am 22. Februar 2014 und die Einsetzung einer Regierung mit zweifelhafter Legitimität; die *Anerkennung dieser Regierung durch die EU* bereits zwei Tage später; eine Übergangsregierung, die auf unterschiedliche Orientierungen und Einstellungen vor allem im Osten und Süden des Landes wenig Rücksicht zu nehmen schien und nach der *Flucht von Janukowytsch* ihre Auffassungen und Interessen in der Tradition des bisherigen Nullsummenspiels um die Macht durchzusetzen suchte;[18] die eilig für den 21. März 2014 angesetzte Unterzeichnung des politischen

17 Ursprünglich ein Hashtag auf Twitter, gewann die Bezeichnung vor allem bei den westlichen Agenturen schnell an Popularität. *Maidan* als Kurzform für den Majdan Nesaleschnosti (Platz der Unabhängigkeit), dem zentralen Platz in Kiew, wurde zum Synonym für die dort stattfindenden Massenproteste.

18 Vgl. Süddeutsche Zeitung 2014b; zur Sprachgesetzproblematik siehe Simon 2014: 34f.

Teils des *Assoziationsabkommens* mit der EU;[19] die Auflösung der Ordnung in der Ukraine; die Unruhe auch in der Armee über den Westkurs der Übergangsregierung; dann die *Unabhängigkeitserklärung des Parlaments auf der Krim* mit ihren mehrheitlich russisch-sprachigen Bürgern, die Idee eines Referendums auf der Krim und das Überlaufen ukrainischer Truppenteile:[20] Diese Entwicklung eröffnete die Chance für Moskau, nun seinerseits nicht mehr nur gegen die Expansion der anderen Seite zu protestieren, sondern auch selbst *praktische Geopolitik* zu machen und die 1954 vom sowjetischen Parteichef Chruschtschow als Symbol der jahrhundertelangen Verbundenheit der Ukraine und Russlands seit der Gründung der Kiewer Rus an die Ukraine geschenkte Insel zurückzuholen.

Die Vereinnahmung der Krim war so für Moskau alles Mögliche (vgl. Putin 2014): Befriedigung des Bedürfnisses, wieder einmal nationale Größe zu zeigen; Genugtuung, nach 25 Jahren empfundener Demütigung durch den Westen ein *fait accompli* zu setzen, dem die *prowestliche* Führung in Kiew und ebenso der Westen im Wesentlichen nur hilflos zuschauen konnten; die Korrektur des *historischen Fehlers* Chruschtschows, der russisches Territorium in den Augen vieler Russen einfach verschenkt hatte; und auch Vergeltung für eine zunehmend antirussische Politik und Rhetorik von Teilen ukrainischer Eliten, die gleichzeitig nicht einmal Verträge einhielten und sich angesichts fehlender Gelder zur Bedienung von Schulden auch an russischen Gaslieferungen vergriffen.

Die Unterstützung Moskaus und der auf der Krim (aufgrund eines Stationierungsabkommens) lozierten russischen Streitkräfte für diese Unternehmung und der darauf folgende Beschluss der Duma in Moskau, dem Antrag des Krim-Parlaments auf Beitritt zur Russländischen Föderation zuzustimmen, bedeutete im Ergebnis nicht nur die *völkerrechtswidrige Annexion* eines zu einem anderen Staat gehörigen Territoriums. Diese Maßnahmen stellten einen nächsten maßgeblichen Schritt in der innerukrainischen wie internationalen *Eskalation der Krise* dar. Die Moskauer Krim-Entscheidung mobilisierte in der Ost- und Südukraine wie in Russland jene Kräfte, die mit diesen Landesteilen ähnlich verfahren wollten wie mit der Krim. Außerdem gab es genügend Anzeichen, dass auch hier Moskau Unterstützung leisten würde: die nationalistische Aufwallung in Russland, die verbreitete Auffassung, man dürfe *die eigenen Leute* im Osten und Süden der Ukraine nicht im Stich lassen, die Massierung russischer Streitkräfte an der Grenze zur Ukraine, die Stellungnahmen aus Moskau zum Konflikt, die wie die Separatisten im Osten des Landes von einer faschistischen Machtübernahme in Kiew schwadronier-

---

19 Am gleichen Tag ratifizierte der russische Föderationsrat den „Beitrittsvertrag“ mit der Krim. – Der wirtschaftliche Teil des EU-Assoziationsabkommens wurde von Kiew am 28. Juni 2014 unterzeichnet (vgl. European Union 2014).

20 Zu historischen, politischen und rechtlichen Aspekten der *Krim-Krise* siehe Luchterhandt 2014.

ten, die Beschuldigungen gegen den Westen, er wolle sich die Ukraine einverleiben usw. Zugleich weckten diese Entwicklungen entsprechende Befürchtungen in Russlands *nahem Ausland*.

Bei den hauptsächlich russisch-sprachigen und sich ethnisch vorwiegend russisch begreifenden Teilen der Bewohner der Ost- und Südostukraine machten sich einerseits Befürchtungen über ihre Zukunft, ihre mögliche Diskriminierung und über den möglichen Verlust ihrer Identität breit. Wesentlich für den weiteren Konfliktverlauf war aber, dass radikale Kräfte nun schnell im Osten und Süden des Landes das Gesetz des Handelns bestimmten. Diese Kräfte begannen öffentliche Einrichtungen zu besetzen, bildeten *Selbstverteidigungskomitees* und riefen die Autonomie oder die Unabhängigkeit von der Ukraine aus. Parallel zum Zusammenbruch der bisherigen öffentlichen Ordnung traten bewaffnete Kräfte immer stärker in Erscheinung. Sie speisten sich aus radikalen, pro-russischen Kreisen, ideologischen Extremisten, übergelaufenen Angehörigen der ukrainischen Armee, gewaltbereiten Jugendlichen, kriminellen Banden, aber offenkundig auch zunehmend aus russischen Nationalisten, die über die Grenze einsickerten, um den *Befreiungskampf* gegen *das faschistische Regime* in Kiew und für die *Wiedervereinigung* mit Russland zu unterstützen.

In der Machtzentrale Moskau bildeten sich angesichts dieser Lage offenkundig widerstreitende Interessen und Vorstellungen aus, wie mit den Ereignissen an der Westgrenze und dem westlichen Nachbarn umzugehen sei. Aus russischen Stellungnahmen und Medien lassen sich diesbezüglich divergierende Positionen erkennen, allerdings ist schwer abzuschätzen, wie stark der Rückhalt und die Basis dafür war. Letztlich lässt sich nur aus der Entwicklung der russischen Politik gegenüber den Ereignissen und Entwicklungen in der Ukraine vom Ergebnis her schließen, welche Position sich durchgesetzt hat. Festhalten lässt sich, dass die Moskauer Politik bis zur Absetzung von Janukowytsch *eher reaktiv als strategisch* und auch danach vor allem auf das Ziel bezogen war, eine NATO-Ausdehnung auf die Ukraine zu verhindern.[21]

Offenkundig war jedenfalls, dass die russische Führung trotz der massiven Präsenz von Truppen an der Westgrenze wenig unternahm, um diese grenzüberschreitenden, völkerrechtswidrigen Aktivitäten zu unterbinden. Inwieweit zum damaligen Zeitpunkt eine *direkte Unterstützung separatistischer Kräfte* durch Moskau etwa in Form einer Weitergabe geheimdienstli-

21 Mearsheimer hält das Argument, Putin habe eine langfristige Strategie der Vereinnahmung der Krim verfolgt, ebenfalls für wenig stichhaltig: „If Putin were committed to creating a greater Russia, signs of his intentions would almost certainly have arisen before February 22. But there is virtually no evidence that he was bent on taking Crimea, much less any other territory in Ukraine, before that date. Even Western leaders who supported NATO expansion were not doing so out of a fear that Russia was about to use military force. Putin's actions in Crimea took them by complete surprise and appear to have been a spontaneous reaction to Yanukovych's ouster. Right afterward, even Putin said he opposed Crimean secession, before quickly changing his mind“ (Mearsheimer 2014).

che Erkenntnisse, der Entsendung von Spezialkräften oder des Beschusses ukrainischer Truppen von russischem Staatsgebiet aus erfolgte, lässt sich nicht genau feststellen. Der Versuch direkter Einflussnahme freilich war augenscheinlich, und zwar sowohl auf die Entwicklung in der Gesamtukraine im Sinne des strategischen Ziels, das Land nicht den USA und der NATO zu *überlassen*, als auch auf die Separatisten und die Autonomiebewegung, um sie weiter im Moskauer Sinne instrumentalisierbar zu halten.

Es lässt sich aber auch nur beschränkt feststellen, inwieweit Moskau die Separatisten zu kontrollieren in der Lage war. Die vielfachen Aufforderungen von Separatistenführern in ostukrainischen Städten, die russische Armee möge mit einer direkten *humanitären Intervention* Hilfe leisten, insbesondere nach dem Beschluss des am 25. Mai 2014 zum Präsidenten gewählten Oligarchen Petro Poroschenko, die ukrainische Armee in einer *Anti-Terror-Operation* zur Rückgewinnung der von den Separatisten gehaltenen Gebiete einzusetzen, wurden in Moskau jedenfalls nicht positiv beantwortet. Ähnlich verhielt sich die russische Führung zu von den Separatisten in Analogie zur Krim geplanten Referenden über die Abspaltung der von ihnen kontrollierten Gebiete. Moskau sprach sich dem gegenüber für eine Verschiebung aus. Inwieweit westlicher Druck beitrug, diese Haltung zu befördern, lässt sich schwer messen. In dem Maße wie offenbar von russischen Grenztruppen ungehindert russische Kämpfer und Militärgerät in die Ostukraine gelangten, wurde im Westen dennoch die Befürchtung größer, dass Moskau sich tatsächlich weitere Teile der Ukraine aneignen könnte. Oder – wenn dies nicht gewollt würde – dass sich im Osten und Süden der Ukraine dauerhaft oder jedenfalls auf längere Zeit ein Teil des Landes abspalten und damit ein *Brandherd* und ein *Katalysator der Destabilisierung* der Ukraine etablieren könnte.

Geht man davon aus, dass es unter sicherheitspolitisch-geostrategischen Gesichtspunkten ein vorrangiges Ziel Moskaus war, nicht auch noch die Ukraine als Teil der NATO und damit als möglichen *Frontstaat des Westens* gegen Russland akzeptieren zu müssen, dann war dieses Ziel ohnehin am besten zu erreichen, wenn die Ukraine nicht in einen (großen) West- und einen (kleinen) Ostteil aufgespaltet würde. Bliebe die Ukraine (ohne die Krim) ein einheitlicher Staat, dann könnten die Chancen, das Land zumindest auf absehbare Zeit auf einen neutralen Status zu verpflichten, besser stehen. *Erstens* müsste dann innerukrainisch auf einen Konsens mit den östlichen Teilen des Landes in der außenpolitischen Orientierung geachtet werden. *Zweitens* konnte man damit rechnen, dass damit die Stimmen im Westen gestützt würden, die die Ausweitung der NATO auf die Ukraine sowieso für problematisch hielten und ebenfalls für einen neutralen Status des Landes plädierten (vgl. z.B. Kissinger 2014; Mearsheimer 2014; Schmidt (in Spiegel Online 2014b)).

Solcherart waren auch aus rein rationalem Kalkül die Bemühungen Moskaus nachvollziehbar, nach dem aus russischer Sicht erfolgreichen Abschluss der Krim-Eingliederung die Lage zu entspannen und zum Abschluss eines Waffenstillstands beizutragen. Freilich war die Ukraine-Politik der russländischen Führung eine *Gratwanderung*. Sie versuchte der prekären Lage gerecht zu werden, indem sie einerseits durch zeitweilige Rückzüge von an der Grenze massierten Streitkräften nicht nur dem Westen, sondern auch den Separatisten signalisierte, dass eine weitere Landnahme nicht beabsichtigt wäre bzw. dass die Aufständischen nicht mit einer direkten militärischen Intervention Moskaus rechnen könnten. Die Befürwortung der für den 25. Mai 2014 in der Ukraine angesetzten Präsidentschaftswahl durch Putin, die Bemühungen um einen Waffenstillstand, der die Kiewer Regierung und die Separatisten in eine Verhandlungsposition brächte, und die mit Nachdruck vorgebrachte Forderung nach Verfassungsänderungen vor allem mit Blick auf Autonomie und Föderalisierung waren zwei Seiten einer Medaille. Ein diesbezüglicher Kompromiss und ein Einvernehmen über Wahlen, an denen sich in der Ostukraine die Organisatoren der Abspaltungsbewegung beteiligen könnten, nachdem diese auf Eigenstaatlichkeit verzichtet und sich die ukrainischen Streitkräfte in ihre Kasernen zurückgezogen hätten, wäre der vermutlich gewünschte Erfolg einer solchen Politik gewesen.

Auf der anderen Seite wurde schnell deutlich, dass dieses Kalkül nur aufging, wenn der Einfluss der Autonomiekräfte in den östlichen Landesteilen stark blieb. Dies wiederum setzte einen *Verhandlungsprozess* voraus, der von einigermaßen gleichberechtigten innerukrainischen Partnern und unter Mitwirkung externer Akteure – den USA, der EU und Russlands als Garanten eines innerukrainischen Verhandlungsprozesses – bestritten würde. Dieses Kalkül, auf das sich Russland und Brüssel eigentlich bereits verständigt hatten, wurde allerdings kurz nach der Inthronisierung Poroschenkos als neuer ukrainischer Präsident obsolet. Gegen die Aufrufe sowohl von Seiten der EU als auch Russlands, einen Waffenstillstand zu vereinbaren und Verhandlungen zu beginnen, mobilisierte im Juli 2014 Poroschenko die Armee und Freiwillige für die *Rückeroberung* der Gebiete, die sich unter der Kontrolle der Separatisten befanden. Die militärische Zerschlagung des Separatistenregimes im Osten und Süden würde Kiew sowohl in der Frage der Autonomierechte für die östlichen und südlichen Provinzen des Landes, vor allem aber in der Frage der außenpolitischen Orientierung ein viel größeres Gewicht einräumen als unter den Bedingungen eines Kompromisses mit den Abtrünnigen. Dieses Szenario gewann zusätzlich an Plausibilität durch die einsetzende *Fluchtbewegung* in den Kriegsgebieten. Anfang August 2014 waren nach Angaben des Hochkommissariats der Vereinten Nationen für Flüchtlinge (UNHCR) bereits 730.000 Menschen vor den Kämpfen nach Russland geflohen;[22] abgesehen von der humanitären Herausforderung bedeutete diese nicht zuletzt durch die militärische Strategie der Kiewer Führung erzwungene Migration auch eine massive Veränderung der Zusammensetzung der Bevölkerung in den Ostteilen des Landes, und zwar zuungunsten der Separatisten und Russlands.

Vor diesem Hintergrund erhöhte Moskau offenbar den Einsatz. Verstärkt flossen Waffen und Unterstützer des *Befreiungskampfes* über die Westgrenze Russlands in die Ukraine. Auf der anderen Seite hatte der deutsche Nachrichtendienst BND schon Anfang Mai 2014 gemeldet, dass 400 US-Söldner des Militärdienstleisters *Academi* (früher *Blackwater*) den Kampf der ukrainischen Armee gegen die Separatisten unterstützten (vgl. Spiegel Online 2014a) – was ohne Einverständnis Washingtons nicht möglich wäre. Am 21. April 2014 hatte das Weiße Haus ein 50-Millionen-„Hilfspaket" für Reformen in der Ukraine angekündigt, „um die Partnerschaft zwischen den Vereinigten Staaten und der Ukraine zu stärken" (vgl. Amerika Dienst 2014). Zusätzlich wurden 100 Millionen US-Dollar für die Unterstützung von Militär, Sicherheitsdiensten und Geheimdiensten in Mittel- und Osteuropa – Ukraine inkludiert – in Aussicht gestellt (vgl. Deutsche Welle 2014b).

Mit dieser Beteiligung Russlands und der USA war der Konflikt auch in militärischer Hinsicht *internationalisiert*. Auf dem Boden der Ukraine wurde nun nicht mehr nur um die Machtverteilung im Lande gekämpft. Vielmehr handelte es sich jetzt zusätzlich um einen Stellvertreterkrieg der USA und Russlands um die Abgrenzung von Einflusssphären in Europa. Es ging um die Frage, ob die Ukraine – wie Washington es wollte – Bestandteil des Westens würde oder – die Moskauer Position – als neutrale Zone zwischen Russland und dem Westen erhalten bliebe.

Die Position der moderaten Kräfte in der Europäischen Union – nicht zuletzt Berlins – wie auch in der Ukraine, die auf ein Ende der Kampfhandlungen und einen Kompromiss drängten, wurden durch den Beschluss Poroschenkos, die innerukrainische Auseinandersetzung mit Gewalt zu entscheiden, die Unterstützung dafür von US-Seite sowie durch die Reaktion Moskaus marginalisiert. Ausdruck dessen war u.a., dass in der zweiten Julihälfte 2014 der Kommunistischen Partei im ukrainischen Parlament der Fraktionsstatus entzogen und ein Verbotsverfahren eingeleitet wurde, mit der Begründung, sie würde die Separatisten im Osten des Landes unterstützen. Sie hatten Poroschenko vorgeworfen, die Armee auf das „eigene Volk" schießen zu lassen.[23] In der zweiten Julihälfte 2014 trat die Regierung zurück, um in für Oktober 2014 anvisierten Neuwahlen „klare" Kräfteverhältnisse herzustellen. Nach wie vor waren im Parlament neben den Kommunisten viele Abgeordne-

22 Spiegel Online 2014c. Dazu kamen noch Zehntausende, die sich auf die Krim oder in andere Gebiete der Ukraine abgesetzt hatten.

23 Vgl. Deutsche Welle 2014c. – Mitte Juli meldeten die Vereinten Nationen bereits mehr als 2.000 Tote in dem Konflikt. Vgl. Süddeutsche Zeitung 2014c: 9; Reuters 2014.

te der Partei der Regionen des gestürzten Präsidenten Janukowytsch vertreten. Poroschenko wollte – ganz in der Tradition ukrainischer Oligarchen, die es in die Politik zog – nun eine eigene Partei aufbauen, die ihn nach Wahlen auch auf Parlamentsebene mit entsprechender Macht und Legitimität absichern sollte. Mitte August 2014 vereinbarte die ukrainische Regierung mit dem rechtsradikalen *Rechten Sektor* eine Zusammenarbeit, seine Legalisierung sowie die Freilassung von Mitgliedern, die wegen illegalen Waffenbesitzes festgenommen worden waren. Zuvor hatte ihr Anführer, Dimitrij Jarosch, der Regierung ein Ultimatum gestellt und gedroht, seine Unterstützung im Kampf gegen die Separatisten aufzukündigen, sich von der Front in der Ostukraine zurückzuziehen und stattdessen einen „bewaffneten Marsch auf Kiew" organisieren zu wollen.[24]

Extern verloren diejenigen an Einfluss, die eine *internationale Vermittlung* und eine *diplomatische Lösung* des Konflikts anstrebten. Die Auseinandersetzung fokussierte sich in der Folge wieder auf eine Akteurskonstellation, die an den Kalten Krieg erinnerte, nämlich Washington und Moskau, während die EU – in den Bemühungen um eine Moderation vor allem von Berlin repräsentiert – ins politische Hintertreffen geriet. In Russland wurden diejenigen lautstärker, die keinesfalls akzeptieren wollten, dass *die eigenen Landsleute* in der Ostukraine *im Stich gelassen* würden, und die eine verstärkte Aufrüstung der Separatisten im Osten forderten. Der Abschuss eines Passagierflugzeugs der *Malaysian Airlines* über den abtrünnigen Gebieten am 17. Juli 2014 mit fast 300 Opfern, für den seitens des Westens die Separatisten und Moskau verantwortlich gemacht wurden, veranlasste die EU, verschärfte Sanktionen gegen Russland zu verhängen.[25]

Dort wiederum hatte sich die Stimmung weiter radikalisiert. Die Duma schien nur mehr aus zwei Fraktionen zu bestehen: einer nationalistisch-revisionistischen, die auf weitere Gebietsnahme drängte, und einer *neorealistischen*, deren Strategieentwicklung vor allem von dem Motiv gespeist war, nicht zuzulassen, dass die Ukraine in die NATO aufgenommen wird und die in ihrer Mehrheit eine weitere Okkupation ukrainischen Gebiets für kontraproduktiv hielt.[26] Die von Washington offenkundig gewollte *Existenzialisie-*

24 Vgl. Frankfurter Allgemeine Zeitung 2014b und 2014c. – Ein Teil der Kämpfer des *Rechten Sektors* hatten sich vorher dem *Bataillon Asow* angeschlossen, das unter dem Dach der ukrainischen Nationalgarde agierte und im Osten des Landes eingesetzt war (vgl. ebd.).

25 Die Sanktionen und ihre Kontraproduktivität wären ein eigenes Kapitel wert. Die russische Seite antwortete mit Gegenmaßnahmen, während gleichzeitig asiatische, nordafrikanische und südamerikanische Länder sich beeilten, die Marktchancen zu nutzen und für den russischen Markt entstandene Lücken mit Exportangeboten an Russland zu füllen (vgl. Frankfurter Allgemeine Zeitung 2014d).

26 Eine gesonderte Darstellung würde ebenso die Instrumentalisierung der Krise durch die Moskauer Führung für eine Verschärfung der Politik gegenüber regierungskritischen Kräften verdienen, von der Debatte über die Gulag-Gedenkstätte *Perm 36* bis zur weitergehenden Einstufung von NGOs als „ausländische Agenten" (vgl. Süddeutsche Zeitung 2014a; Deutsche Welle 2014d).

rung der Krise im Sinne einer Entscheidung darüber, ob die Ukraine *in Freiheit* leben könne oder sich *unter russischer Kuratel* subordinieren müsse, manifestierte sich auch in der zunehmenden Zurückhaltung gegenüber den Waffenstillstandsforderungen von EU und Russland und in der demonstrativen Unterstützung des neuen ukrainischen Präsidenten im Juli 2014, die militärische Eskalation zu suchen.

Die Diskreditierung Moskaus und Putins persönlich als *Aggressor* und eigentliche Verursacher der Krise erfüllte neben der Legitimierung der militärischen Option freilich auch noch weitere Zwecke im Interesse der US-Außenpolitik. Auf dem Höhepunkt der *NSA-Ausspähaffäre*, die insbesondere in Europa heftige Verstimmungen hervorgerufen hatte, weil – wie Kanzlerin Merkel sich ausgedrückt hatte – „Ausspähen unter Freunden – das geht gar nicht" (vgl. Spiegel Online 2013; Uken 2013), hatte man es nun mit einem altbekannten, gemeinsamen Feind zu tun, der nicht nur als Bedrohung für die Ukraine, sondern auch für die gesamte NATO dargestellt werden konnte (vgl. Galeotti/Bowen 2014; Hadley/Wilson 2014). Die schärfere Auseinandersetzung und die Abgrenzung von Russland als diktatorische und neoimperialistische Macht in der Ukraine-Krise war die Zuspitzung einer US-Strategie, die bereits seit der Aufnahme Edward Snowdons ins Moskauer Asyl Anfang August 2013 verfolgt worden war. Darüber hinaus wurden wieder verstärkt Forderungen an die europäischen NATO-Mitglieder gerichtet, ihre Rüstungsausgaben zu erhöhen und nunmehr, mit dieser „neuen Bedrohung" und einer „völlig veränderten Sicherheitslage", die Landes- und Bündnisverteidigung im traditionellen Sinne zu verstärken.[27]

Die USA präsentierten sich als Beschützer nicht nur einer nach Freiheit dürstenden ukrainischen Nation, sondern auch wie zu Zeiten des Kalten Krieges als unabdingbarer Garant eines *freien Europas* und der *freien Welt*. Tatsächlich gab es in Europa nicht nur bei den überzeugten *Transatlantikern* ein vernehmliches Echo auf die Krise in der Ukraine und die „entschiedene Haltung" der US-Regierung dergestalt, dass „die historische und aktuelle Bedeutung der USA für die Freiheit Europas" in Politik und Medien wieder herausgestellt wurde (vgl. Deutsche Welle 2014a; Handelsblatt 2014; Merkel 2014). Die Konsequenzen wurden schon auf dem NATO-Gipfel in Wales am 4. und 5. September 2014 sichtbar. An letzter Stelle der fünf Haupttagesordnungspunkte standen Afghanistan und der ISAF-Abzug zum Ende des Jahres. Die anderen Hauptthemen waren von der Ukraine-Krise und der „neuen Bedrohung" durch Russland geprägt: an erster Stelle „die Bereitschaft, die kollektive Verteidigung wieder zu verstärken" und entsprechend zu investieren; dann „die transatlantische Entschlossenheit zu demonstrieren" und „die Wichtigkeit angemessener Niveaus von Verteidigungsausgaben zu betonen"; drittens die Beziehungen zu Russland sowie „stärkere Beziehungen zur Ukra-

27 NATO-Generalsekretär Anders Fogh Rasmussen tat sich diesbezüglich besonders hervor (vgl. Frankfurter Allgemeine Zeitung 2014a).

ine durch intensivierte Kooperation"; schließlich die „Vertiefung von Partnerschaften und die Beibehaltung der NATO-Politik der Offenen Tür" (NATO 2014a). Der neue Feind – dies das Resümee – verlangte *transatlantische Geschlossenheit*, *Aufrüstung* und eine Feinplanung für die weitere *Ausdehnung der NATO*.

Die Ergebnisse des *Gipfels in Wales* entsprachen dieser Vorbereitung. 17 von 113 Paragraphen der Gipfelerklärung beschäftigten sich mit der Verurteilung Moskaus wegen seines Vorgehens in der Ukraine sowie der südlichen Peripherie Russlands. Diese und andere Gefährdungen der Sicherheit des Bündnisses würden keine Zurückhaltung in der Weiterentwicklung der militärischen Fähigkeiten der Allianz mehr zulassen: „Die NATO benötigt nun mehr denn je moderne, robuste und fähige Streitkräfte mit hoher Reaktionsfähigkeit in der Luft, auf dem Land und zur See, um den gegenwärtigen und zukünftigen Herausforderungen zu begegnen. Wir sind entschlossen, unsere Fähigkeiten weiter auszubauen".[28] Angekündigt wurde ein „kohärentes und umfassendes Paket an erforderlichen Maßnahmen zur Reaktion auf die für die Bündnispartner belangreichen Veränderungen des Sicherheitsumfelds an den Grenzen der NATO", die insbesondere infolge der „Herausforderungen durch Russland" nötig würden. Dieser „Aktionsplan" beinhalte die „regelmäßige Präsenz und bedeutende militärische Aktivitäten von Luft-, Land-, und Seestreitkräften im östlichen Teil des Bündnisses auf Rotationsbasis". Im Rahmen der schon existierenden *NATO Response Force* werde eine „streitkräftegemeinsame NRF-Einheit in höchster Bereitschaft (VJTF)" aufgestellt; „dieser neue Verband der NATO wird in der Lage sein, innerhalb weniger Tage disloziert zu werden, um auf Herausforderungen zu reagieren, die insbesondere an der Peripherie der NATO entstehen".[29] Dafür werde „ein angemessenes Hauptquartier und einige zu allen Zeiten feststehende Unterstützungselemente für Verstärkungskräfte in den Hoheitsgebieten der östlichen Bündnispartner" geschaffen. Beschlossen wurde auch, „den Trend der rückläufigen Verteidigungshaushalte umzukehren, unsere finanziellen Mittel auf die effizienteste Weise zu nutzen und eine ausgewogenere Teilung von Kosten und Verantwortlichkeiten zu fördern" und sich „innerhalb von zehn Jah-

---

28 Weiter heißt es: „Dazu vereinbarten wir heute ein Verteidigungsplanungspaket mit einer Reihe Prioritäten; dazu gehören: die Ausweitung und Verbesserung von Ausbildung und Übungen, der Führung einschließlich der bei anspruchsvollen Lufteinsätzen, der Nachrichtengewinnung, der Überwachung und Aufklärung, der Cyber-Abwehr und der Fähigkeit der NATO zur Abwehr ballistischer Raketen im Einklang mit den auf den Gipfeltreffen 2010 in Lissabon und 2012 in Chicago gefassten Beschlüssen einschließlich der Freiwilligkeit nationaler Beiträge sowie die Verbesserung der Durchsetzungsfähigkeit und Reaktionsfähigkeit unserer Landstreitkräfte für die kollektive Verteidigung und die Krisenreaktion" (NATO 2014b; daraus auch die folgenden Zitate bzw. Angaben).

29 Beteiligt sein sollen unter britischer Führung dänische, estnische, litauische, niederländische und norwegische Truppen. Dem Verbund sollen 10.000 Soldaten aus Bodentruppen, Luftstreitkräften, Marineeinheiten und Spezialkräften angehören.

ren auf den Richtwert von 2 Prozent (des jeweiligen BIP, d.A.) zuzubewegen, um ihre NATO-Fähigkeitenziele zu erreichen und Fähigkeitslücken der NATO zu schließen". Die geforderte Fortführung der *Politik der offenen Tür* schlug sich in der Erklärung in der expliziten Nennung Georgiens, Montenegros, Mazedoniens und Bosnien-Herzegowinas als Aufnahmekandidaten nieder.[30]

Gleichzeitig resultierten aus zunehmenden Problemen, die *Sommeroffensive* erfolgreich zu Ende zu bringen, neue diplomatische Optionen. Die Separatisten, immer massiver unterstützt von Moskau, drängten in der zweiten Augusthälfte 2014 die von Kiew geschickten Truppen und Milizen in die Defensive. Immer höhere Verluste und die Demoralisierung der unzureichend vorbereiteten, ausgerüsteten und bezahlten Streitkräfte einerseits, das Vorrücken der Separatisten in Richtung Süden andererseits bewirkten ein Umdenken in Kiew. Anfang September 2014 ging Präsident Poroschenko auf sowohl von Moskau als auch wieder von der EU erhobene Forderungen nach *Waffenstillstandsverhandlungen* ein. Ein Treffen in der belorussischen Hauptstadt Minsk mit Vertretern Kiews, Moskaus, der ostukrainischen Separatisten und der OSZE erbrachte ein Abkommen, das in den folgenden Wochen den Konflikt auf einem niedrigeren Gewaltlevel einfror; vor allem proukrainische Freiwilligenmilizen sowie kleinere Teile sich der Vereinbarung nicht fügender Separatistenmilizen ließen allerdings immer wieder gewaltsame Auseinandersetzungen aufflackern. Bis dahin hatten nach Angaben der Vereinten Nationen die Auseinandersetzungen bereits mehr als 3.000 Todesopfer gefordert. Die Vereinbarung enthielt neben einer Waffenruhe, einem Gefangenenaustausch und einer Amnestie für Kämpfer weitgehende Zugeständnisse für die Neuregelung des Status der nicht unter Kontrolle der Kiewer Regierung stehenden Gebiete im Osten des Landes – selbstredend aber keine Anerkennung der von den dortigen Machthabern proklamierten Unabhängigkeit. Vereinbart wurde außerdem eine *OSZE-Monitoring-Mission*, die den Waffenstillstand und die Grenze überwachen sollte (vgl. OSCE 2014). Moskau versicherte, man wolle aktiv an der Beruhigung der Situation sowie an der Sicherung der ukrainisch-russischen Grenze mitwirken.

Die EU wiederum sagte wenige Tage später zu, dass eine Reihe von Bestimmungen des am 27. Juni 2014 unterzeichneten *Freihandelsabkommens* mit der Ukraine zunächst nicht angewandt würden, um den Bedenken Mos-

---

30 Dem gegenüber wird in einem einzigen, weit hinten platzierten, neunzeiligen Absatz (§101) die „Zusammenarbeit der NATO mit den Vereinten Nationen" erwähnt. Lapidar heißt es, dies stärke die internationale Sicherheit, und die Mitglieder der Allianz würden „unseren regelmäßigen politischen Dialog in Bereichen von gemeinsamem Interesse (begrüßen)". Außerdem sei man „entschlossen, Wege zu ergründen, wie wir mehr praktische Unterstützung für Friedensmissionen der Vereinten Nationen" leisten könnten. Ein siebenzeiliger Absatz erwähnt auch die OSZE (§107). – Ein Jahr später, im Dezember 2015, wurde Montenegro als erstes der genannten Länder offiziell von der NATO eingeladen, die Mitgliedschaft vorzubereiten.

kaus entgegenzukommen. Dies bezog sich insbesondere auf die Zollschranken und zahlreiche EU-Normen. Vor allem die deutsche Kanzlerin Merkel, aber auch andere Staats- und Regierungschefs hatten auf dem NATO-Gipfel den ukrainischen Präsident Petro Poroschenko wie auch EU-Kommissionspräsident José Manuel Barroso zu mehr Kompromissbereitschaft beim Freihandelsabkommen ermahnt (vgl. Süddeutsche Zeitung 2014d). Begonnen hatten trilaterale Verhandlungen bereits Mitte Juli 2014, als EU-Handelskommissar Karel De Gucht mit den zuständigen Ministern aus Kiew und Moskau vereinbarte, dass alle kritischen Punkte des Abkommens aufgelistet werden sollten, die gegen die Bestimmungen der von Russland geführten Zollunion sprächen. In Brüssel war nach dem NATO-Gipfel und der Minsker Vereinbarung von einem „Lernprozess" die Rede: Man könne über die enge Verflechtung zwischen der ukrainischen und russischen Wirtschaft nicht hinwegsehen. Ein Abkommen, das dies nicht berücksichtige, sei „unrealistisch" (vgl. Süddeutsche Zeitung 2014e).

Außerdem initiierte die EU Vermittlungsverhandlungen im *Gasstreit* zwischen der Ukraine und Russland, freilich auch, weil befürchtet wurde, die Regierung in Kiew könnte in Notlagen Gas aus den Pipelines abzweigen, durch die russisches Gas in die EU fließt (vgl. Süddeutsche Zeitung 2014f). Der Kompromissvorschlag der EU auf einem von Energiekommissar Günther Oettinger geleiteten Krisengipfel Ende September 2014 in Berlin sah die Zahlung von 3,1 Milliarden Dollar bis Ende des Jahres an Gazprom vor, wofür der *Internationale Währungsfonds* bürgen und wegen der Zahlungsunfähigkeit Kiews einspringen sollte.[31]

Das Minsker Abkommen wurde nicht nur durch den Extremismus nationalistischer Gruppierungen auf beiden Seiten unterminiert. Die Ankündigung gesamtukrainischer Parlamentswahlen für Ende Oktober 2014 und die demonstrative Unterstützung dieser Proklamation durch Putin wurden von den separatistischen Regierungen im Osten des Landes zurückgewiesen. Sie kündigten eigene Wahlen an, die Anfang November 2014 stattfinden sollten.

An der beschriebenen Konstellation änderten die Ereignisse und Entwicklungen des Jahres 2015 in der Ukraine selbst nur wenig. Neue Anläufe militärischer Machtverschiebungen brachten keinen Durchbruch. Die Mehrheit im ukrainischen Parlament erwies sich auch weiterhin nicht willens, geforderte Autonomieregelungen in der Verfassung zu verankern. Auf Wahlen in den abtrünnigen Regionen auf Basis von allen Seiten akzeptierter Spielregeln konnte man sich ebenfalls nicht einigen. Und das etwa 50 Kilometer lange Stück Grenze der beiden *Volksrepubliken* Donezk und Luhansk zu Russland ist nach wie vor nicht unter der Kontrolle Kiews.

Es war ein ganz anderes Faktum, das das Verhältnis zwischen dem Westen und Russland modifizierte: die *massive Emigrationswelle aus Syrien* und

31 Insgesamt beliefen sich die ukrainischen Gasschulden nach russischen Angaben auf 5,3 Milliarden Dollar (ebd.).

anderen nahöstlichen und nordafrikanischen Ländern nach Europa, die im Spätsommer 2015 einsetzte. Das Interesse an einer *Beendigung der Kampfhandlungen* und einer Beruhigung der Lage in Syrien sowie an einer *Eindämmung des Islamischen Staates*, der sich seit 2014 in Irak und Syrien ausbreitete, beeinflusste auch die Prioritäten westlicher Russlandpolitik. Das *militärische Eingreifen Moskaus in Syrien* auf Seiten des Assad-Regimes und daraus folgende Gesprächs- und Koordinationszwänge mit anderen Interventionsakteuren übten diesbezüglich zusätzlichen Druck aus. Forderungen, das *Minsk-Abkommen* umzusetzen, d.h. jenen Fahrplan, der zur Beilegung des Konflikts im Südosten der Ukraine mit den beiden von Separatisten ausgerufenen *Volksrepubliken* Donezk und Luhansk von Kiew, Moskau und Brüssel im Herbst 2014 und dann in einem zweiten Anlauf im Frühjahr 2015 vereinbart worden war, wurden nun in stärkerem Maße auch an die ukrainische Führung gestellt. Nicht nur in den Medien geriet der Ukraine-Konflikt angesichts der dramatischen Flüchtlingskrise in den Hintergrund; auch von Seiten westlicher Politik wurde der Ton gegenüber Moskau moderater. Gleichzeitig stieg der Druck westlicher Unterstützer der Kiewer Regierung, interne Reformen voranzubringen, das Land zu konsolidieren und in der Frage der Autonomie nicht zuletzt mit Blick auf die abtrünnigen Regionen Verfassungsänderungen vorzunehmen.

Einen grundsätzlichen Wandel in der Russlandpolitik des Westens und im Verhältnis Russlands zur Europäischen Union und dem Westen insgesamt bedeutete dies freilich nicht. In Bezug auf die Ukraine war der Diskurs nach wie vor von jenen Elementen und Mustern geprägt, die seit dem Ausbruch der Krise im Spätherbst 2013 vorgeherrscht hatten. Eine *positive Entwicklung* des beiderseitigen Verhältnisses war indes auch nicht ausgeschlossen. Die *Interessen* beider Seiten legten dies eigentlich nahe. Russland litt mit dem Verfall des Ölpreises mehr denn je an den *Wirtschaftssanktionen*, die der Westen wegen der Annexion der Krim und der Unterstützung ukrainischer Separatisten im Frühjahr 2014 verhängt hatte. Die Aufhebung der Sanktionen war Voraussetzung für dringend notwendige westliche Investitionen und den Zugang russischer Banken zum internationalen Finanzmarkt. Der Westen wiederum, und hier insbesondere die EU, hatte nicht nur ein erhebliches Interesse, die wirtschaftlichen Beziehungen mit Russland wieder auf das Niveau von vor der Krise zu bringen, sondern auch an pragmatischen Lösungen für die Ukraine. Denn wenn sich die ökonomische und politische Krise dort weiter verschärfte, würde nicht nur der vor allem von Europa zu deckende Finanzbedarf für das Land wachsen, sondern auch wieder die Gefahr gewaltsamer Auseinandersetzungen. Und ein Kollaps der Ukraine hätte einen zusätzlichen Migrationsschub zur Folge. Dies erschien umso brisanter, als es bereits etwa zwei Millionen ukrainische Flüchtlinge gab – Binnenflüchtlinge und solche, die vor allem nach Russland, nach Belarus und nach Polen geflohen waren –, und das Land mit mehr als 40 Millionen Einwohnern zu den bevölkerungsstärksten europäischen Ländern gehört.

Paradoxerweise könnte die Syrien-, Nahost- und Flüchtlingskrise zudem die positive Auswirkung zeitigen, einer *Verständigung zwischen Russland und dem Westen* in Bezug auf die Ukraine einen gesichtswahrenden Rahmen zu verleihen, der Absprachen und Kompromisse leichter machen könnte. Außerdem ließ die Fokussierung auf den militärischen Einsatz in Syrien, das Abflauen der Kampfhandlungen im Südosten der Ukraine und die Gewöhnung an den mehr oder weniger *frozen conflict* sowie natürlich auch Ermüdungserscheinungen, was die Beschäftigung mit dem Thema anbelangt, den auf die Ukraine bezogenen russischen Nationalismus etwas in den Hintergrund treten. Auf der anderen, der westlichen Seite spielte sich Ähnliches ab, wobei eben die Flüchtlingskrise und die damit einhergehenden sozialen und politischen Begleiterscheinungen und Implikationen die Ukraine als Hauptthemen ablösten. In der Ukraine selbst wurde die Neigung von Politikern, das separatistische Problem mit Gewalt zu lösen, immer geringer, weil schlicht die Ressourcen und zunehmend auch die Unterstützung dafür von außen fehlten. Die Bereitschaft der Bevölkerung, sich für eine gewaltsame Lösung zu engagieren, war schon seit dem Herbst 2014 im Abstieg begriffen. Die Machtfraktion des *Georgischen Teams*, das seit 2015 mit dem georgischen Ex-Präsidenten Saakashvili den bedeutsamen Oblast Odessa unter Kontrolle hatte und in unterschiedlichsten Positionen auf zentraler Ebene Funktionsträger stellte, positionierte sich klar gegen eine militärische Lösung und schränkte damit den Spielraum der Nationalisten noch weiter ein. Nicht zuletzt die *Abhängigkeit der ukrainischen Führung von westlichen Hilfsgeldern*, ohne die das Land binnen Tagen bankrott wäre, zwang zu Kompromissbereitschaft.

Freilich gab es viele Unwägbarkeiten, die eine vor diesem Hintergrund möglich erscheinende russisch-westliche Annäherung gefährden oder zunichte machen konnten. Aufgrund der katastrophalen wirtschaftlichen Verhältnisse in der Ukraine und der bislang trotz massiven äußeren Drucks und externer, nicht in den ukrainischen Machtapparat involvierter Kräfte verschleppten Reformpolitik – was zeigte, welches Beharrungsvermögen die in den vergangenen 25 Jahren geschaffenen Strukturen oligarchischer Herrschaft aufwiesen – könnte es zu neuen Unruhen und einem *neuen Maidan* kommen. Einige *Externe*, an ihrer Spitze der aus Litauen stammende und erst Ende 2014 in die ukrainische Regierung geholte Aivaras Abromavicius, traten wegen der „Blockade von Wirtschaftsreformen" und der nach wie vor grassierenden Korruption Anfang Februar 2016 zurück (vgl. Abromavicius 2016). Wenig später verlor Premier Jazenjuk nach dem Rückzug von Koalitionsparteien aus der Regierung die Mehrheit im Parlament. Der *Internationale Währungsfonds* (IWF) hielt wegen uneingelöster Reformzusagen eigentlich zugesicherte Zahlungen in Milliardenhöhe in zurück. Und Moskau verklagte die Ukraine vor einem britischen Gericht wegen ausstehender Schulden. Es ging um drei Milliarden Dollar, die bis Ende 2015 zu begleichen gewesen, aber von Kiew nicht bedient worden waren.

Neue Unruhen würden unweigerlich eine neue *Politisierung*, *Ideologisierung* und *geopolitische Internationalisierung* der internen Auseinandersetzungen zur Folge haben. Sowohl in Russland als auch in Europa würde dies die Frontstellungen von 2014/15 reaktivieren. Denkbar war allerdings auch, dass es in Russland politische Verschiebungen geben könnte, die eine Veränderung der derzeitigen Ukrainepolitik zur Folge hätten. Die Moskauer Führung hatte offenkundig schon im Sommer 2014 die politische Entscheidung getroffen, den Konflikt nicht zu eskalieren und sich an Verhandlungen mit der ukrainischen Führung sowie Deutschland und Frankreich in Minsk zur Beruhigung der Auseinandersetzungen zu beteiligen.

Solange die ukrainischen Grenzen nicht wieder unter voller Kontrolle Kiews stehen und solange keine rechtlich legitimierte und politisch akzeptierte Ordnung in den Gebieten Donezk und Luhansk etabliert ist, kann der Konflikt von Moskau leicht wieder angeheizt werden, wenn dies politisch opportun erscheint. Auf der anderen Seite könnte bei einem Misserfolg westlicher Konsolidierungspolitik gegenüber der Ukraine die Neigung bestehen, zur Entlastung wieder auf eine antirussische Rhetorik und neue Sanktionen zu setzen. Darüber hinaus ist nicht ausgeschlossen, dass der *Politikwechsel in Polen*, der im Herbst 2015 die nationalkonservative PiS an die Regierung brachte, und *Veränderungen in Washington* unter einer neuen Präsidentschaft ab Januar 2017 neue Störfaktoren in die mögliche Wiederannäherung bringen. Außerdem sind Konfliktszenerien in Syrien und ausgehend vom *Syrien-Konflikt* denkbar, die mit einer Verschlechterung des Verhältnisses zwischen den USA oder auch anderer NATO-Staaten und Russland neue Verhandlungs- und Krisenmanagementoptionen im Ukraine-Konflikt ins Gegenteil umkippen lassen könnten.

4. Die Ukraine-Krise im Kontext eines Vierteljahrhunderts postbipolarer Weltordnungspolitik

Zbigniew Brzezinski hatte schon 1998 in seinem Buch *The Grand Chessboard: American Primacy and Its Geostrategic Imperatives* (Brzezinski 2004) gefordert, Washington müsse den „unipolaren Moment" nutzen, um seine Ziele in aller Welt zu verfolgen und seine Positionen zu stärken, solange die USA aufgrund ihrer Überlegenheit dazu in der Lage wären. Unter George W. Bush mündete diese unter *Neokonservativen* wie unter *Internationalisten* der Demokratischen Partei verbreitete Ansicht nicht nur in die Kriege in Afghanistan und Irak, sondern auch in die Strategie einer möglichst umfassenden Erweiterung der NATO im Nordosten, Osten und Südosten Europas. Die in der Präsidentschaft Bill Clintons noch erkennbare *geopolitische Sensibilität* (vgl. Pradetto 2014b) ging angesichts der radikalen Vorstellungen der Führungsriege um den nachfolgenden Präsidenten verloren. Wäre es nach dem Willen des Weißen Hauses gegangen, hätte spätestens der NATO-Gipfel 2008 – wenige Monate vor dem Ende der Amtszeit Bushs – einen Beschluss zur Aufnahme der Ukraine und Georgiens gefällt.

Ein Spannungsverhältnis Moskaus zur Ukraine hatte insbesondere seit der *Orangenen Revolution* 2004 bestanden. Dieses Konfliktverhältnis hatte aber solange keine Folgen in Bezug auf die Infragestellung der Souveränität der Ukraine gezeitigt, solange in der Ukraine eine staatliche Ordnung herrschte. Die Ereignisse im Winter 2013/14, deren Hauptursache in der katastrophalen wirtschaftlichen Situation bestand, in die alle ukrainischen Führungen und zuletzt Janukowytsch und die real regierenden Oligarchen das Land manövriert hatten, machten aus der Krise eine *Systemkrise*. Mit der Internationalisierung der innenpolitischen Konflikte sowie mit der *ideologischen und identitären Aufladung*, dass es jetzt um eine *Entscheidung zwischen Europa und Russland* ginge, wurde daraus fast simultan eine *Staats- und Souveränitätskrise*.

Weiter oben wurde deutlich, dass sich über einen langen Zeitraum in den Beziehungen zwischen dem Westen und Russland Muster herausgebildet haben, die keine eindeutigen *Pfadabhängigkeiten* generieren, sondern stark zwischen den Polen *Annäherung* und *Abgrenzung* oszillieren, wobei in den vergangenen 100 Jahren die Abgrenzungspolitik überwogen und lange Phasen der europäischen und globalen Entwicklung bestimmt hat. Zweitens, dass in der Ära der Postbipolarität die *Geopolitisierung* von Denk- und Handlungsmustern vorrangig vom Westen ausging und damit nicht nur die ökonomischen und politischen, sondern auch die militärischen Grenzen immer weiter nach Osten in Richtung Russland verschoben wurden. Man könnte grob gesprochen von einer Umkehrung der Entwicklung, bezogen auf die Zeit nach dem Zweiten Weltkrieg, sprechen.

Nach der Auflösung der Sowjetunion war man sich im Westen bewusst gewesen, dass die Beziehungen Russlands zur Ukraine besondere und andere waren als die zu anderen Regionen und Republiken der ehemaligen Sowjetunion wie Zentralasien, dem Südkaukasus oder den baltischen Republiken, sowohl in ökonomischer, vor allem aber in politischer, sicherheitspolitisch/strategischer und historischer Hinsicht. Infolgedessen bestand ein Konsens, dass die Ukraine nicht den gleichen Mustern westlicher Politik wie z.B. gegenüber Polen unterliegen könnte und als „Sonderfall“ zu behandeln wäre (vgl. Cziomer 2004: 186ff.; Hacke 1997; Karaganov 1995; Knapp 2004: 155; Pradetto 1997; Pradetto 2004a: 10, 21; Umbach 2004: 291ff., 309f.). Dieser Konsens löste sich mit Antritt der Präsidentschaft George W. Bushs in Washington 2001 und der *Agenda einer ausgreifenden NATO-Osterweite-*

rung, die die Ukraine inkludieren sollte, sowie in der Ukraine selbst im Gefolge des Machtwechsels zu Juschtschenko, Tymoschenko und Jazenjuk 2005 auf.

Die Ablehnung eines Beschlusses über die Aufnahme der Ukraine in die NATO 2008 durch westeuropäische Mitglieder und die Wahl von Janukowytsch, der außenpolitische Neutralität versprach, zum Präsidenten 2010 beruhigten die Lage nur vorübergehend. Die *Systemkrise* im Winter 2013/14 und der *Machtwechsel* im Februar 2014 unter Einmischung externer Akteure führten zur Konfrontation auch zwischen dem Westen und Russland. Dafür, dass aus der Ukraine-Krise und den damit verbundenen internationalen Implikationen längerfristig eine neue transatlantische Gemeinsamkeit resultiert – wie die Beschlüsse des NATO-Gipfels in Wales suggerieren –, spricht allerdings wenig. Nach der (eventuell auch nur vorläufigen) Abschwächung des gewaltsamen Konflikts mit den Separatisten in der Ukraine im Jahre 2015 rückten einerseits wieder die zugrunde liegenden internen ökonomisch-sozialen und politischen Probleme und der innenpolitische Streit um Ressourcen und Positionen in den Vordergrund. Und im Westen begannen wieder stärker die Frage der *Kosten* eine Rolle zu spielen, die die Westanbindung der Ukraine und ihre Abhängigkeit von westlichen Geldgebern verursacht, ebenso wie die Auseinandersetzung über die Sinnhaftigkeit der gegen Russland verhängten *Sanktionen*.

Der Krieg in der Ukraine machte das Land noch *ärmer*, noch *instabiler* und noch *bedürftiger* als 2013. Zu diesem Zeitpunkt hatte die Ukraine im *Human Development Index* (HDI), dem von den Vereinten Nationen genutzten Gradmesser für die Lebensqualität von Nationen, auf Platz 83 gelegen (2012 noch 78), zwischen Peru auf Platz 82 und Belize 84 (zum Vergleich: Russland 2013 auf Platz 57, Belarus sogar auf 53 – beide besser als das EU-Mitglied Bulgarien). In Europa stehen nur Albanien, Bosnien- Herzegowina und Moldawien schlechter da.

Die Ukraine benötigt (nach Schätzungen von 2015) in den nächsten Jahren weit mehr als 30 Milliarden US-Dollar, um ihre Schulden zu bedienen. Dabei ist noch nicht unzureichend berücksichtigt, dass die *ukrainische Wirtschaftsleistung* 2015 nochmals um zehn Prozent einbrach. Der Großteil der finanziellen Aufwendungen, die für die Rekonstruktion der ukrainischen Wirtschaft und für den Aufbau funktionierender staatlicher Strukturen extern zu leisten ist, wird also von der EU und von internationalen Finanzorganisationen getragen werden müssen. Russland dürfte kaum bereit sein, einer westorientierten Ukraine zu helfen, wie dies zumindest partiell in den zwei Jahrzehnten nach der Auflösung der Sowjetunion der Fall gewesen war, als man die Strategie verfolgt hatte, die Ukraine im postsowjetischen Wirtschaftsraum und neutral zu halten. Die USA bieten vor allem Militärhilfe und Rüstungsgüter an. Ökonomisch sieht Washington vor allem Brüssel in der Pflicht.

Zumindest kurzfristig kann aber nicht einmal mit einer *demokratischen Konsolidierung* des Landes gerechnet werden, weil die ökonomischen und sozialen Verhältnisse und die politischen Strukturen vermutlich wie ehedem in Russland nur dann eine Stabilisierung zulassen, wenn diese gegen die Ansprüche, Erwartungen, Interessen und Wünsche einer großen Zahl unterschiedlicher sozialer Gruppen und Kräfte durchgesetzt wird. Unter den gegebenen Bedingungen droht die Ukraine – soll eine durchgreifende Reform- und Konsolidierungspolitik durchsetzbar sein – so sehr eine *gelenkte Demokratie* zu werden wie Russland. Das heißt nicht, dass es für die EU unter den gegebenen Voraussetzungen Alternativen zu finanziellen Unterstützungsleistungen gäbe. Die Krise und ihre Ergebnisse – wie auch immer sie im Einzelnen aussehen mögen – stellt die Union vor Dilemmata, denen sie sich nicht entziehen kann. Anzeichen einer realistischeren Sicht der Verhältnisse im postsowjetischen Raum durch Brüssel bestehen nicht nur in einer zunehmenden Konditionierung finanzieller Hilfen und Druckausübung auf die politische Führung in Kiew, sondern auch in der Aufhebung von Sanktionen gegen Belarus Anfang 2016. Das bis dato als *letzte Diktatur Europas* gescholtene Land ist nicht nur wirtschaftlich erheblich erfolgreicher und politisch ungleich stabiler als die Ukraine, sondern hat auch Zehntausende ukrainische Flüchtlinge aufgenommen.

Wird die Frage gestellt, ob und wie sich eine Eskalation der Spannungen und der Abgrenzungen hätte vermeiden lassen, welche *Fehler* für die negativen Entwicklung entscheidend waren, und welche *alternativen Vorgehensweisen* es gegeben hätte, dann kann Folgendes resümiert werden.

Der *Grundfehler* bestand in einer *mutwilligen Geopolitisierung der Neugestaltung der postbipolaren Ordnung*. Die Außenpolitik westlicher Länder und die Bemühungen im Bereich internationaler Politik um den Ausbau der ökonomischen, politischen und sicherheitspolitischen Kooperationsformen, also die *institutionelle Verflechtung* zwischen Ökonomien, Gesellschaften und politischen und sicherheitspolitischen Strukturen zu fördern – etwa durch die Europäische Union und die OSZE –, wurden teilweise überlagert und konterkariert durch eine Erweiterung und den *Ausbau militärischer Strukturen* des Westens und der USA sowie vor allem im Nahen und Mittleren Osten durch eine offensive, militärisch gestützte *Regimewechselpolitik*, die geopolitischen Mustern folgte und entsprechende Reaktionen bei anderen, nicht-westlichen Akteuren hervorriefen. Der *Verlust geopolitischer Sensibilität* infolge globaler Machtverschiebungen resultierte in einer *abnehmenden Rücksichtnahme* gegenüber Interessen und Befindlichkeiten Dritter. Die *postbipolare Stärkeposition des Westens* hätte besser genutzt werden können, um *kooperative Strukturen* in ökonomischen, politischen, sicherheitspolitischen und kulturellen Bereichen zu stärken und zu weitergehenden Vereinbarungen und Abkommen im Bereich des internationalen Rechts, der Menschenrechte und der Abrüstung zu gelangen. Stattdessen wurde das Bemühen um eine solche Entwicklung, das nach der Implosion des Ostblocks vor allem bei einigen europäischen Eliten durchaus vorhanden war, ab 2001 durch *konfrontative Politikmuster* ersetzt und konterkariert und der *unipolare Moment* genutzt, um neue Einflusssphären durch militärische Expansion abzusichern.

Auch in den USA gab es autoritative Stimmen, die von Anfang an vor dieser Art von Politik warnten, und zwar vor allem aus dem Kreis der *Neorealisten*.[32] George Kennan schrieb schon 1998 kurz nach dem ersten Beschluss der NATO-Osterweiterung, dies wäre ein „tragischer Fehler", für den es „absolut keine Veranlassung" gäbe, denn „niemand hat irgendjemand anderen bedroht". Diese „Fehlentscheidung" werde sich aber negativ auf die russische Politik auswirken (Zit. nach Mearsheimer 2014). John Mearsheimer resümierte in der September/Oktober-Ausgabe 2014 von *Foreign Affairs*, nicht Putin, sondern der Westen trüge die Hauptschuld an der Krise in der Ukraine. Diese sei vor allem der Kurzsichtigkeit und Fehlerhaftigkeit seiner Erweiterungspolitik und der personellen und finanziellen Unterstützung von Kräften zu danken, die gegen die demokratisch gewählte Regierung der Ukraine agierten – in der Hoffnung, nicht nur die Ukraine schneller zu „verwestlichen", sondern hierüber auch in Russland solche Prozesse beschleunigen zu können.[33] Den Coup gegen Janukowytsch und für die Einsetzung von Jazenjuk als Regierungschef hätten die USA befürwortet und unterstützt. „Kein russischer Führer könnte es tolerieren, dass eine militärische Allianz, die bis vor Kurzem noch ein tödlicher Feind Moskaus war, in die Ukraine geht", aber alle Warnungen von russischer Seite wären in den Wind geschlagen worden.[34]

---

32 Paradigmatisch siehe den *Offenen Brief* von mehr als 40 früheren US-Senatoren, Ministern, Botschaftern, Rüstungskontroll- und Außenpolitikexperten an Bill Clinton, die im Juni 1997 – einen Monat vor dem Madrider Gipfel – vor einer NATO-Osterweiterung warnten, unter ihnen George Bunn, Bill Bradley, David Calleo, Richard Davis, Gordon Humphrey, Carl Kaysen, Edward Luttwak, Michael Mandelbaum, Richard McCormack, Robert McNamara, Paul Nitze, Sam Nunn, Richard Pipes, Paul Warnke und James Watkins (vgl. Open Letter to President Clinton 1997).

33 Mearsheimer verweist u.a. auf Gershman 2014: „Russian democracy also can benefit from this process. Ukraine's choice to join Europe will accelerate the demise of the ideology of Russian imperialism that Putin represents. [...] Russians, too, face a choice, and Putin may find himself on the losing end not just in the near abroad but within Russia itself".

34 Mearsheimer 2014. – Mearsheimer verweist außerdem auf Victoria Nuland, die Staatssekretärin für europäische und eurasische Angelegenheiten, die im Dezember 2013 öffentlich kundgetan hatte, die Vereinigten Staaten hätten seit 1991 fünf Milliarden Dollar investiert, damit die Ukraine „die Zukunft" bekäme, „die sie verdient". Außerdem verweist Mearsheimer auf ein abgehörtes und veröffentlichtes Telefonat Nulands, in dem sie die Rolle der USA bei der Absetzung von Janukowytsch angesprochen habe.

In den USA manifestierte sich der Konnex *Geopolitisierung* und *Demokratisierungsimpetus* bzw. *Regimechange-Politik* in der Auseinandersetzung zwischen einer größeren Gruppe von *Neorealisten* und *liberalen Internationalisten,* der schon in den 1990er Jahren eingesetzt hatte. Erstere warfen Letzteren vor, sie blendeten in der internationalen Politik Fragen der militärischen Balance, des strategischen Gleichgewichts und der Verschiebung von Machtpotenzialen sowie daraus resultierende Sicherheitsdilemmata weitgehend aus. Tatsächlich verabsolutierten die Internationalisten den liberalen Demokratisierungsansatz in zweifacher Hinsicht: *erstens* hinsichtlich des Anspruchs zu definieren, wann in Bezug auf Objekte liberaler Demokratisierungspolitik von Demokratie und Demokraten gesprochen werden könne und wann nicht; und *zweitens* in Bezug auf die Gleichsetzung westlicher Außenpolitik mit legitimer Verfolgung und Etablierung von Demokratie. Aus dieser Auffassung resultierte die *selbst erteilte Lizenz zur externen Einmischung* und zur Unterstützung jener Kräfte, die man für Demokraten hielt oder zu solchen erklärte. Und daraus folgte simultan die Vernachlässigung oder sogar Negation der Lagebeurteilung unter strategischen Aspekten: Da dem Westen *a priori* die Legitimität der Unterstützung *demokratischer Kräfte* und des Demokratieexports zugesprochen wurde, spielten bei der Analyse der Lage strategische Aspekte kaum eine Rolle.

Das Denken der *liberalen Internationalisten* zeichnete sich bereits unter Clinton dadurch aus, dass die USA und der Westen insgesamt schlicht nicht als Faktor eines Sicherheitsdilemmas existierten. Vergleiche mit westlichem Verhalten in analogen Situationen blieben deshalb außerhalb des Horizonts politischen liberalen Denkens bzw. wurden abgelehnt.[35] Diesem *mindset* der Identifizierung des Westens mit dem *demokratischen Guten* entsprach der Rückgriff auf die Charakterisierung dessen, der diese Vorstellung nicht akzeptierte, als das *autokratische Böse.* Was wiederum in der Eigenwahrnehmung zu einer konfrontativen Politik ermächtigte, um das *Böse* einzudämmen und dem *Guten* zum Durchbruch zu verhelfen. Dieser eingeschränkte Blickwinkel erklärt auch das frappierende Unverständnis theoretischer Grundlagen und historischer Entwicklungen, das in der Denunziation der *Neorealisten* als *Putinversteher* in einem Teil des deutschen Diskurses zum Ausdruck gelangt.

---

35 Genau solche Vergleiche zieht typischer Weise z.B. der Neorealist Mearsheimer: „Imagine the American outrage if China built an impressive military alliance and tried to include Canada and Mexico“. Und in Bezug auf das Selbstbestimmungsrecht der Ukraine, sich einer Allianz anzuschließen: „Did Cuba have the right to form a military alliance with the Soviet Union during the Cold War?“ (Mearsheimer 2014) – James Bindenagel, ehemals Gesandter an der US-Vertretung in Ost-Berlin und später an der Botschaft in Bonn, sprach im Zusammenhang mit der Ukraine-Krise ebenfalls von einem „Fehler des Westens, Georgien und der Ukraine 2008 die Vorstufe zu einer Nato-Mitgliedschaft anzubieten“, der einen „Affront gegen Russland“ dargestellt und im Ergebnis zur „Invasion Russlands in Georgien“ geführt habe, was „damals schon den Angriff auf die Ukraine vorausahnen“ habe lassen (Bindenagel 2014).

Geht man unter *institutionalistischen* Gesichtspunkten von der Existenz eines *Zielkonflikts* aus, einerseits neben der EU auch über die NATO in Europa möglichst schnell eine *Zone des Wohlstands, der Demokratie und des Friedens* schaffen zu wollen, wie es in den Dokumenten heißt, die diese Politik begründeten, und andererseits die damit verbundenen geopolitischen Friktionen möglichst gering zu halten, wäre insbesondere gegenüber Russland eine viel stärkere *Einbindung* in NATO und EU angebracht gewesen. Stattdessen wurde trotz voraussehbarer Probleme, die die Anwendung geopolitischer Muster auf die letzte *Zwischenzone* hin zu Russland zu zeitigen drohte, diese Politik auch in die Ukraine weitergeführt. Dass die EU sich daran beteiligte und ihre Nachbarschaftspolitik gegenüber dem Osten Europas vor allem bilateral konzipierte, statt eine regional-multilaterale, Russland inkludierende Strategie zu verfolgen (vgl. Pirinski 2014), hat in der Konsequenz die Identifikation Russlands mit Europa (und die damit verbundene Affinität zu internationalen Normen) geschwächt (vgl. Hopf 2007).

Das *Assoziationsabkommen*, das die EU der Ukraine anbot, war unzureichend durchdacht, unzureichend vorbereitet und mit falschen, weil nicht auf den Sachverhalt des Abkommens bezogenen Bedingungen verknüpft. Angesichts der katastrophalen wirtschaftlichen Lage des Landes und der russischen Position in Bezug auf den Energiebedarf sowie die Absatzmärkte der Ukraine stellte es gar keine realistische Basis für eine mit dem Abkommen konnotierte Neuorientierung der Ukraine dar. Es ist zu bezweifeln, dass einer der europäischen Politiker, die sich über die Ablehnung so empörten, das EU-Abkommen dem 15-Milliarden-Dollar-Vertrag mit Moskau vorgezogen hätten (vgl. Heinemann-Grüder 2014), wären sie anstelle von Janukowytsch in Verantwortung für die Ukraine gestanden. Janukowytsch erreichte außer dem Kredit eine Senkung der Gaspreise und diverse Handelsabkommen, was bedeutete, dass die Ukraine über den Winter 2014 kommen, eine Zahlungsunfähigkeit vermeiden und der russische Markt erhalten bleiben würde (vgl. Malygina 2013: 5). Tatsächlich wurde der EU von unterschiedlicher Seite *fehlender Realismus* und *Dilettantismus* vorgeworfen.[36] Nach dem Scheitern wurde das EU-Abkommen von Brüssler Politikern auch noch zu einer geopolitischen und identitären Frage stilisiert, die der ukrainischen Führung eine Entscheidung zwischen der EU und Russland abverlangte.[37]

Ideologisch und wirtschaftspolitisch standen hinter dem von der EU präsentierten Assoziationsabkommen *neoliberale Vorstellungen*, die weder die reale Lage in der Ukraine noch die Verflechtung mit vor allem der russischen Wirtschaft noch die Auswirkungen auf Abkommen zureichend in Rechnung stellte, die die Ukraine mit Dritten geschlossen hatte. Die Vereinbarung sah

---

36 Vgl. die Ausführungen von Ex-Außenminister Joschka Fischer 2014a: 2; ähnlich kritisch Helmut Schmidt in Spiegel Online 2014b.

37 Zu geopolitischen Implikationen des Assoziationsabkommens mit der Ukraine vgl. Richter 2014.

den Abbau von Handelsschranken, die fast vollständige Beseitigung von Zöllen und die Angleichung technischer Normen sowie Bestimmungen zur Lebensmittelsicherheit nach EU-Standards vor. Ziel war, einen neuen, *großen Markt* für die EU zu öffnen und die ukrainische Wirtschaft unter *Modernisierungsdruck* zu setzen.[38] Der ukrainische Präsident dachte offenbar noch bis zur Gipfeleröffnung in Vilnius, er könne für seine Unterschrift unter das von der EU gewollte Abkommen erheblich mehr erreichen als die von Brüssel angebotene eine Milliarde Euro. Das Zusammenwirken dieser *Pokerpolitik Kiews* und der *beschränkten Weitsicht Brüssels* führte dann zu der bekannten Situation auf dem EU-Gipfel sowie zu einer Reaktion vor allem der für das Abkommen verantwortlichen Beamten und Politiker in Brüssel, die zwischen Beleidigtsein und Empörung oszillierte.

In Berlin wurde man sich der Problematik des Abkommens wenigstens teilweise bewusst. Schon kurz nach dem Eklat der Nichtunterzeichnung des Assoziierungsabkommens bekundete Angela Merkel Missfallen, dass die Ukraine sich zwischen der EU und einer Zollunion mit Russland zu entscheiden hätte. Auf einem EU-Gipfel im Dezember 2013 ließ sie verlauten, eine Mitgliedschaft in zwei Zollunionen sei „heute" gar nicht möglich, und man werde mit Russland darüber sprechen müssen, „wie wir aus diesem Entweder-oder herauskommen" (Süddeutsche Zeitung 2014e).

Die Vorgehensweise Brüssels spiegelte solcherart eine Komplementarität ideologisierten, die realen Gegebenheiten negierenden *neoliberalen Denkens und Handelns* nach außen sowie dadurch ausgelöster *Geopolitisierung* nicht nur in der NATO, sondern auch in der EU wider; was nicht verwunderlich ist: Es handelt sich ja weitgehend um die gleichen Führungspersönlichkeiten, die über die außenpolitische Ausrichtung der beiden Organisationen entschieden. Die dadurch befeuerte Unruhe in der Ukraine wurde nicht als Warnung davor verstanden, die innerukrainischen Richtungsdebatten zu polarisieren, sondern zum Anlass genommen, um den Ton gegenüber der ukrainischen und russischen Führung zu verschärfen. Die nach der Ablehnung des Assoziationsabkommens von Kiew mit Moskau geschlossene Vereinbarung wurde nicht selbstkritisch als zumindest teilweise der eigenen Politik geschuldeter Fakt akzeptiert. Vielmehr wurde sie einer Art hinterhältiger Strategie des ukrainischen Präsidenten und seiner halbkommunistischen Hintermänner in Moskau zugerechnet, die die Prinzipien einer freien Marktwirtschaft nicht akzeptieren wollten und für den *Eklat* verantwortlich seien. Bei dieser Argumentation dürften freilich auch Legitimationsbedürfnis und Selbstschutz eine Rolle gespielt haben; mit dem Finger auf Moskau zu zeigen und zu behaupten, nicht man selbst, sondern Putin sei schuld an dem Debakel, versprach von eigenen Fehlern abzulenken.

---

38 Als unmittelbaren geldwerten „Vorteil" für die Ukraine wurde von EU-Diplomaten bezeichnenderweise angeführt, dass ukrainische Exporteure infolge des Abkommens jährlich fast 500 Millionen Euro einsparen könnten (vgl. Süddeutsche Zeitung 2014c).

Angesichts der innenpolitischen Lage in der Ukraine, der sozialen Spannungen und des fehlenden Konsenses über den innen- und außenpolitischen Kurs des Landes war es ein schwerwiegender Fehler, Öl ins Feuer zu gießen und eine *politische Opposition* zu unterstützen, die nur ein Jahr vor der anstehenden nächsten Präsidentenwahl die Gelegenheit ergreifen wollte, den amtierenden Präsidenten zu stürzen, um selbst an die Macht zu kommen. Anstatt von Seiten der Europäischen Union auf absolute Gewaltfreiheit, auf innenpolitische *Verhandlungen* und *Kompromissfindung* sowie darauf zu setzen, die *Zivilgesellschaft* gegen die Oligarchen und ihre Parteien (und das heißt auch gegen Parteiführer wie Tymoschenko und Jazenjuk) zu stärken, sodass bei den regulär vorgesehenen Wahlen 2015 patriotische und auf das Gesamtwohl des Landes orientierte Kräfte an Macht kämen (vgl. Lindner 2014), unterstützte Brüssel diejenigen, die schon mehrfach ihre Unfähigkeit bewiesen hatten und sich nun unter politisch und rechtlich dubiosen Bedingungen die Macht wieder aneignen wollten.

Es handelte sich um jene Kräfte, die in der *Orangenen Revolution* von 2004 gesiegt, danach aber das Land derart heruntergewirtschaftet hatten, dass die Mehrheit der Ukrainer sie sechs Jahre später nicht mehr an der Regierung sehen wollte. Die Neuwahlen 2015 wollten diese Politiker nicht abwarten, offenkundig auch wegen der Unwägbarkeit, eventuell noch einmal für weitere fünf Jahre (oder länger) von einem Neuling oder einen von der *Partei der Regionen* erfolgreich platzierten Ersatzkandidaten für den desavouierten Janukowytsch politisch an die Wand gedrängt und von den Futtertrögen der Macht ferngehalten zu werden. Sie sahen die Chance, über eine *Mobilisierung der Straße* und ihre demonstrative Unterstützung des von der EU angebotenen Assoziierungsabkommens sowie einer Denunziation Janukowytsch' als antiwestlichen, Moskau hörigen Politiker ihre politischen Ziele umzusetzen.

Die Enttäuschung und auch die Wut, die Politiker der EU über die Nichtunterzeichnung des Assoziationsabkommens zeigten, wurden von der Opposition um Jazenjuk und Tymoschenko als Chance begriffen, die eigenen Ambitionen schneller durchsetzen zu können, als man es noch im Sommer 2013 zu hoffen gewagt hatte. Jazenjuk, der nach dem Sturz und der Flucht von Janukowytsch vom Parlament zum Premierminister ernannt werden sollte, hatte als Präsidentschaftskandidat bei den Wahlen 2010 ganze sechs Prozent der Stimmen bekommen. Der für seine enge Verbundenheit mit Washington bekannte Politiker konnte nicht damit rechnen, dass er 2015 viel erfolgreicher sein würde. Tatsächlich schaffte er es innerhalb eines Jahres trotz der Unterstützung durch Washington, Brüssel, diverser Oligarchen und der ausgiebigen Möglichkeit der Selbstinszenierung als *Reformer* und *Kämpfer für das Vaterland* in den Medien, bei Umfragen auf einen Tiefstwert von zwei Prozent Zustimmung abzustürzen. Bei den Kommunalwahlen im September/Oktober 2015 verzichtete er deshalb auf eine eigenständige Teilnahme seiner Partei und schloss sich stattdessen dem *Block Poroschenko* an.

Nicht die Ukraine und ihre gravierenden Probleme standen im Mittelpunkt der Suche nach einem Lösungsansatz für die Verwerfungen, die sich im Winter 2014 zeigten (vgl. Lindner 2014). Viel bedeutsamer waren für Brüssel offenkundig das eigene *Image* und das eigene *Prestige*, das man durch die Nichtunterzeichnung des Assoziationsvertrags beschädigt sah, und das Gewinnen in einer Auseinandersetzung, die man als *Ringen zwischen dem Westen und Russland um den größten europäischen Flächenstaat westlich von Russland* wahrnahm bzw. inszenierte. Konsequenterweise wurden die Proteste auf dem Maidan verzerrt mit einem ukrainischen Volk gleichgesetzt, das *in toto* in den Westen wollte, und eine Dichotomie: westorientierte Ukraine auf der einen, Janukowytsch und Putin auf der anderen Seite konstruiert, die mit den Realitäten im Land wenig zu tun hatte. Die Konsequenz war, dass man die zunehmenden Anzeichen einer Gegenbewegung, von Autonomiebestrebungen und des Verlusts von Loyalität der Sicherheitskräfte gegenüber Kiew im Osten und Süden des Landes zuerst nicht mitbekam, und als sie sich nicht mehr leugnen ließen, als das Werk einiger Anhänger des geflüchteten Präsidenten sowie Moskaus interpretierte (vgl. Süddeutsche Zeitung 2014b).

An den Notwendigkeiten der *Stabilisierung* einer auseinander brechenden und sich in Auflösung staatlicher Strukturen befindlichen Ukraine ging diese Politik nicht nur vorbei, sondern sie intensivierte die Erosion noch. Notwendig gewesen wäre eine ganz andere Art des Krisenmanagements. Unter Beteiligung der USA, der EU, internationaler Finanzorganisationen und Russlands hätte versucht werden müssen, die innenpolitischen Kräfte in der Ukraine zu bewegen, einem *politischen Neuanfang* zuzustimmen: übergangsweise eine nationale Notstandsregierung zu bilden oder eine Technokratenregierung zu akzeptieren, der die westlichen Staaten und Organisationen gemeinsam mit Russland, von dem die Ukraine in der Energieversorgung wie in Bezug auf Exportmärkte abhängig war, helfen sollte, den drohenden Bankrott zu verhindern; solcherart die politischen Voraussetzungen zu schaffen, um eine Reformpolitik in Angriff nehmen zu können, die nicht von vornherein durch Partikularinteressen konterkariert wird. Angesichts der ökonomischen Situation in der Ukraine hätten die potenziellen externen Geldgeber einen massiven Hebel in der Hand gehabt, um Konzessionen der ukrainischen Konfliktparteien zu erzielen, zumal angesichts der weitgehenden Aversion in der ukrainischen Bevölkerung gegen ihre politische „Elite“ die Unterstützung von Seiten der Zivilgesellschaft hoch gewesen wäre.

Stattdessen erfolgte die Unterstützung derer, die sich auf dem Maidan das Label *Europa* ans Revers hefteten, und die *Geopolitisierung* des Konflikts. Der Unterstützung der *pro-westlichen* Parteien und Kräfte durch westliche Regierungen und Organisationen folgte die Unterstützung *prorussischer* Kräfte durch Moskau. Der Besetzung öffentlicher Gebäude durch Gewaltgruppen in Kiew folgte die gewaltsame Besetzung von administrativen Einrichtungen in Osten und Süden des Landes. Der dubiosen Abstimmung über die Einsetzung Turtschinows als Übergangspräsident und Jazenjuks als Premier in der Hauptstadt folgte die illegale Abstimmung über die Abspaltung von der Ukraine durch das Parlament der Krim. Der Doktrin von der Zugehörigkeit der Ukraine zum Westen und der Erklärung, dass „kein Drittland ein Veto gegen die NATO-Erweiterung" habe[39], folgte die *Putin-Doktrin* von der Krim als seit jeher „integraler Bestandteil Russlands" (Putin 2014). Den Söldnern aus den USA folgten die aus Russland.

Jede beteiligte Partei fand die Partner, die sie brauchte und von der sie sich bestärkt fühlte, ihre *Interessen ohne Kompromissfindung* durchsetzen zu können: die politisch organisierte Opposition in der Ukraine, die unter Umgehung demokratischer und legaler Prozesse an die Macht kommen wollte, suchte und fand auswärtige Unterstützung in den USA und in der EU; die EU, die ihr Assoziationsabkommen gegen den gewählten Präsidenten Janukowytsch und Russland durchsetzen wollte, fand sich durch die Parteien und Politiker der Anti-Janukowytsch-Koalition bestätigt; Washington mit seiner Politik der Vorbereitung einer neuen Runde der Erweiterung der Allianz ebenso; Russland sah mit der Krise in der Ukraine, dem Westkurs derer, die innerhalb kurzer Zeit den Maidan dominierten, mit der Gegenbewegung im Süden und Osten des Landes, der Entwicklung auf der Krim und in einigen östlichen Provinzen die Chance, mit der Intervention in der Ukraine und der Unterstützung der Separatisten nationalistischen Emotionen und strategischen Zielen, vor allem einer Ausdehnung der NATO auf die Ukraine und damit in der Sicht Moskaus auch auf *russische Erde* zuvorzukommen. In der Logik dieser Eskalation lagen die immer schrilleren Schuldzuweisungen und wechselseitigen Bestätigungen, wie bösartig die andere Seite agierte.

Für den *Westen* bleibt festzuhalten: Nach Afghanistan, Irak, Libyen und anderen weniger spektakulären Fällen ist die Ukraine ein weiteres Beispiel dafür, wie die *Chancen*, die das Ende des Kalten Krieges geboten hatte, verspielt und stattdessen neue *Probleme* kreiert wurden. Der Verantwortung und den Herausforderungen, die die Schaffung neuer *nationaler und internationaler Ordnungssysteme* nach dem Zusammenbruch von Kommunismus und bipolarer Weltordnung bedeuteten, waren die zuständigen Politiker sowohl in der Ukraine als auch in Moskau und ebenso im Westen jedenfalls nur unzureichend gewachsen. Nähme *Moskau* eine maßgebende Position in einer neuen Weltordnung ein, wäre nicht weniger Geopolitik zu erwarten als vom Westen. Das legen die dominanten Muster außenpolitischen Verhaltens in der russischen Geschichte und die Schablonen nahe, die aktuell die Moskauer

39 NATO-Generalsekretär Anders Fogh Rasmussen auf einem Außenministertreffen der Allianz im Juni 2014 (vgl. Mearsheimer 2014).

Politik bestimmen. Von anderen europäischen Politikern konnte infolge der Erfahrungen mit zwei Weltkriegen, die sich hauptsächlich auf europäischem Boden abspielten, und mit dem Scheitern jeweils nachfolgender Versuche, funktionierende regionale und globale *security communities* zu schaffen, nach einem jahrzehntelangen Kalten Krieg mehr erwartet werden.

Literatur

Abromavicius, Aivaras (2016): Regierung braucht Neuanfang. Interview mit Deutsche Welle, 15.2.2016.

Amerika Dienst (2014): US-Außenpolitik. Amerikanische Unterstützung für die Ukraine: eine Übersicht, http://blogs.usembassy.gov/ amerikadienst/2014/04/24/ amerikanische-unterstutzung-fur-die-ukraine-eine-ubersicht/ (Zugriff am 8.3.2016).

Antoniu, Bogdan (2001): The Origins of the Cold War: A Historiographical Review. In: Euro-Atlantic Sudies Nr. 3, Editura Universităţii Bucureşti, S. 33-46.

Auswärtiges Amt (2014a): Die Östliche Partnerschaft, http://www.auswaertiges-amt.de/DE/Europa/Aussenpolitik/Regionalabkommen/Oestliche%20Partnerschaft_node.html (Zugriff am 31.7.2014).

Auswärtiges Amt (2014b): Europäische Nachbarschaftspolitik, http://www.auswaertigesamt.de/sid_FE97156594803848F7CEF7DB3E0437EE/DE/Europa/Aussenpolitik/Regionalabkommen/Nachbarschaftspolitik.html?nn=336308 (Zugriff am 31.7.2014).

Bartoszewski, Wladyslaw (2014): Wir haben nichts vergessen. Interview mit Wladyslaw Bartoszewski. In: Süddeutsche Zeitung, 30./31.8.2014.

Baumgartner, Craig S. (2013): Russia's Strategic Window of Opportunity in Eurasia. US Army War College. Institute for National Security and Counterterrorism, http://insct.syr.edu/wp-content/uploads/2013/02/AWCReport_2013_Baumgartner_FINAL.pdf (Zugriff am 8.3.2016).

Becker, Christian (2011): Die Shanghaier Organisation für Zusammenarbeit: Grenzen und Möglichkeiten der Kooperation autoritärer politischer Systeme, Frankfurt am Main.

Bell, Daniel (1960): The End of Ideology. On the Exhaustion of Political Ideas in the Fifties. Glencoe/Ill.

Bender, Peter (1981): Das Ende des ideologischen Zeitalters, Berlin.

Bindenagel, James D. (2014): Putins Angst. In: Süddeutsche Zeitung, 3.9.2014, S. 2.

Blank, Stephen J. (Hrsg.) (2011): Russian Military Politics and Russia's 2010 Defense Doctrine. SSI Monograph, Carlisle, http://www.clingendael.nl/sites/default/files/ 20110300_haas_doctrine.pdf (Zugriff am 8.3.2016).

Boulding, Kenneth E. (1969): National Images and International Systems. In: James N. Rosenau (Hrsg.): International Politics and Foreign Policy. A Reader in Research and Theory, New York, S. 22-35.

Bracher, Karl Dietrich (1982): Zeit der Ideologien: eine Geschichte politischen Denkens im 20. Jahrhundert, Stuttgart.

Brzezinski, Zbigniew (2004): Die einzige Weltmacht: Amerikas Strategie der Vorherrschaft, 8. Aufl., Frankfurt am Main.
Bullough, Oliver (2014): Vladimir Putin: The rebuilding of ‚Soviet' Russia. In: BBC News Magazine, 28.3.2014, http://www.bbc.com/news/magazine-26769481 (Zugriff am 8.3.2016).
Bundesregierung (2013): Regierungserklärung von Bundeskanzlerin Merkel zum EU-Gipfel „Östliche Partnerschaft" am 28./29. November 2013 in Vilnius, http://archiv.bundesregierung.de/ContentArchiv/DE/Archiv17/Regierungserklaerung/2013/2013-11-18-merkel-oestl-partnerschaften.html (Zugriff am 8.3.2016).
Cziomer, Erhard (2004): Polen und die zweite NATO-Osterweiterungsrunde. In: Pradetto, August (Hrsg.): Die zweite Runde der NATO-Osterweiterung: zwischen postbipolarem Institutionalismus und offensivem Realismus, Frankfurt am Main.
Der Spiegel (1990): Wir müssen es behutsam tun. In: Der Spiegel 8/1990, 19.2.1990, S. 16-18.
Der Spiegel (2014): Stoppt Putin jetzt! In: Der Spiegel 31/2014, 28.7.2014.
Der Standard (2014): Uno. 730.000 flohen aus der Ostukraine nach Russland, 6.8.2014, S. 1.
Desai, Raj M./Vreeland, James Raymond (2014): What the new bank of BRICS is all about. In: The Washington Post, 17.7.2014, http://www.washingtonpost.com /blogs/monkey-cage/wp/2014/07/17/what-the-new-bank-of-brics-is-all-about/ (Zugriff am 8.3.2016).
Deutsche Gesellschaft für Osteuropakunde (2014): Münsteraner Erklärung, https://docs.google.com/file/d/0B6z287ckIQd-Z3JzX29PQ2s2eVU/edit?pli=1 (Zugriff am 8.3.2016).
Deutsche Welle (2014a): Schäuble wirbt für transatlantische Partnerschaft, 11.4.2014, http://www.dw.de/schäuble-wirbt-für-transatlantische-partnerschaft/a-17561570 (Zugriff am 8.3.2016).
Deutsche Welle (2014b): Wie der Westen ukrainische Reformen sponsert, 8.5.2014, http://www.dw.de/wie-der-westen-ukrainische-reformen-sponsert/a-17619939 (Zugriff am 8.3.2016).
Deutsche Welle (2014c): Ukrainischer KP-Chef auf Europa-Tour, 13.8.2014, http://www.dw.de/ukrainischer-kp-chef-auf-europa-tour/a-17849477?maca=denewsletter_ostfokus-643-html-newsletter (Zugriff am 8.3.2016).
Deutsche Welle (2014d): Russlands Kampf gegen NGOs mit Auslandsbeziehungen, 17.8.2014, http://www.dw.de/russlands-kampf-gegen-ngos-mitauslandsbeziehungen/a-17849610?maca=de-newsletter_ostfokus-643-html-newsletter (Zugriff am 8.3.2016).
Elder, Miriam (2011): Putin's grand vision: a new Eurasian bloc with old Soviet neighbours. In: The Guardian Online, 4.10.2011, http://www.theguardian.com/world/2011/oct/04/putin-grand-vision-eurasian-bloc (Zugriff am 8.3.2016).
European Council/The President (2013): Third Eastern Partnership summit Vilnius, 28-29 November 2013, 26.11.2013, http://www.consilium.europa.eu /uedocs/cms _ Data/docs/pressdata/en/ec/139726.pdf (Zugriff am 8.3.2016).
European Council/The President (2013a): Joint statement by President of the European Council Herman Van Rompuy and President of the European Commission José Manuel Barroso on Ukraine, 25.11.2013, http://www.consilium.europa.eu/uedocs/cms_data/docs/pressdata/en/ec/139720.pdf (Zugriff am 8.3.2016).

European Union (2014): EU-Ukraine Association Agreement – the complete texts. http://eeas.europa.eu/ukraine/assoagreement/assoagreement-2013en.htm (Zugriff am 10.8.2014).
Fischer, Joschka (2014a): Kiews Lage beeinflusst Europas Sicherheit. In: Süddeutsche Zeitung, 8.1.2014, S. 2.
Fischer, Joschka (2014b): Die Gespenster kommen wieder. In: Süddeutsche Zeitung, 18.8.2014, S. 2.
Frankfurter Allgemeine Zeitung (2014a): Rasmussen: Nato muss sich rüsten, 3.5.2014, http://www.faz.net/aktuell/politik/ausland/europa/rasmussen-nato-muss-sichruesten-12921397.html?printPagedArticle=true (Zugriff am 8.3.2016).
Frankfurter Allgemeine Zeitung (2014b): Innenministerium in Kiew will mit Radikalen kooperieren, 18.8.2014, http://www.faz.net/aktuell/politik/ausland/europa/ukraineinnenministerium-in-kiew-will-mit-radikalen-kooperieren-13104401.html (Zugriff am 8.3.2016).
Frankfurter Allgemeine Zeitung (2014c): Kämpfer außer Kontrolle?, 18.8.2014, http://www.faz.net/aktuell/politik/ausland/ukraine-konflikt-kaempfer-ausser kontrolle-13103243.html (Zugriff am 8.3.2016).
Frankfurter Allgemeine Zeitung (2014d): Russland erwägt Importverbot für Autos, 18.8.2014, http://www.faz.net/aktuell/wirtschaft/wirtschaftspolitik/russland-erwaegt-importverbotfuer-autos-13103803.html?printPagedArticle=true (Zugriff am 8.3.2016).
Frei, Daniel (1985): Feindbilder und Abrüstung: Die gegenseitige Einschätzung der UdSSR und der USA. Eine Studie des Instituts der Vereinten Nationen für Abrüstungsforschung (UNIDIR), München.
Frei, Daniel (1989): Wie Feindbilder entstehen. In: Wagenlehner, Günther (Hrsg.): Feindbild. Geschichte – Dokumentation – Problematik, Frankfurt am Main, S. 222-226.
Fukuyama, Francis (1992): The End of History and The Last Man, New York.
Gaddis, John L. (2007): Der Kalte Krieg. Eine neue Geschichte, München.
Galeotti, Mark/Bowen, Andrew S. (2014): Putin's Empire of the Mind. How Russia's president morphed from realist to ideologue -- and what he'll do next. In: Foreign Policy Online (21.4.2014), http://www.foreignpolicy.com/articles/2014/04/21/putin_s_empire_of_the_mind_russia_geopolitics (Zugriff am 8.3.2016).
Gärtner, Heinz (2014): Die Ukraine braucht großen Deal. Interview mit Heinz Gärtner, In: Salzburger Nachrichten, 7.5.2014, S. 5.
Gershman, Carl (2014): Former Soviet states stand up to Russia. Will the U.S.? The Washington Post, 26.9.2013, http://www.washingtonpost.com/opinions/former-sovietstates-stand-up-to-russia-will-the-us/2013/09/26/b5ad2be4-246a-11e3-b75d-5b7f66349852_story.html (Zugriff am 8.3.2016).
Gotz, Roland (2014): Zwischen Angst und Größenwahn. Gas und Öl als politische Druckmittel. In: Zerreißprobe. Ukraine: Konflikt, Krise, Krieg. Osteuropa, Heft 5-6/ Mai-Juni, S. 277-292.
Hacke, Christian (1997): Die Haltung der Bundesrepublik Deutschland zur NATO-Osterweiterung. In: Pradetto, August (Hrsg.): Ostmitteleuropa, Rußland und die Osterweiterung der NATO. Perzeptionen und Strategien im Spannungsfeld nationaler und europäischer Sicherheit, Opladen, S. 232-249.
Hadley, Stephen J./Wilson, Damon (2014): Putin's takeover of Crimea is part of a larger strategy. In: Washington Post Online, 3.3.2014, http://www.washington

post.com/opinions/putins-takeover-of-crimea-is-part-of-a-larger-strategy/2014/03/03/a9cd5d7aa2ec-11e3-84d4-e59b1709222c_story.html (Zugriff am 8.3.2016).

Halbach, Uwe (2014): Die Wahrnehmung der Krim-Krise in Russlands »nahem Ausland«, SWP-Aktuell, 16.3.2014, http://www.swp-berlin.org/fileadmin/contents/products/aktuell/2014A16_hlb.pdf (Zugriff am 8.3.2016).

Handelsblatt (2010): Janukowitsch kündigt West-Kurs an, 26.2.2010, http://www.handelsblatt.com/politik/international/ukraine-janukowitsch-kuendigt-west-kurs-an/3378564.html (Zugriff am 8.3.2016).

Handelsblatt (2014): Krimkrise schweißt Europa und USA zusammen, 28.3.2014, http://www.handelsblatt.com/politik/international/transatlantische-zusammenarbeit-krimkriseschweisst-europa-und-usa-zusammen/9673154.html (Zugriff am 8.3.2016).

Heinmann-Grüder, Andreas (2014): Revolution und Revanche: die Ukraine am Abgrund. In: Friedensgutachten 2014, Berlin.

Hopf, Ted (2007): Russia's Identity Relations with Europe, the EU, and the United States: 1991-2007, http://www.norface.org/files/s1-hopf.pdf (Zugriff am 10.8.2014).

Jervis, Robert (1978): Perceptions and Misperceptions in International Politics. Princeton, New Jersey.

Karaganov, S.A. et. al. (1995): Rußland und die NATO: Thesen des Rates für Außen- und Verteidigungspolitik. In: Pradetto, August (Hrsg.): Ostmitteleuropa, Rußland und die Osterweiterung der NATO. Perzeptionen und Strategien im Spannungsfeld nationaler und europäischer Sicherheit, Opladen, S. 161-177.

Kissinger, Henry (2014): Eine Dämonisierung Putins ist keine Politik. Vier Vorschläge für eine ausbalancierte Unzufriedenheit. Internationale Politik und Gesellschaft (IGP), 12.3.2014, http://www.ipg-journal.de/kommentar/artikel/henry-a-kissinger-e...ine-politik-298/?cHash=249672c7319175de8155b0f717fe18eb&type=98 (Zugriff am 31.7.2014).

Klein, Margarete (2010): Russlands neue Militärdoktrin 2020, SWP aktuell 21, März 2010.

Kleinsteuber, Hans J. (1992): Stereotype, Images und Vorurteile. Bilder und Feindbilder in den Köpfen der Menschen. In: Wissenschaft und Fortschritt 42 (1992) 2, S. 50-53.

Knapp, Manfred (2004): Die Haltung Deutschlands zur weiten Runde der Osterweiterung der NATO. In: Pradetto, August (Hrsg.): Die zweite Runde der NATO-Osterweiterung: zwischen postbipolarem Institutionalismus und offensivem Realismus, Frankfurt am Main.

Konzeption der Außenpolitik der Russischen Föderation (2011) (Концепция внешней политики Российской Федерации Утверждена Президентом Российской ФедерацииВ.В.Путиным 12 февраля 2013 г.), http://www.mid.ru/bdomp/ns-osndoc.nsf/e2f289bea62097f9c325787a0034c255/9f13b4ffd6a9a3e344257b81001c64ad! OpenDocument) (Zugriff am 8.3.2016).

Kößler, Reinhart (2001): Asiatische Despotie oder Despotie in der Moderne? Zu den Schwierigkeiten der Linken mit der Geschichte des 20. Jahrhunderts am Beispiel später Schriften Leo Koflers zum Ende der Sowjetunion. In: Jünke, Christoph (Hrsg.): Am Beispiel Leo Koflers. Marxismus im 20. Jahrhundert, Münster, S. 259-279.

Lewis, Jeffrey/Trevisani, Paulo (2014): Brics Agree to Base Development Bank in Shanghai. In: The Wall Street Journal, 16.7.2014.

Lindner, Rainer (2014): Frieden, Stabilität, Wachstum. Zehn Thesen zur Ukraine. In: Zerreißprobe. Ukraine: Konflikt, Krise, Krieg. Osteuropa, Heft 5-6/Mai-Juni 2014, S. 5-7.

Loth, Wilfried (2000): Die Teilung der Welt. Geschichte des Kalten Krieges 1941-1955, München.

Luchterhandt, Otto (2014): Die Krim-Krise von 2014. Staats- und völkerrechtliche Aspekte. In: Zerreißprobe. Ukraine: Konflikt, Krise, Krieg. Osteuropa, Heft 5-6/Mai-Juni 2014, S. 61-86.

Macdonald, Douglas J. (1995): Communist Bloc Expansion in the Early Cold War: Challenging Realism, Refuting Revisionism. In: International Security 20, Nr. 3 (Winter 1995/1996), S. 152-188.

MacFarlane, S. Neil (2006): The ‚R‘ in BRICs: is Russia an emerging power? In: International Affairs, Vol. 82/1, S. 41-57.

Malygina, Katerina (2013): Die Ukraine nach dem EU-Gipfel in Vilnius: Nichtunterzeichnung des Assoziierungsabkommens, Polizeigewalt und Radikalisierung der Massenproteste. In: Ukraine-Analysen 125, 10.12.2013, S. 2-7, http://www.laenderanalysen.de/ukraine/pdf/UkraineAnalysen125.pdf (Zugriff am 8.3.2016).

Mark, Rudolf A. (2012): Im Schatten des „Great Game“. Deutsche „Weltpolitik“ und russischer Imperialismus in Zentralasien 1871-1914. Paderborn [u.a.].

Marx, Karl (1983): Grundrisse der Kritik der politischen Ökonomie, Marx-Engels-Werkausgabe (MEW), Band 42, Berlin.

Mearsheimer, John (2014): Why The Ukraine Crisis is The West’s Fault. In: Foreign Affairs, September/October 2014, http://groong.usc.edu/news/msg511555.html (Zugriff am 26.8.2014).

Menkiszak, Marek (2014): The Putin doctrine: The formation of a conceptual framework for Russian dominance in the post-Soviet area, OSW Commentary No. 131, Centre for Eastern Studies.

Merkel, Angela (2014): Rede von Bundeskanzlerin Merkel vor der U.S. Chamber of Commerce, 2.5.2014, http://www.bundesregierung.de/Content/DE/Rede/2014/05/2014-05-02-merkel-usa-handelskammer.html (Zugriff am 8.3.2016).

Mutz, Reinhard (2014): Vorsicht, Funkenflug! Was Putins von Jelzins Russland unterscheidet, http://www.deutschlandradiokultur.de/aussenpolitik-vorsicht-funkenflug.1005.de.html?dram:article_id=279340 (Zugriff am 8.3.2016).

NATO (2010): Strategic Concept for the Defence and Security of The Members of the North Atlantic Treaty Organisation; Adopted by Heads of State and Government in Lisbon, http://www.nato.int/lisbon2010/strategic-concept-2010-eng.pdf (Zugriff am 8.3.2016).

NATO (2014a): NATO Wales Summit Guide, http://www.nato.int/cps/en/natolive/news_112073.htm?utm_medium=email&utm_campaign=NATO+Summit+Guide&utm_content=NATO+Summit+Guide+CID_23d642c614ccf2d1cd230044679c340a&utm_source=Email%20marketing%20software&utm_term=here (Zugriff am 21.8.2014).

NATO (2014b): Gipfelerklärung von Wales. Treffen des Nordatlantikrats auf Ebene der Staats- und Regierungschefs in Wales Veröffentlicht am 5. September 2014, http://www.nato.diplo.de/contentblob/4325924/Daten/4619505/gipfelerklaerung wales.pdf (Zugriff am 8.3.2016).

Neumann, Iver (1996a): Russia as Europe's Other, https://www.yumpu.com/en/document/view/7278567/russia-as-europes-other-iver-b-neumann-european- (Zugriff am 8.3.2016).
Neumann, Iver (1996b): Russia and the Idea of Europe: A Study in Identity and International Relations London: Routledge.
Neumann, Iver (1998a): Uses Of The Other: „The East" in European Identity Formation. Borderlines Volume 9. University of Minnesota.
Neumann, Iver (1998b): The geopolitics of delineating „Russia" and „Europe". The creation of „the Other" in European and Russian tradition. In: Casier, Tom/Malfliet, Katlijn (Hrsg.): Is Russia a European Power? The Position of Russia in a New Europe. Leuven University Press, S. 17-44.
Neumann, Iver/Pouliot, Vincent (2011): Untimely Russia: Hysteresis in Russian-Western Relations over the Past Millennium. In: Security Studies 20, Nr. 1, S. 105-137.
Neutatz, Dietmar (2013): Träume und Albträume. Eine Geschichte Russlands im 20. Jahrhundert (Europäische Geschichte im 20. Jahrhundert), München: C.H. Beck.
Nicklas, Hans (1985): Die politische Funktion von Feindbildern. In: Guha, Anton-Andreas/Papcke, Sven (Hrsg.): Der Feind, den wir brauchen oder: muß Krieg sein? Königstein/Ts., S. 99-109.
Open Letter to President Clinton (1997): Global Beat. Former Policy-Makers Voice Concern Over NATO Expansion, 26.6.1997, http://www.bu.edu/globalbeat/nato/postpone062697.html (Zugriff am 8.3.2016).
OSCE (2014): Protocol on the results of consultations of the Trilateral Contact Group, signed in Minsk, 5.9.2014, http://www.osce.org/home/123257 (Zugriff am 8.3.2016).
Pirinski, Georgi (2014): Eastern Partnership 2.0? The Eastern Partnership needs Reconceiving, http://www.fes.de/international/moe/pdf/Eastern_Partnership_2.0.pdf (Zugriff am 8.3.2016).
Pörzgen, Gemma (2014): Moskau fest im Blick. Die deutschen Medien und die Ukraine. In: Zerreißprobe. Ukraine: Konflikt, Krise, Krieg. Osteuropa, Heft 5-6/ Mai-Juni 2014, S. 295-310.
Potekhin, Dmytro (2013): Warum nicht in der Ukraine? In: Ukraine-Analysen 125, 10.12.2013, S. 8-9, http://www.laender-analysen.de/ukraine/pdf/Ukraine Analysen125.pdf (Zugriff am 8.3.2016).
Pradetto, August (Hrsg.) (1997): Ostmitteleuropa, Rußland und die Osterweiterung der NATO. Perzeptionen und Strategien im Spannungsfeld nationaler und europäischer Sicherheit, Opladen.
Pradetto, August (2004a): Zwischen postbipolarem Institutionalismus und offensivem Realismus: Von der ersten zur zweiten Runde der NATO-Osterweiterung. In: Pradetto, August (Hrsg.): Die zweite Runde der NATO-Osterweiterung: zwischen postbipolarem Institutionalismus und offensivem Realismus, Frankfurt am Main, S. 7-26.
Pradetto, August (Hrsg.) (2004b): Die zweite Runde der NATO-Osterweiterung: zwischen postbipolarem Institutionalismus und offensivem Realismus, Frankfurt am Main.
Pradetto, August (2014a): Die Ukraine-Krise: Geopolitik und Identität im Verhältnis zwischen Russland und dem Westen, Die Friedens-Warte, Heft 89, 1–2, S. 31-58.

Pradetto, August (2014b): Die Krim, die bösen Russen und der empörte Westen. Blätter für deutsche und internationale Politik, Nr. 5/2014, S. 73-78.
Putin, Vladimir (2014): Rede des russländischen Präsidenten Vladimir Putin am 18. März 2014 im Kreml vor den Abgeordneten der Staatsduma, den Mitgliedern des Föderationsrates, den Leitern der Regionalverwaltungen und Vertretern der Zivilgesellschaft. Dokumentation. Übersetzung aus dem Russischen. In: Zerreißprobe. Ukraine: Konflikt, Krise, Krieg. Osteuropa, Heft 5-6/Mai-Juni 2014, S. 87-99.
Reiman, Michal (1987): Lenin, Stalin, Gorbačev: Kontinuität u. Brüche in der sowjetischen Geschichte, Hamburg.
Reuters Deutschland (2014): Bereits mehr als 2000 Tote im Ukraine-Konflikt, 13.8.2014, http://de.reuters.com/article/topNews/idDEKBN0GD18R20140813 (Zugriff am 8.3.2016).
Richter, Wolfgang (2014): Die Ukraine-Krise. Die Dimension der paneuropäischen Sicherheitskooperation, SWP-Aktuell 23.4.2014, http://www.swp-berlin.org/fileadmin/contents/products/aktuell/2014A23_rrw.pdf (Zugriff am 8.3.2016).
Ruiz González, Francisco J. (2013): The foreign Policy Concept of the Russian Federation: A comparative Study, Instituto Español de Estudios Estratégicos. http://www.ieee.es/en/Galerias/fichero/docs_marco/2013/DIEEEM06-2013_Rusia_ConceptoPoliticaExterior_FRuizGlez_ENGLISH.pdf (Zugriff am 8.3.2016).
Russische Militär-/Sicherheitsdoktrin (2010) (Военная доктрина Российской Федерации5 февраля 2010 года), http://news.kremlin.ru/ref_notes/461 (Zugriff am 8.3.2016) (deutsche Version: Übersetzung des Bundessprachenamts vom 18.2.2010).
Said, Edward (2010): Orientalismus, 2. Aufl., Frankfurt am Main.
Schattenblick (2015): NAHOST/1421: USA und Rußland in Syrien auf Kollisionskurs (SB), 26.10.2015.
Schmidt, Hans-Joachim/Müller, Harald (2010): Zwischen nationaler Selbstbehauptung und Kooperationssignalen: Zur Einschätzung der neuen russischen Militärdoktrin, HSFK Report 1/2010.
Schmucker, Claudia/Mildner, Stormy-Annika (2012): Die BRICS-Staaten. In: Internationale Politik 3, Mai/Juni 2012, S. 66-71.
Schröder, Hans-Jürgen (1976): Zur Genesis des Kalten Krieges. In: Neue Politische Literatur, 1976/21, S. 488-506.
Simon, Gerhard (2014): Zusammenbruch und Neubeginn. Die ukrainische Revolution und ihre Feinde. In: Zerreißprobe. Ukraine: Konflikt, Krise, Krieg. Osteuropa, Heft 5-6/Mai-Juni 2014, S. 9-40.
Simons, Greg (2013): Nation Branding and Russian Foreign Policy. In: UI Occasional papers 21, October 2013, http://www.ui.se/eng/upl/files/97515.pdf (Zugriff am 8.3.2016).
Spiegel Online (2013): Ausspähen unter Freunden – das geht gar nicht, 24.10.2013, http://www.spiegel.de/politik/deutschland/handy-spaehaffaere-um-merkel-regierungueberprueft-alle-nsa-erklaerungen-a-929843.html (Zugriff am 8.3.2016).
Spiegel Online (2014a): Einsatz gegen Separatisten: Ukrainische Armee bekommt offenbar Unterstützung von US-Söldnern, 11.5.2014, http://www.spiegel.de/politik/ausland/ukrainekrise-400-us-soeldner-von-academi-kaempfen-gegen-separatisten-a-968745.html (Zugriff am 8.3.2016).

Spiegel Online (2014b): Ukraine-Krise: Helmut Schmidt wirft EU Größenwahn vor, 16.5.2014, http://www.spiegel.de/politik/ausland/ukraine-krise-helmut-schmidt-wirft-eugroessenwahn-vor-a-969773.html (Zugriff am 8.3.2016).

Spiegel Online (2014c): Gefechte im Osten: 730.000 Ukrainer fliehen nach Russland, 5.8.2014,http://www.spiegel.de/politik/ausland/kaempfe-im-osten-730-000-ukrainer-fliehen -nach-russland-a-984567.html (Zugriff am 8.3.2016).

Staack, Michael (2013): Multipolarität und Multilateralismus als Strukturen der neuen Weltordnung. In: Staack, Michael (Hrsg.): Asiens Aufstieg in der Weltpolitik, Opladen, S. 9-49.

Stein, Janice Gross (2002): Psychological Explanations of International Conflict. In: Carlsnaes, Walter/Risse, Thomas/Simmons, Beth A. (Hrsg.): Handbook of International Relations, S. 292-309.

Stent, Angela (2007): Reluctant Europeans: Three Centuries of Russian Ambivalence Toward the West. In: Legvold, Robert (Hrsg.): Russian Foreign Policy in the Twenty-first Century and the Shadow of the Past, Columbia University, S. 393-442.

Stykow, Petra (2014): Innenpolitische Gründe der Ukraine-Krise. Gleichzeitige Demokratisierung Staatsbildung als Überforderung. In: Zerreißprobe. Ukraine: Konflikt, Krise, Krieg. Osteuropa, Heft 5-6/Mai-Juni 2014, S. 41-60.

Süddeutsche Zeitung (2014a): Nato-Basis in Sibirien, 30.7.2014, S. 10.

Süddeutsche Zeitung (2014b): Mein Nachbar, der Homo Sovieticus, 6.8.2014, S. 9.

Süddeutsche Zeitung (2014c): Warum dreschen die nur so auf uns ein?, 6.8.2014, S. 9.

Süddeutsche Zeitung (2014d): Die EU will Putin entgegenkommen, 12.9.2014, S. 1.

Süddeutsche Zeitung (2014e): Vertrag mit Löchern, 12.9.2014, S. 8.

Süddeutsche Zeitung (2014f): EU will russische Gaslieferungen für den Winter sichern, 27./28.9.2014, S. 1.

Uken, Marlies (2013): Für Merkel geht Abhören unter Freunden gar nicht. In: Zeit Online, 24.10.2013, http://www.zeit.de/wirtschaft/2013-10/eu-gipfel-daten schutz/komplettansicht (Zugriff am 8.3.2016)

Ulam, Adam Bruno (1973): The Rivals. America and Russia since World War II., 3rd edition, New York.

Umbach, Frank (2004): Die zweite Runde der NATO-Osterweiterung aus der Sicht Russlands. In: Pradetto, August (Hrsg.): Die zweite Runde der NATO-Osterweiterung: zwischen postbipolarem Institutionalismus und offensivem Realismus, Frankfurt am Main.

Weller, Christoph (1993): Feindbilder und Einstellungen – Die kognitive Erklärung, ihre Mängel und sozialpsychologische Abhilfe. In: Wolf, Klaus D. (Hrsg.): Ordnung zwischen Gewaltproduktion und Friedensstiftung, AFK-Reihe, Band 20, S. 249-291.

Wipperfürth, Christian (2009): Die europäisch-russischen Energiebeziehungen. In: Einsichten und Perspektiven, Nr. 4/2009, S. 59-79.

Wipperfürth, Christian (2010): Westausrichtung der russischen Außenpolitik? In: Staack, Michael (Hrsg.): Gesamteuropäische Friedensordnung 1989-2009, Bremen, S. 118-137.

Wittfogel, Karl August (1962): Die orientalische Despotie. Vergleichende Studien totaler Macht, Köln.

Über Putin hinausdenken – zur Zukunft der NATO-Russland-Beziehungen[1]

Klaus Wittmann

1. *Neues Denken* in der russischen Außen- und Sicherheitspolitik

Wie vor 30 Jahren die marode Sowjetunion benötigt auch Putins Russland, derzeit sich selbst isolierend und gegenüber dem Westen zunehmend aggressiv auftretend, *neues Denken* in der Außen- und Sicherheitspolitik als Teil seiner notwendigen *Modernisierung*. Der Westen und besonders die NATO sollten das freilich erleichtern durch selbstkritische *Anerkennung* ihres Teils der *Verantwortung* für die Verschlechterung des Verhältnisses in den letzten fast zwanzig Jahren.

Das ist die Hauptthese dieses Beitrags, die mit konkreten Vorstellungen für *kooperative statt konfrontativer Sicherheit* zwischen dem Westen und Russland veranschaulicht wird.[2] Sie bildet eine außen- und sicherheitspolitische Ergänzung zu dem von Bundeskanzlerin Merkel – unter der Bedingung, dass Russland zu den Regeln der europäischen Sicherheitsordnung zurückkehrt – formulierten Angebot einer die *Eurasische Union* und die *Europäische Union* einschließenden Freihandelszone.

Solche Aussichten scheinen allerdings in weiter Ferne angesichts des Konflikts um die Ukraine. *Krim-Annexion* und *Krieg in der Ostukraine* haben die Voraussetzungen für jegliche positive Entwicklung stark beeinträchtigt. Doch muss langfristig das ernsthafte Angebot zu kooperativer Sicherheit bestehen bleiben. Die Lösung des Ukraine-Konflikts zumindest zunächst in der Ostukraine ist indes eine zentrale Voraussetzung für neuerliche Kooperation mit Russland. Deshalb ist den konstruktiven Anregungen, in die dieser

1 Der Autor war an der Transformation der NATO nach dem Fall der Berliner Mauer und an der Gestaltung ihrer Beziehungen zu Russland in vielfacher Hinsicht beteiligt. Deshalb ist dieser Beitrag – zur Illustration und um der Authentizität willen – mit einigen persönlichen Reminiszenzen angereichert. Er ist die teilweise aktualisierte Fassung eines Vortrags bei der WIFIS-Jahreskonferenz „Der Ukraine-Konflikt, Russland und die europäische Sicherheitsordnung" in Wien am 30. Oktober 2015. Der Verfasser vertritt hier seine persönlichen Auffassungen.

2 Für frühere Veröffentlichungen solcher Ideen vgl. u.a. Wittmann 2009a: 31ff., 2009b: 47-54, 2014: 5, 2015b: 3-9; sowie jüngere Beiträge auf den Blogs des Deutsch-russischen Forums www.russlandkontrovers.de und des European Leadership Network, www.europeanleadershipnetwork.org.

Beitrag mündet, eine nüchterne Einschätzung von Charakter und Auswirkungen der Auseinandersetzung vorangestellt. Zunächst aber einige Anmerkungen zum Handeln der NATO nach dem Fall der *Berliner Mauer*.

2. Die Kooperationsangebote der NATO

Die *Nordatlantische Allianz* passte sich nach dem Fall der Berliner Mauer äußerst zügig an die neuen Verhältnisse an.[3] Beim NATO-Gipfeltreffen in London im Juli 1990 verkündeten die Staats- und Regierungschefs: „Today our Alliance begins a major transformation" (Londoner Erklärung 1990). Damit einher ging die Ankündigung einer radikalen Revision der Militärstrategie, und ehemaligen Gegnern im Warschauer Pakt wurde die Hand zur Zusammenarbeit entgegengestreckt, was bald zur Gründung des *Nordatlantischen Kooperationsrats* führte.

Dazu eine *persönliche Reminiszenz*: Als deutscher Oberst im Internationalen Militärstab der NATO war der Autor Vorsitzender der *Militärstrategie-Arbeitsgruppe* die den militärischen Beitrag zum ersten *Strategischen Konzept* der NATO nach dem Fall der Berliner Mauer erarbeitete – programmatisch eine *Strategie ohne Gegner*. Dieses wurde beim NATO-Gipfeltreffen in Rom im November 1991 verabschiedet. Zwei Wochen später wurde er offiziell zu einer Konferenz in Petrovo Dalnie bei Moskau entsandt, um vor zahlreichen Politikern, Militärs und Wissenschaftlern die *neue NATO* zu präsentieren. Tags darauf kam der norwegische General Eide, Vorsitzender des NATO-Militärausschusses, und verstärkte die Botschaft von kooperativer statt konfrontativer Sicherheit. Noch heute fragt man sich, was hätte erreicht werden können, wäre das damals in Moskau zum Nennwert genommen worden, anstatt die Klischees über die NATO des Kalten Kriegs zu perpetuieren.

Und eine zweite Erinnerung: Im Oktober 1990 besuchte der sowjetische Generalstabschef, General Moiseiev, erstmals das NATO-Hauptquartier. Der Verfasser erhielt den Auftrag, für den Vorsitzenden des Militärausschusses, den höchsten Soldaten der NATO, die Begrüßungsansprache zu entwerfen. Er ist gewissermaßen Zeitzeuge für die Ernsthaftigkeit der Kooperationsangebote des westlichen Bündnisses.

Doch ist es wohl müßig, heute über die damaligen Chancen zu spekulieren (oder auch darüber, wie die Entwicklung hätte verlaufen können, wäre 1999 Nemzow statt Putin zum Nachfolger Präsident Jelzins bestimmt worden) (vgl. Eigendorf 2015). Denn die NATO-Politik einer Demokratisierung

3 Der Verfasser war seinerzeit Referent, später Referatsleiter (Branch Chief) im Referat „Strategische Planung" im Internationalen Militärstab der NATO in Brüssel. Seine Bilanz: Wittmann 2001.

und Stabilisierung sowie *Westintegration* der mittel- und osteuropäischen (MOE-) Staaten bei gleichzeitigem Angebot der *Partnerschaft* an Russland hat sich als zunehmender Misserfolg erwiesen. Im Zuge erneuter Konsolidierung des Landes entfaltete sich dort zunehmend die Vorstellung, der Westen habe Russland während der Jelzin-Ära in einer Phase der Schwäche übervorteilt. In der berühmten Putin-Rede vor der Münchener Sicherheitskonferenz im Februar 2007 fokussierten sich der Demütigungskomplex, die Frustration darüber, dass der Westen *macht, was er will*, und das Gefühl, ausgegrenzt zu sein.[4] Doch isolieren kann Russland sich nur selbst. Das tut seine Führung derzeit mit einer Politik (nach innen und nach außen), die das Gegenteil ist von Gorbatschows *Perestroika*, *Glasnost* und *Neuem Denken*.

Verfrüht war die Erleichterung darüber, dass die Sowjetunion „nicht mit einem Knall, sondern mit einem Seufzer" untergegangen war.[5] So erscheinen *Postimperiale Räume* als immer relevanteres Forschungsgebiet, zumal auch die Auflösung des Habsburger und des Osmanischen Reichs noch (bzw. erneut) lange Schatten werfen.

Die Angebote des Westens an Russland sind aber vielfältiger gewesen, als die russische Propaganda glauben machen will, einschließlich der Aufnahme in IMF, Weltbank, G8, G20, WTO sowie der Einrichtung des NATO-Russland-Rats und der deutscherseits vorgeschlagenen Modernisierungspartnerschaft. In seiner sogenannten *Bürgersprechstunde* am 16. April 2015 sagte Putin, Russland strebe nicht nach Weltmacht. Die Sowjetunion habe falsch gehandelt, den osteuropäischen Staaten ihr System aufzuzwingen, deshalb sei sie gescheitert. Die USA wiederholten heute diesen Fehler der Sowjetunion und würden ebenso scheitern (vgl. Russia Today 2015). Welch ein Vergleich – bei einem US-Präsidenten, damals über sechs Jahre im Amt, der George W. Bushs Demokratisierungs- und Interventionspolitik scharf kritisierte, sich aus Europa tendenziell zurückzog und Russland einen *Neustart* der Beziehungen anbot.

3. Putins Motive

Als der Autor in den 1970er Jahren an der Universität Hamburg Geschichte studierte, war die Aussage *Männer machen Geschichte* verpönt: Es ging

4 Text bei www.ag-friedensforschung.de/themen/.../2007-putin-dt.html (Zugriff am 31.8.2016).

5 Im NATO-Hauptquartier wurde das am 21. Dezember 1991 gegen Ende der Sitzung der Nordatlantischen Kooperationsrats bekannt, als der sowjetische Botschafter Generalsekretär Manfred Wörners Schlussworte mit dem Hinweis unterbrach, er habe soeben aus Moskau die Instruktion erhalten zu fordern, dass aus der (schon vor dem Mittagessen vereinbarten) Schlusserklärung jede Erwähnung der Sowjetunion getilgt werden müsse.

vorrangig um Wirtschafts-, Sozial- und Strukturgeschichte – die handelnden Personen waren Instrumente der Verhältnisse. Wie oft konnte man seither beobachten, wie – zum Positiven oder zum Negativen – doch einzelne Persönlichkeiten ausschlaggebend waren: Reagan, Gorbatschow, Milosevic, Papst Johannes Paul II., Kohl, um nur einige zu nennen. Dies gilt, ungeachtet aller Warnung vor Personalisierung und Dämonisierung, sicher auch für Vladimir Putin, weshalb seine Persönlichkeit, Prägung, Sozialisierung und Motivlage intensiver Betrachtung wert sind (vgl. Hill/Gaddy 2013).

„Putin *verstehen*" ist notwendig, was aber nicht *Verständnis* für sein Vorgehen bzw. dessen Billigung bedeuten muss. Er scheint sechs hauptsächliche Motive zu haben:

Erstens russischer Revisionismus, der sich aus Großmachtnostalgie und dem Kummer über den Zerfall der Sowjetunion speist – das *geopolitische Motiv*. Hier spielt das Streben nach exklusiven Einflusssphären eine zentrale Rolle, und die Europäische Union wird in eins gesetzt mit der NATO (siehe Lawrows Reden vom *Machtbereich* der EU).

Zweitens das wohlbekannte *historische Muster* der Ablenkung von inneren Problemen und Mobilisierung interner Unterstützung durch Aggression gegen äußere *Gegner* – nach der These, die *Farben-Revolutionen*, die NATO-Erweiterung und sogar die *Östliche Nachbarschaftspolitik* der Europäischen Union stellten eine US-gelenkte *Eroberung* russischen Einflussgebiets dar.

Drittens das Bestreben, durch Offenhalten des Konflikts den Anschluss der Ukraine an die NATO dauerhaft zu verhindern.

Viertens Putins Frustration darüber, dass Russland vom Westen nicht *auf Augenhöhe* akzeptiert werde. Er scheint zu glauben, durch Regelverletzung und Aggression Respekt und gleichen Status mit den USA erzwingen zu können.

Fünftens (und möglicherweise am wichtigsten): die *interne politische Entwicklung Russlands*. In Reaktion auf die Demonstrationen von 2011 und 2012 wurden Demokratisierung und Liberalisierung gestoppt, und Putin scheint den denkbaren Erfolg einer demokratischen, gar westlich orientierten, Ukraine als existentielle Bedrohung seines eigenen Herrschafts- und Machtsystems zu betrachten. Als KGB-Major in Dresden hat er den Sturz eines festgefügt geglaubten Systems innerhalb von Wochen miterlebt – wohl ein anhaltendes Trauma! Treffend wurde seine Ambition (und die anderer autokratischer Mächte) als *democracy containment* bezeichnet (vgl. Walker 2015). Dass man in Moskau Anfang 2015 hunderttausend Demonstranten zu einer Kundgebung unter dem Motto *Anti-Maidan* versammelte, erscheint als geradezu tragikomisches Zeichen der Schwäche. „Putin fürchtet in Wahrheit nicht die NATO" schrieb die *Süddeutsche Zeitung*: „Er fürchtet sein eigenes Volk" (Hans 2014).

Das Verstehen solcher Beweggründe ist notwendig, aber auch, sich selbst mit den Augen des anderen zu betrachten – wenngleich das nicht die Aufgabe eigener Prinzipien und von Rechtspositionen bedeuten kann. Die *Stiftung Wissenschaft und Politik* legte jüngst einleuchtend dar, wie das vom Westen als revisionistisch angesehene Russland ebendessen Politik als *revisionistisch*, da gegen den Status quo gerichtet, betrachtet (vgl. Fischer 2016: 9ff.).

4. Der Ukraine-Konflikt

Russlands Bereitschaft zum Einsatz nackter (wenn auch teilweise verdeckter) militärischer Gewalt im Konflikt um die Ukraine zählt zu den völlig überraschenden Entwicklungen der letzten Jahre.[6] Oder hätte noch vor drei Jahren irgendjemand geglaubt, das Assoziierungsabkommen eines souveränen Landes mit der *Europäischen Union* könnte einen Kriegsgrund abgeben? Andererseits hätte man die russischen Reaktionen 1999 (Kosovo-Luftkampagne der NATO), 2007 (Putins Münchener Rede) und 2008 (NATO-Gipfel Bukarest, Anerkennung Kosovo-Unabhängigkeit und Georgien-Krieg) möglicherweise realistischer einschätzen können.

Das gewaltsame Vorgehen gegen die Ukraine bedeutet jedenfalls einen *Paradigmenwechsel* für die *europäische Sicherheitsordnung*. Die Regeln der *Schlussakte von Helsinki* 1975, bekräftigt und substantiiert in der *Charta von Paris* 1990 – Souveränität und Gleichheit europäischer Staaten, territoriale Integrität, Unverletzlichkeit von Grenzen, friedliche Streitschlichtung, Freiheit der Bündniswahl –, waren zunehmend als selbstverständlich und gesichert betrachtet worden. Sie sind durch Russland grundsätzlich in Frage gestellt, wie auch eine Reihe russisch-ukrainischer Vereinbarungen verletzt wurden. Fundamentales Vertrauen ist zerstört. Russland sieht sich im Konflikt mit *dem Westen*, doch die Interpretation seiner Handlungsweise lediglich als Reaktion auf Aktionen des Westens oder der USA greift zu kurz.

Eine gängige *äquidistante* Sicht auf den Ukraine-Konflikt betrachtet die Ukraine als Streitobjekt zwischen Russland und dem Westen. Sie kommt in August Pradettos Deutung einer „Ost-West-übergreifenden Inszenierung des Ukraine-Konflikts“ (Pradetto 2015) zum Ausdruck, aber auch in Egbert Jahns Erklärung als „Integrationskonkurrenz“ bzw. als „Moskau-Brüssel-Konflikt“ (Jahn 2015).[7] Solche Interpretationsmuster lassen Verschiedenes außer Betracht.

---

6 Immer wieder anregend: Taleb, Nassim Nicholas (2007): The Black Swan. The Impact of the Highly Improbable, London.

7 Vgl. auch die Beiträge von August Pradetto und Egbert Jahn in diesem Band.

Erstens sollte man in Respekt vor dem ukrainischen Volk anerkennen, dass es auf seine Wünsche und Aspirationen ankommt, nicht auf die Ziele anderer Mächte. Was Jahn fast verniedlichend *Verwestlichung* nennt, ist der „Drang einer bevormundeten Nation nach Emanzipation und Selbstbehauptung“ (Krzemiński 2015).

Zweitens wäre im Lichte russländischer Ansprüche etwas Beschäftigung mit der ukrainischen Geschichte nützlich. Adam Krzeminski kritisiert zu Recht Herfried Münklers Darstellung, die russischen Grenzverschiebungen des 18. und 19. Jahrhunderts seien „bloße Wechsel des Landesherren und der Verwaltungsspitze“ gewesen, und verweist auf die zahllosen repressiven Maßnahmen und die rigorose Zwangsrussifizierung (vgl. Krzemiński 2015: 4ff.).

Drittens sind die *Einflussnahme* Russlands und des Westens in der Ukraine von gänzlich unterschiedlichem Charakter: Unterstützung prowestlicher Kräfte (sicher nicht ganz interessenfrei) und Assistenz im Rahmen der seit 1997 bestehenden *NATO-Ukraine-Kommission* sind etwas völlig anderes als Annexion eines Landesteils, Schüren sprachlich-ethnischer Divergenzen und verdeckte militärische Intervention.

In einem *Politischen Salon* in Potsdam wurde letztes Jahr behauptet, der Westen wolle Russland mit einem *cordon sanitaire* einhegen. Dies verrät vor allem eins: Objekt-Denken gegenüber den MOE-Staaten. Die *cordon sanitaire*-These lässt den Freiheitsdrang derjenigen außer acht, die nach dem Fall der Berliner Mauer dem *Völkergefängnis* Sowjetunion bzw. der Gängelung und beschränkten Souveränität im Warschauer Pakt entkommen waren und sich angesichts der gemachten Erfahrungen dringlich dem Westen anschließen wollten. Das hat bestimmt nicht alles die CIA bewirkt, die ja nach gängigen Verschwörungstheorien sogar die Hundertausenden auf dem Maidan zusammengerufen haben soll, wie auch die anderen demokratischen Aufbrüche in MOE-Staaten (*Farbenrevolutionen*) auf die USA zurückzuführen seien, die damit der Sowjetunion und Russland schaden wollten. Ein viel zutreffenderer Gebrauch der Metapher war von Berthold Kohler in der *Frankfurter Allgemeinen Zeitung* zu lesen: Putin wünsche sich einen „*cordon sanitaire* von scheiternden Staaten, der sein Reich vor der Ansteckung mit westlichen Ideen schützen soll“ (Kohler 2015).

Nein, es geht nicht um *Integrationskonkurrenz* mit der Ukraine als Streitobjekt. Wenngleich Perzeptionen wirkmächtige Tatsachen sein können, geht es auch nicht um „unterschiedliche Wahrnehmungen“ von Konfliktursachen (so Botschafter Grinin in einem Rundfunkinterview). Und die großen innerukrainischen Probleme sind keine Rechtfertigung für gewaltsames Eingreifen durch eine auswärtige Macht (die sich sogar makabrerweise auf die VN-proklamierte *Responsibility to protect* beruft). Ohne russische Aggression gäbe es in der Ostukraine keinen *Bürgerkrieg*. Es geht um Selbstbehauptung, Souveränität und Unverletzlichkeit von Grenzen sowie um das *Recht der Ukraine* auf Lösung ihrer Probleme ohne Intervention von außen.

Die EU hat Fehler gemacht im Hinblick auf die *Östliche Nachbarschaftspolitik* und das Assoziierungsabkommen, aber die *Entweder-Oder-Zwangslage* für die Ukraine ging nicht von ihr aus, sondern von Russland. Und die NATO hat mit der aktuellen Entwicklung wenig zu tun. Denn seit ihrem Gipfeltreffen in Bukarest 2008 steht fest, dass eine denkbare NATO-Mitgliedschaft der Ukraine in sehr weiter Ferne liegt. Putins Argument, bevor Sewastopol in NATO-Hand gefallen wäre, habe er eingreifen müssen, ist besonders plumpe Propaganda (2010 war ja Russlands Nutzungsrecht vertraglich um weitere 25 Jahre bis 2042 verlängert worden).

Die NATO-Erweiterung, die in Russland politisch-psychologisch natürlich als schmerzhaft empfunden wird, war nie eine Bedrohung – nicht einmal eine aktive Expansion, sondern der erwähnte Drang der wieder freien mittel- und osteuropäischen Staaten und ehemaligen Sowjetrepubliken im Baltikum nach Westen, der Gründe hatte, über die man in Moskau nachdenken sollte. Propaganda sind auch die ständig wiederholten Behauptungen, die Sowjetunion bzw. Russland hätten Zusicherungen hinsichtlich einer Nichterweiterung der NATO erhalten (vgl. Rühle 2014; Goldgeier 2016).

In der Ukraine nahm der Kreml den Protest gegen Präsident Janukowytschs korruptes und kleptokratisches System, angestoßen durch die von Russland erzwungene Nichtunterzeichnung des Assoziierungsabkommen mit der EU, zum Anlass, und die behauptete Unterdrückung russischsprachiger Ukrainer zum Vorwand, für zunächst *verdecktes Eingreifen* mit dem Ziel der Destabilisierung vor allem der Ostukraine und der durchgreifenden Einflussnahme. Die Gelegenheit zur völkerrechtswidrigen Abspaltung und Annexion der Krim ergab sich gleichsam *en passant*. Keine Fehlentwicklung in der Ukraine und kein Fehler der NATO, der EU oder der USA rechtfertigt *militärisches Eingreifen*, Einschleusen von bewaffneten Provokateuren, Söldnern, Spezialkräften und Waffensystemen, gewaltsames Verschieben von Grenzen, Wegnahme von Teilen eines souveränen Staates.

Das *Waffenstillstandsabkommen von Minsk* ist noch immer nicht implementiert, und in der Ostukraine werden vollendete Tatsachen geschaffen: eigene Gesetze und Körperschaften, russische Truppen und Waffensysteme, Verhinderung von Wahlen. Ähnlich Transnistrien/Moldawien ist das Gebiet Teil der Ukraine, aber unter russischem Einfluss – ein neuer *eingefrorener Konflikt*. Putin sprach lange von *Neurussland*, und manche verlangen offen, noch weiter vorzudringen. Die illegalen Wahlen konsolidierten die Separatisten-Herrschaft, und über die russisch-ukrainische Grenze rücken immer wieder Panzer und Geschütze in diese Gebiete vor. Außerdem sollte der durchaus ungleiche Charakter der Vereinbarungen nicht übersehen werden: Einerseits geht es um interne Reformen in der Ukraine, die sicher teilweise nötig sind, aber teilweise von Russland in spalterischer Absicht erzwungen wurden und über die es sich ein *droit de regard* gesichert hat, und andererseits um elementare Aspekte von staatlicher Sicherheit und Souveränität: die ukrainische Kontrolle über Hunderte von Kilometern Grenze zu Russland sowie um die fortwährende Anwesenheit von vielen russischen Panzern, Geschützen, Raketenwerfern etc. sowie russischem Armeepersonal. Dass in der *Minsk II-Vereinbarung* die Kiewer Verfassungsreform sogar zur Voraussetzung für die Wiederherstellung der Grenzkontrolle gemacht wurde, war nur möglich angesichts der damaligen Kräfteverhältnisse nach der Gegenoffensive von *Separatisten* und Russen, die kein günstigeres Abkommen zuließ, wollte man in Minsk das Blutvergießen beenden.

In den Parlamentswahlen vom 26. Oktober 2014 hat die Ukraine die *Abkehr vom autoritären Modell* besiegelt. Die prowestlichen Kräfte siegten und wiederlegten die Moskauer Behauptung, in Kiew habe eine *Junta* von *faschistischen Putschisten* die Macht an sich gerissen. Die ukrainische Regierung, bei der noch zu hoffen war, dass zwischen Präsident und Ministerpräsident nicht Rivalität herrschte wie zwischen Juschtschenko und Tymoschenko, steht vor gigantischen Aufgaben: Korruption, Rechtsstaatlichkeit, Reform (fast Neuaufbau) von Militär und Polizei, Wiederaufbau zerbombter Industrie, Energieknappheit. EU-Hilfe ist in enormem Umfang erforderlich, nicht zuletzt von Deutschland. Fehlschlag kann teurer werden. Die Minsker Abkommen müssen umgesetzt werden, und die Ukraine muss sich reformieren, aber auch zur Verteidigung gegen weitere Vorstöße der von Russland unterstützten Aufständischen imstande sein.

Natürlich gibt es im Ukraine-Konflikt keine militärische *Lösung*, aber klar ist, dass die russische Führung Interessen mit militärischer Gewalt durchsetzt. Insofern kann man in der Diskussion über denkbare Waffenlieferungen an die Ukraine geteilter Meinung sein: Die *Berechtigung* steht außer Frage angesichts der russischen Aggression, auch wenn man Zweifel an der *Zweckmäßigkeit* haben und sagen kann, Putin werde dann immer weiter eskalieren (wie Bundeskanzlerin Merkel auf der Münchener Sicherheitskonferenz) (vgl. Zeit Online 2015). Trotzdem ist zu hoffen, dass die Ukraine in den Stand versetzt wird, weitere militärische Vorstöße z.B. mittels Panzerabwehr-Waffen und Anti-Artillerie-Radar (in diesem Zusammenhang defensive Systeme) abzuwehren (vgl. Daalder et al. 2015). Das dichotomische Reden über *entweder* Diplomatie *oder* Militär ist grundsätzlich falsch. Auch Waffen können zur De-Eskalation beitragen.

Und Putin kann nicht unbegrenzt eskalieren, weil die Nachrichten über in der Ukraine gefallene russische Soldaten (im posthum veröffentlichten *Nemzow-Papier*) (vgl. Hans 2015) für ihn äußerst unangenehm waren und sind. Arkadi Babtschenko nennt das „Putins schrecklichste Tat" (Babtschenko 2015: 126): ihre „Anonymisierung. Ihre Bestattung in namenlosen Gräbern. Die Leugnung jeglicher Beteiligung der Gefallenen an Kampfeinsätzen in der Ukraine". Und die Angehörigen seien (noch) zum Schweigen bereit. Andererseits kann Putin nicht einfach aufhören, obwohl ihm klar sein muss, dass er die Einigkeit von NATO und EU angesichts der flagranten Verletzung der von Moskau mitvereinbarten europäischen Sicherheitsordnung unterschätzte, dass er Russland in eine Sackgasse geführt hat und dass die nationalistische Begeisterung irgendwann wieder abflauen wird. Russland muss zurückkehren zur Achtung der Prinzipien von Helsinki und Paris. Das Land, das am konsequentesten auf *Nichteinmischung* beharrt, hat sich in seit Jahrzehnten nicht dagewesener Weise gewaltsam in die inneren Angelegenheiten seines Nachbarn Ukraine eingemischt.

5. Reaktionen von EU und NATO

Mit der vom Kreml nicht erwarteten Einigkeit in EU und NATO müssen Russland weiterhin die Grenzen aufgezeigt werden. Zwar sind *Sanktionen* problematisch, aber unausweichlich angesichts einer gewissen Hilflosigkeit hinsichtlich militärischer Antworten, um zumindest Putins *Kosten-Nutzen-Kalkül* zu beeinflussen und die Kräfte um ihn herum nachdenklich zu machen. Und natürlich ist die Ukraine kein NATO-Mitglied. Doch wäre auch darüber nachzudenken, was im Grundlagendokument der Partnerschaft für den Frieden eigentlich die Konsultationsklausel wert ist.

Wenn es aber um die NATO und ihre Mitglieder geht, kann es nur eins geben: eindeutige und glaubwürdige *Entschlossenheit* zum Schutz aller.[8] Seit Jahren war zu beobachten, wie – entgegen dem Mantra Sicherheit in Europa gebe nur *mit*, nicht *gegen* Russland – die mittel- und osteuropäischen Staaten Sicherheit *vor* Russland suchten. Und nun werden insbesondere in den baltischen Staaten die bislang eher latenten Befürchtungen real und virulent. Denn es ist fast unmöglich abzuschätzen, wie weit der russische Präsident zu gehen bereit ist in seinem nationalistischen und revisionistischen Furor, in seinem ethnischen Nationalismus und sogar völkischen Imperialismus. Treffend wurde seine Politik in einer Konferenz des *European Leadership Network* als *brinkmanship* (Politik des äußersten Risikos) bezeichnet, die intensives Bemühen um Deeskalation erfordere (vgl. European Leadership Network 2015).

Der grundlegenden Herausforderung hat sich die NATO bei ihren Gipfeltreffen in Wales Anfang September 2014 und in Warschau Anfang Juli 2016 gestellt. Ihre Mitglieder beschlossen dort als Reaktion auf die *Ukraine-Krise* (eigentlich eine *Russland-Krise*) eine umfassende Anpassung der Allianz –

---

8 Hier wurden schon frühzeitig Versäumnisse erkannt. 2009/10 verfasste der Autor zusammen mit Ron Asmus und anderen dazu eine Kurzstudie: siehe Asmus et. al. (2010). Sie trug dazu bei, dass im neuen Strategischen Konzept der NATO kollektive Verteidigung und Auslandseinsätze wieder besser ausbalanciert wurden – allerdings nur in der Theorie. Jetzt ist die Studie – dank Putin – wieder gruselig aktuell!

die tiefstgreifende seit der Transformation, die auf das Ende des Ost-West-Konflikts folgte (vgl. Wales Summit Declaration 2014; Warsaw Summit Communiqué 2016). Deren Ziel ist eine umfangreiche *Stärkung der Verteidigungsfähigkeit*. Damit ist Bündnisverteidigung, im neuen *Strategischen Konzept* von 2010 gleichberechtigt neben Krisenmanagement und Kooperativer Sicherheit, wieder die zentrale Kernaufgabe der NATO. Natürlich bezeichnet Russland derartige Schritte als *provokativ*, aber sein Vorgehen gegen die Ukraine erfolgte ja ganz ohne militärische *Provokation*.

Beim NATO-Gipfel Juli 2016 in Warschau wurden die Wales-Entscheidungen in ihrer Umsetzung bewertet sowie fortgeschrieben und ergänzt. Ihr wichtigstes Element ist der *Readiness Action Plan* (RAP); Ausdruck einer militärischen Neujustierung der Allianz, die bezüglich Ausrüstung, Ausbildung und Übungstätigkeit sowie für Planung und Logistik bedeutende Veränderungen bewirkt.[9] Dazu gehören die schon im Frühjahr 2014 beschlossenen *reassurance*-Maßnahmen, die das Vertrauen der durch das russische Vorgehen alarmierten östlichen Mitgliedern in das Beistandsversprechen der NATO stärken sollten: u.a. Luftraumüberwachung im Baltikum, vermehrte AWACS-Flüge, verstärkte Marineüberwachung, zusätzliche Übungen und personeller Ausbau von NATO-Hauptquartieren.

Außerdem erhöht die NATO ihre *Einsatzbereitschaft* und *Reaktionsfähigkeit*. Sie schafft Voraussetzungen für rasche Verlegung von Truppenteilen an die Süd- oder die Ostflanke der Nato. Dazu wurden regionale ständige Aufnahmestäbe (*NATO Force Integration Units*, NFIU) mit jeweils etwa 40 Mann zunächst in den baltischen Staaten, Polen, Rumänien und Bulgarien eingerichtet. Sie dienen der schnellen Verlegung von Streitkräften in die Region sowie der Planung und Koordinierung von Ausbildung und Übungen. Regionale NATO-Hauptquartiere übernehmen mehr Verantwortung, vor allem das des *Multinationalen Korps Nordost* (MNK NO), in Stettin betrieben von Deutschland, Polen und Dänemark. Dieses wurde in höhere Einsatzbereitschaft versetzt und führt künftig Einsätze zur Bündnisverteidigung im Osten. Außerdem wird die *NATO Response Force* (NRF) auf Divisionsstärke vergrößert und rascher einsetzbar und erhält eine besonders schnelle Eingreiftruppe von rund 5000 Mann, die *Very High Readiness Joint Task Force* (VJTF), zwar defensiv, aber *Speerspitze* genannt.

Öffentlich am lebhaftesten diskutiert wurde die Entscheidung beim Warschauer Gipfel, die *vorgeschobene Präsenz* der NATO in Estland, Lettland, Litauen und Polen zu verstärken – als unzweideutige Demonstration alliierter Solidarität, Entschlossenheit und Handlungsfähigkeit angesichts jedweder Aggression. Multinationale Kräfte von *Rahmennationen* mit Beiträgen anderer sollen aus auf Rotationsbasis stationierten multinationalen Bataillone bestehen, die mit einheimischen Truppen zusammenwirken. Die ständige

9 Zahlreiche Einzelheiten zum Wales-Gipfel und sachkundige Einschätzung bei Major 2015.

Präsenz solch multinationaler Kräfte, untermauert durch eine wirksame Verstärkungsstrategie, bekräftigt den NATO-Grundsatz, dass ein Angriff auf einen Alliierten einem Angriff auf alle gleichkäme.

Ist das *Säbelrasseln* und *Kriegsgeheul*? Dreht die NATO an der *Eskalationsschraube*? Nein, es ist eher das Minimum dessen, was die NATO den östlichen Alliierten und sich selbst schuldig ist. Niemand in Russland kann sich durch diese Minimalmaßnahmen bedroht fühlen. Und wenn die – völlig transparente – Übung *Anaconda* in Polen (kurz vor dem Gipfeltreffen) kritisiert wurde, sollte man sie mit Zahl, Umfang, Orten, Szenarien und Überraschungscharakter russischer Militärübungen in jüngster Zeit vergleichen.

Mit den Warschauer Beschlüssen wollten die meisten Alliierten eindeutig innerhalb der Beschränkungen der *NATO-Russland-Grundakte* von 1997 bleiben. Diese sollte, auch wenn Russland sie nach Geist und Buchstabe verletzt hat, bewahrt werden – *für bessere Zeiten*. Allerdings ist es nicht zutreffend, dass die Abmachung die Stationierung von NATO-Truppen in mittel- und osteuropäischen Bündnisländern *verbietet*. Politiker und Journalisten, die das behaupten, sollten in den Text des Dokuments schauen, wo in behutsamer Formulierung eine einseitige Selbstbeschränkung der NATO wiedergegeben wird:[10] „Die NATO wiederholt, dass das Bündnis in dem gegenwärtigen und vorhersehbaren Sicherheitsumfeld seine kollektive Verteidigung und andere Aufgaben eher dadurch wahrnimmt, dass es die erforderliche Interoperabilität, Integration und Fähigkeit zur Verstärkung gewährleistet, als dass es zusätzlich substantielle Kampftruppen dauerhaft stationiert". Das erlaubt viel Flexibilität; eine US-Brigade und einige Bataillone sind sicher unterhalb dieser Schwelle.

Deutschland hatte an allen diesen Beschlüssen wichtigen konzeptionellen Anteil und half zugleich, weitergehende Vorstellungen östlicher Bündnispartner zu neutralisieren, nach denen die *NATO-Russland-Grundakte* hätte aufgekündigt werden sollen und umfangreiche permanente Truppenstationierungen im Osten vorgesehen worden wären. Deutschland beteiligt sich an allen NFIUs und verdoppelt beim MNK NO sein Personal. Da 2015 turnusmäßig das *Deutsch-Niederländische Korps* in Münster das Kommando über die Landkomponente der NRF innehatte, war Deutschland auch maßgeblich mitverantwortlich für Aufbau, Erprobung und Führung der *Speerspitze*.

So trägt Deutschland, vor wenigen Jahren noch von manchen in der Allianz als *Wegducker* und *Trittbrettfahrer* betrachtet, bei dem ständige Wiederholung die eigentlich angemessene Maxime von der *Kultur der militärischen Zurückhaltung* entwertet hatte und als Ausflucht erscheinen ließ, einen Hauptanteil an der *Neuausrichtung der NATO*. Die neuen Aufgaben stellen Berlin vor politische, militärische und finanzielle Herausforderungen. Die Erwartungen an Deutschland sind gestiegen, auch im Zusammenhang mit den

---

10 Grundakte über gegenseitige Beziehungen, Zusammenarbeit und Sicherheit zwischen der Nordatlantikvertrags-Organisation und der Russischen Föderation. Paris, 27.5.1997.

Ermahnungen Bundespräsident Gaucks zur Übernahme größerer Verantwortung im internationalen Geschehen. Dazu gehört auch, Bundestag und Öffentlichkeit plausibel zu vermitteln, „wie tiefgreifend sich das Bündnis gerade verändert, wie substantiell der deutsche Beitrag dafür ist und warum beides notwendig ist" (ebd.: 3). Militärisch bedeutet das deutsche Engagement mittelfristig mehr Personal, Ausrüstung, Übungstätigkeit und Transportkapazität, was nicht ohne Konsequenzen für den Verteidigungshaushalt bleibt. In der Tat hat die Bundesregierung mittlerweile eine „Trendwende" bei der Personalstärke („Ende des Abbaus") und beim Verteidigungshaushalt eingeleitet (vgl. BMVg 2016).

Im Übrigen muss sich die NATO angesichts des Charakters der russischen Intervention in der Ukraine auch und besonders den spezifischen Herausforderungen widmen, die das breite integrierte Spektrum offener und verdeckter militärischer, paramilitärischer, ziviler und Propagandamaßnahmen bedeutet: in der NATO-Terminologie *hybride Kriegführung*, die man auch als *strategische Subversion* bezeichnen kann. Der Gipfel in Warschau fasste hierzu Beschlüsse, die engere Zusammenarbeit mit der Europäischen Union auf diesem Gebiet ins Auge fasst und der *Resilienz* von Gesellschaften, Infrastruktur und Versorgungssystemen einen hohen Stellenwert zuweist (vgl. Warsaw Summit Communiqué 2016: Ziff. 72f.).

6. Über Putin hinausdenken

Was über die Reaktion der NATO ausgeführt wurde, betrifft die *eine* Seite ihrer *Harmel-Philosophie* von 1967, die auf Verteidigung *und* Entspannung, Festigkeit *und* Dialogbereitschaft beruht. Deren prägnantester Ausdruck war der *NATO-Doppelbeschluss* von 1979 mit der nachfolgenden westlichen *Nachrüstung* wegen ausbleibenden sowjetischen Einlenkens (vgl. Wittmann 2015a). Gorbatschow hat 1993 bekannt, dies sei mitausschlaggebend für das *neue Denken* in der sowjetischen Außenpolitik gewesen.

Beim Gipfel in Warschau wurde auch der andere Aspekt dieser Philosophie, fortwährendes *Dialogangebot* an Moskau, stark hervorgehoben. Im diesem Kontext abschließend einige konstruktive Zukunftsgedanken – gewissermaßen *für bessere Zeiten*. Russland wird ja Nachbar, und weitgehend Teil, Europas bleiben – wenn auch nicht *Nachbar Deutschlands*. Beim Beschwören deutsch-russischer *Nachbarschaft* wird leicht übersehen, dass zwischen beiden 90 Millionen Menschen leben, die bei einer Einigung Deutschlands und Russlands über ihre Köpfe hinweg ungute historische Reminiszenzen haben.

Genau das braucht Russland: *neues Denken* in der Außen- und Sicherheitspolitik, als Teil seiner dringend notwendigen Modernisierung. Und wie schon angedeutet, sollten der Westen und besonders die NATO das durch selbstkritische Anerkennung ihres Teils der Verantwortung für die fortgesetzte Verschlechterung des Verhältnisses in den letzten fast zwanzig Jahren erleichtern.

Neues Denken auf russischer Seite würde Folgendes umfassen: Die NATO-Klischees aus dem Kalten Krieg und deren innenpolitische Instrumentalisierung müssten aufgegeben werden. Das Bündnis hat seit seiner *Londoner Erklärung* vom Juli 1990 ehemaligen Gegnern aufrichtig die Hand zur Zusammenarbeit entgegengestreckt, und in ihrer *Grundakte* von 1997 erklärten die NATO und Russland, sich gegenseitig nicht mehr als Gegner zu betrachten. Russland muss erkennen, dass es Gefährdungen seiner Sicherheit aus Süden und möglicherweise aus Osten, aber nicht vom Westen zu gewärtigen hat. Zugleich muss der Kreml einsehen, welche Befürchtungen das Bestehen auf einer privilegierten Einflusssphäre, die proklamierte *Pflicht* zum *Schutz von Russen, wo immer sie leben* (teilweise erst kurz vorher durch Ausgabe russischer Pässe zu solchen geworden), und die russische Geschichtspolitik in Nachbarländern hervorrufen. Souveränität, Integrität und Unabhängigkeit der postsowjetischen Staaten sind anzuerkennen, und zu ihrem Sicherheitsgefühl müsste Moskau aktiv beitragen, anstatt es zu unterminieren. Respektierung von Verpflichtungen, Regeln und Institutionen entsprechend der *Charta von Paris* (1990) ist die Grundlage kooperativer Sicherheitspolitik in Europa. Hier wie auch in der globalen Politik sollte Russland sich durch konstruktive Mitwirkung hervortun statt durch *Verhinderungspolitik*. Das schließt die Notwendigkeit ein, bei *eingefrorenen Konflikten* (wie Transnistrien, Georgien, Berg-Karabach und jetzt Ost-Ukraine) aktiv zur Lösung beizutragen, anstatt sie zur Destabilisierung von Nachbarn am Schwelen zu halten. Dringend wäre insgesamt die Überwindung der Vorstellung von Sicherheit als *Nullsummenspiel*, wo eine Seite nur auf Kosten der anderen gewinnen kann.

Seitens der NATO müsste vor allem Folgendes selbstkritisch erkannt werden (wenn auch keinesfalls als Rechtfertigung für Putins völkerrechtswidriges Handeln in der Ukraine): Nur mangelhaft hat man die russische *politische Psychologie* verstanden und den treffend so bezeichneten *imperialen Phantomschmerz*. Nach Ende des Kalten Krieges wurde der Frage nach dem Platz Russlands in der europäischen Sicherheitsordnung zu wenig Aufmerksamkeit gewidmet und wurden beispielsweise russische Vorschläge zur Anpassung des KSE-Vertrags über die konventionellen Streitkräfte ostentativ missachtet. Kontraproduktiv umgegangen wurde mit den Beitrittsambitionen *Georgiens* und der *Ukraine*, die beim NATO-Gipfel in Bukarest 2008, als die USA für sie den *Membership Action Plan* (MAP) durchsetzen wollten, für diesen nächsten Schritt in Richtung NATO-Mitgliedschaft überhaupt nicht reif waren. Keinerlei Verständigung mit Russland wurde hier gesucht, während doch frühere Erweiterungsrunden durch die Gründung bzw. Aufwertung des *NATO-Russland-Rats* abgefedert worden waren. Der heute so kontroverse Raketenabwehrplan, eigentlich im beiderseitigen Interesse, wurde viel zu spät als kooperatives Projekt angeboten. Was die Anerkennung der Unabhängigkeit des *Kosovo* für Moskau bedeutete, hat der Westen unterschätzt (wenngleich die heute von Moskau konstruierte Analogie zur *Krim-Annexion* falsch ist). Ungenügend genutzt und entwickelt wurde der *NATO-Russland-Rat*, den überdies die NATO beim Georgien-Krieg 2008 auf Eis legte – gerade so wie Russland neun Jahre vorher in der Kosovo-Krise, wofür es harsch kritisiert worden war. Und schließlich ist das oben beklagte *Nullsummendenken* auch der westlichen Seite nicht ganz fremd. Es ist eins der größten Übel in der heutigen Welt.

Als konkrete Möglichkeiten für *künftige Zusammenarbeit* seien folgende Beispiele genannt: Wie auch die *NATO-Russland-Grundakte* von 1997 mit ihren Festlegungen auf Frieden, Freiheit und Kooperation in Europa sollte der *NATO-Russland-Rat* selbst in der gegenwärtigen Krise bewahrt werden – bewahrt werden für bessere Zeiten (und hätte eigentlich als Krisenmanagement-Mechanismus seit Beginn der Krise quasi in Permanenz tagen müssen). Dann sollte der Rat zu neuer Qualität geführt werden mit einer Ausweitung der Felder konformer Interessen und gemeinsamer Aktion. Die NATO könnte sich auch zu einem strukturierten Dialog mit der von Russland geführten *Collective Security Treaty Organisation* (CSTO) bereiterklären, als Zeichen von Interesse und Respekt.

In der *Erweiterungsfrage* muss es bei der Politik der *Offenen Tür* bleiben, das entspricht Artikel 10 im NATO-Vertrag; aber zwischen *kein Veto für Russland* und einem Nachgeben gegenüber russischer Indignation wäre doch ein Mittelweg denkbar, der russische Interessen und Empfindlichkeiten mitberücksichtigt.

Den Medwedjew-Vorschlag von 2008 für einen umfassenden europäischen *Sicherheitsvertrag*, wenngleich in der Substanz fragwürdig, hätte die NATO doch viel aktiver aufgreifen sollen – als Ausgangspunkt für einen intensiven strukturierten Dialog. Die Scheu davor auf westlicher Seite war und ist nicht angebracht. Ist nicht auch die *Schlussakte von Helsinki* 1975 mit ihren segensreichen Auswirkungen in der jüngeren europäischen Geschichte aus ursprünglich furchtsam betrachteten sowjetischen Vorschlägen hervorgegangen? Die unterschiedlichen *ordnungspolitischen Vorstellungen* Russlands und der NATO für den euro-atlantischen Raum sollten mit großer Offenheit und langem Atem diskutiert werden. Und im Interesse der Weiterentwicklung der europäischen Sicherheitsordnung sollte die NATO sich innovativ und engagiert für einen neuen Aufbruch in der *konventionellen Rüstungskontrolle* und *europäischen Vertrauensbildung* einsetzen. Dazu gehört auch entschiedenes Eintreten für Aktivierung und Stärkung der *OSZE*.

Der russischen Führung müsste Folgendes klarwerden: Es trifft nicht zu, wenn Putin sagt, die USA wollten Russland *kleinhalten*. Ein Russland, das sich (wie im leider recht singulären Fall der iranischen Nuklearwaffenambitionen) konstruktiv am globalen und regionalen Problemlösen beteiligte, anstatt sich hauptsächlich auf Störpotenzial, Verhinderungsmacht, Überrumpelungsmanöver, regionale militärische Überlegenheit, Destabilisierung und Furcht seiner Nachbarn zu stützen – ein solches Russland wäre auch als Großmacht hochwillkommen. Aber sein unabgestimmtes militärisches Eingreifen in Syrien war ein weiteres Beispiel für den langfristig untauglichen Versuch, *gleiche Augenhöhe* erzwingen zu wollen.

Vorausschauende westliche Politik muss das *neue Denken* befördern. Eines Tages wird es sich auch durchsetzen – wenngleich möglicherweise nicht, solange Putin am Ruder ist. Aber seine Herrschaft könnte früher zu Ende gehen, als er und seine derzeit in nationalistischem Stolz schwelgenden Anhänger glauben. Der Triumph über die *Heimholung der Krim* mag sich als kurzlebig erweisen. Doch die Hoffnung, dass er sich besinnt, sollte nie aufgegeben werden. Jedenfalls müssen langfristige Angebote zur Zusammenarbeit einschließlich der ernsthaft erneuerten Ermutigung zu kooperativer statt konfrontativer Sicherheit ausgearbeitet und bereitgehalten werden – unter Berücksichtigung legitimer Interessengesichtspunkte sowohl Russlands als auch des Westens. Dies wäre die außen- und sicherheitspolitische Ergänzung des – konditionierten – Angebots der Bundeskanzlerin für eine umfassende Freihandelszone.

In allen hier erwähnten Zusammenhängen bleiben die *transatlantische Partnerschaft* vital wichtig und die weitere Entwicklung der *Gemeinsamen Sicherheits- und Verteidigungspolitik* der EU notwendig – und gibt es für die vom Bundespräsidenten geforderte sowie in der Koalitionsvereinbarung zugesicherte Übernahme größerer deutscher *Verantwortung* ermutigende Beispiele, nicht zuletzt in Merkels und Steinmeiers unermüdlichem Einsatz.

Literatur

Asmus, Ronald/Czmur, Stefan/Donnelly, Chris/Ronis, Aivis/Valasek, Tomas/Wittmann, Klaus (2010): NATO, New Allies and Reassurance. Policy Brief, London: Centre for European Reform, May 2010.

Babtschenko, Arkadi (2015): Putins schrecklichste Tat. In: Raabe, Katharina/Sapper, Manfred (Hrsg.): Testfall Ukraine. Europa und seine Werte. Berlin, S. 119-131.

Bundesministerium der Verteidigung (BMVg) (Hrsg.) (2016): Weissbuch zur Sicherheitspolitik und zur Zukunft der Bundeswehr. Berlin.

Daalder, Ivo/Flournoy, Michele/Herbst, John/Lodal, Jan/Pifer, Steve/Stavridis, James/Talbott, Strobe/Wald, Charles (2015): Preserving Ukraine's Independence, Resisting Russian Aggression: What the United States and NATO Must Do. Washingon: Atlantic Council, February 2015.

Eigendorf, Jörg (2015): Der Mann, der auf Jelzin hätte folgen können. In: Die Welt, 28.2.2015.
European Leadership Network (2015): Brinkmanship, Deterrence and De-escalation between NATO and Russia. Report from the Roundtable discussion held on 27th May 2015 in London, www.europeanleadershipnetwork.org (Zugriff am 31.8.2016).
Fischer, Sabine (2016): Die russische Politik in den ungelösten Konflikten. In: Fischer, Sabine (Hrsg.): Nicht eingefroren. Die ungelösten Konflikte um Transnistrien, Abchasien, Südossetien und Berg-Karabach im Lichte der Krise um die Ukraine. Stiftung Wissenschaft und Politik, SWP-Studie, Berlin, S 13.
Goldgeier, James (2016): Promises Made, Promises Broken? What Yeltsin Was Told About NATO in 1993 and Why It Matters, National Security Blog, July 2016, www.warontherocks.com/2016/07/promises-made-promises-broken-what-yeltsin-was-told-about-nato-in-1993-and-why-it-matters/ (Zugriff am 31.8.2016).
Grundakte über gegenseitige Beziehungen, Zusammenarbeit und Sicherheit zwischen der Nordatlantikvertrags-Organisation und der Russischen Föderation. Paris, 27.5.1997, www.nato.diplo.de/contentblob/1940894/Daten/189459/1997_05_Paris_DownlDat.pdf (Zugriff am 31.8.2016).
Hans, Julian (2014): Putins Angst. In: Süddeutsche Zeitung, 11.12.2014.
Hans, Julian (2015): Das Vermächtnis des Kremlgegners Nemzow. In: Süddeutsche Zeitung, 12.5.2015.
Hill, Fiona/Gaddy, Clifford G. (2013): Mr. Putin. Operative in the Kremlin. Washington D.C.
Jahn, Egbert (2015): Neuauflage des Ost-West-Konflikts? In: Osteuropa 65, Jg., 3/2015, S. 25-45.
Kohler, Berthold (2015): Im Rahmen der Putin-Doktrin. In: Frankfurter Allgemeine Zeitung, 21.5.2015.
Krzemiński, Adam (2015): Emanzipation und Selbstbehauptung. Die ukrainische Frage, der Westen und Russland, In: Osteuropa 3/2015, S. 3-23.
Londoner Erklärung vom 6. Juli 1990, www.nato.int/docu/comm/49-95/c900706a.html (Zugriff am 31.8.2016).
Major, Claudia (2015): Die strategische Anpassung der Nato. Deutschland ist das Rückgrat für die militärische Neuaufstellung der Allianz. Stiftung Wissenschaft und Politik, SWP-Aktuell, Berlin, 20.
Pradetto, August (2015): Failing State Ukraine? – It's the enemy, stupid! Die Inszenierung des Ukrainekonflikts als Kalter Krieg. In: Welttrends, 23. Jg., 105/2015, S. 45-50.
Rühle, Michael (2014): NATO enlargement and Russia: myths and realities. In: NATO Review July 2014, www.nato.int/docu/review/2014/Russia-Ukraine-Nato-crisis/Nato-enlargement-Russia/EN/index.htm (Zugriff am 31.8.2016).
Russia Today (2015): Putin's Q&A marathon, 16.4.2015, www.rt.com/news/250185-putin-live-conference-2015/ (Zugriff am 31.8.2016).
Wales Summit Declaration (2014), 5.9.2014, www.nato.int/cps/en/.../official_texts112964.htm (Zugriff am 31.8.2016).
Walker, Christoph (2015): The New Containment: Undermining Democracy. In: Heinrich Böll Stiftung (Hrsg.): Vom Umgang mit autoritären Regimen. Aktuelle Herausforderungen für demokratische Außenpolitik. Reader zur 16. Außenpolitischen Jahrestagung 2015, Berlin, S. 60-68.

Warsaw Summit Communiqué (2016), 7.7.2016 www.nato.int/cps/en/natohq/official texts133169.htm (Zugriff am 31.8.2016).
Wittmann, Klaus (2001): The Road to NATO's New Strategic Concept. In: Schmidt, Gustav (Hrsg.): A History of NATO – The First 50 Years. Basingstoke, Band 3, New York, S. 219-237.
Wittmann, Klaus (2009a): Towards a new Strategic Concept for NATO. NATO Defense College, September 2009, Forum Paper 10, Rom.
Wittmann, Klaus (2009b): Russia's Relations with NATO and the West. A Constructive Approach is Needed. In: Vestnik Analitiki Bulletin (Moscow, Russia), No. 3 (37).
Wittmann, Klaus (2014): The West is not Russia's Enemy. In: Atlantic Times, Sept./Oct. 2014.
Wittmann, Klaus (2015a): Genscher und der NATO-Doppelbeschluss. In: Brauckhoff, Kerstin/Schwaetzer, Irmgard (Hrsg.): Hans-Dietrich Genschers Außenpolitik. Wiesbaden, S. 141-163.
Wittmann, Klaus (2015b): Russland und der Westen – Gedanken für bessere Zeiten. In: Evangelische Verantwortung, 9-10/2015.
Zeit Online (2015): Militärisch ist das nicht zu gewinnen. In: Zeit Online, 7.2.2015, www.zeit.de/politik/ausland/2015-02/merkel-sicherheitskonferenz-ukraine-russ land (Zugriff am 31.8.2016).

Putin-Versteher und Putin-Kritiker. Heftige Kontroversen um die deutsche und westliche Russlandpolitik

Egbert Jahn

1. Zusammenfassung

Über die Politik gegenüber dem neuen Russland herrschte weder im Westen allgemein noch in Deutschland im Besonderen in den vergangenen 25 Jahren jemals Konsens. Doch sind die *Kontroversen* über die westliche und deutsche Russlandpolitik seit dem epochalen Ereignis der militärischen Verletzung des territorialen Status quo der Staatenordnung durch Russland im Jahre 2014 wesentlich schärfer geworden. Sie betreffen sowohl die *innere Staatsordnung* als auch die *Außenpolitik Russlands*, die in der Ära Putin sich immer mehr von den Vorstellungen entfernten, die seit 1991 in Bezug auf eine Einordnung Russlands in das marktwirtschaftlich-demokratische Weltsystem gehegt wurden, im Westen ebenso wie großenteils in Russland.

Von Anfang an war die *Osterweiterung* der NATO, aber immer mehr auch die der EU in den westlichen Bündnissen umkämpft. Aber auch manche *deutsch-russländischen Gemeinsamkeiten* gegenüber der US-amerikanischen Weltpolitik (Militärinterventionen im Irak und Libyen, Ablehnung der NATO-Mitgliedschaft Georgiens und der Ukraine etc.), der Bau der Ostsee-Gaspipeline *Nordstream* und die Strategie der Konfliktmäßigung in der Ukraine-Krise haben heftige Auseinandersetzungen hervorgerufen. Wie auf die in der dritten Amtsperiode des Präsidenten V. V. Putin stark zunehmenden *autokratischen Tendenzen* zur Unterdrückung von Bürgerfreiheiten und vor allem auf die Expansion Russlands in der Ukraine reagiert werden soll, darüber streiten *Russland- oder Putin-Versteher* und *Kritiker* seiner Innen- und Außenpolitik äußerst heftig. Dabei haben sich die russlandpolitischen Positionen der etablierten politischen Parteien in den vergangenen zehn Jahren erheblich verändert. Hinzu kommen die merkwürdigen russlandpolitischen Übereinstimmungen zwischen traditionellen linken und neuen rechtspopulistischen Parteien im gesamten Westen.

Ratsam ist in dieser Situation eine deutliche Unterscheidung zwischen notwendig pragmatischer Kooperations- und sektoral und begrenzt auch Konfrontationspolitik der Regierungen und der Führung von Regierungsparteien gegenüber der Weltnuklearmacht Russland einerseits und einer kompromisslosen Kritik wesentlicher Institutionen der westlichen Öffentlichkeit

(Medien, Parteibasisorganisationen, Verbänden und Mitgliedern der Zivilgesellschaft) an den Völkerrechtsverstößen und Menschenrechtsverletzungen der Machtelite Russlands andererseits. Auch wenn dies bei großen Teilen der Gesellschaft Russlands auf wenig Verständnis stößt, so ist diese *kritische Haltung im Westen* doch ein wichtiger Beitrag zur Unterstützung der Gesellschaften in den Nachbarländern Russlands, die sich durch die expansive Politik Moskaus unter Präsident Putin bedroht sehen, außerdem zur Ermutigung der wie auch immer noch lange schwachen liberalen und demokratischen Kräfte innerhalb Russlands.

2. Die Zuspitzung der gesellschaftspolitischen und internationalen Kontroversen über die westliche Russlandpolitik

Politik gegenüber dem neuen Russland war weder im Westen allgemein noch in Deutschland im Besonderen in den vergangenen 25 Jahren jemals konsensual. Doch sind die Kontroversen über die westliche und deutsche Russlandpolitik seit dem epochalen Ereignis im Jahre 2014, als Russland den territorialen Status quo der weltweit bislang weitestgehend stabilen Staatenordnung militärisch verletzte, wesentlich schärfer geworden. Sie betreffen das westliche Verhältnis nicht nur zur Außenpolitik sondern auch zur inneren Staatsordnung Russlands, das sich in der Ära Putin immer mehr von den Vorstellungen entfernte, die seit 1991 auf eine Einordnung Russlands in das marktwirtschaftlich-demokratische Weltsystem gerichtet waren, wie sie im Westen ebenso wie in großen Teilen der Gesellschaft Russlands gehegt wurden. Russland hat sich seit dem Dezember 1993 schrittweise auf einen *eigenen, ständig autokratischer werdenden gesellschaftspolitischen Weg* begeben und definiert immer häufiger seine *außen- und weltpolitischen Interessen* als im Gegensatz zu denen des Westens, insbesondere der USA, stehend. Hätte sich Russland für eine liberal-demokratische Entwicklung entschieden, so gäbe es zweifellos auch manche außenpolitischen Differenzen mit den USA von der Art, wie sie hin und wieder zwischen den USA, Frankreich, Deutschland, Japan, Australien und anderen demokratischen Mächten entstehen, die niemals mit kriegerischen Mitteln ausgetragen werden. Aber es hätte keine scharfen internationalen politischen Konfrontationen auf der Grundlage gegensätzlicher gesellschaftspolitischer Interessen gegeben.

Der Kern der Streitfrage um die westlich-deutsche Russlandpolitik ist also die *Frage*, wie demokratische Gesellschaften und Staaten ihre *Beziehungen zur ökonomisch schwachen, aber militärisch zweitstärksten Weltmacht Russland* gestalten sollen. Dies ist sowohl zwischen den westlichen Nationen als auch zwischen den politischen Parteien und gesellschaftlichen Gruppen in diesen Nationen heftig umstritten. Die breite Fülle der unterschiedlichen nationalen und gesellschafts- und parteipolitischen Positionen lässt sich hier nicht darstellen. Aber es soll versucht werden, die wichtigsten Grundpositionen unter ihnen herauszuarbeiten.

Eine *zentrale Frage*, die sich vielen Zeitgenossen stellt, lautet: Sind die wiederholt entstehenden Spannungen und sogar Kriegsdrohungen zwischen Russland und dem Westen *Folge der inneren, gesellschaftspolitischen Entwicklung Russlands*? Oder wurde Russland vom Westen *außenpolitisch*, insbesondere durch die Osterweiterung der NATO, aber auch der EU, in die *Isolation* und in die *Konfrontation* mit dem Westen gedrängt? Ist also eine verfehlte westliche Russlandpolitik verantwortlich für die erheblichen Spannungen in der nördlichen Hemisphäre, die manche Zeitgenossen zur Beschwörung der Gefahr eines neuen Kalten Krieges[1] oder gar eines nuklearen Weltkrieges veranlasst?

Von Anfang an war die *Osterweiterung* der NATO, aber immer mehr auch die der EU, umstritten. Aber auch manche deutsch-russländischen Gemeinsamkeiten gegenüber der US-amerikanischen Weltpolitik (Ablehnung der Militärinterventionen im Irak und Libyen und der NATO-Mitgliedschaft Georgiens und der Ukraine etc.), der Bau der Ostsee-Gaspipeline Nordstream und die Strategie der Konfliktmäßigung in der Ukraine-Krise haben das neue Ost-West-Verhältnis geprägt. Die *Annexion der Krim* und die verdeckte *Aggression im Donbass* einigten trotz mancher Meinungsunterschiede die Regierungen und die maßgeblichen politischen Parteien aller 34 westlichen Bündnismitglieder der NATO und der EU zu einer *gemeinsamen Sanktionspolitik* gegen Russland, auch wenn es in den westlichen Gesellschaften viele kritische Stimmen gegen die Politik der eigenen oder anderer westlicher Regierungen gibt.

Schon seit Jahren wird eine Kontroverse zwischen vereinfachend *Russland- bzw. Putin-Versteher* und *Russland- bzw. Putin-Kritiker* genannten Politikern, Publizisten und Wissenschaftlern darüber geführt, wie der Westen insgesamt und insbesondere das jeweilige eigene Land auf die Innen- und Außenpolitik Russlands reagieren sollen. Dabei stand anfangs vor allem die Beschneidung von Bürgerfreiheiten in Russland, die in der dritten Amtsperiode des Präsidenten V. V. Putin stark zugenommen haben, im Zentrum der

---

1 Sieht man von der trivialen Benutzung des Ausdrucks *Kalter Krieg* für jeglichen Zustand erheblicher (zwischenstaatlicher) Spannungen ab, so bezeichnet der einzig historische bislang ernsthafte Kalte Krieg von 1949 bis 1962 eine Politik *am Rande des Abgrunds*, also einen Zustand der beständigen politischen und militärischen Bereitschaft, innerhalb weniger Minuten einen umfassenden Nuklearkrieg zwischen zwei Weltmächten und ihren Bündnispartnern zu beginnen. Eine solche Bereitschaft gab es weder während des von manchen Autoren so genannten Zweiten Kalten Krieges nach dem NATO-Doppelbeschluss und dem Beginn der sowjetischen Militärintervention im Dezember 1979 bis etwa 1987, als es lediglich erheblich verschärfte Ost-West-Spannungen gab, noch gibt es sie gegenwärtig.

Auseinandersetzungen. Vorübergehend war es aber auch die heftige Kritik Russlands an den einzelnen, tatsächlichen und in Aussicht genommenen Osterweiterungen der NATO, außerdem an den westlichen Interventionen in der Bundesrepublik Jugoslawien, im Irak und in Libyen. Im Laufe der Zeit haben sich die russlandpolitischen Positionen der etablierten politischen Parteien und Medien zum Teil erheblich verändert, vor allem nach der militärischen Expansion Russlands 2014. Gegner und verständnisvolle Sympathisanten der Putin'schen Politik haben sich zeitweise mit deftigen, herabwürdigenden Bezeichnungen angegriffen. Da war z.B. von *Putin-Knutscherei* (anlässlich der Feier zum 70. Geburtstag Gerhard Schröders in St. Petersburg) (vgl. Medick 2014) oder von „moralinsaurem Russland-Bashing" (Erler 2013) die Rede.

3. Die Annäherung der etablierten Parteien in der Putin-Kritik und die Entstehung einer links-rechten Allianz der *Putin-Versteher*

Der Begriff des *Putin-Verstehers*, der meist gleichbedeutend mit dem eines *Russland-Verstehers* gebraucht wird, wobei letzterer sich auch auf das Russland unter der Präsidentschaft Boris N. Jelzins zu beziehen pflegt,[2] wird überwiegend als ein polemisch-spöttischer Begriff benutzt, der von manchen Angegriffenen auch trotzig zu einem Bekenner-Begriff gewandelt wurde (vgl. Bröckers/Schreyer 2014; Krone-Schmalz 2015; schon früh Beyme 2016: 10[3]; Rahr 2000). *Verstehen* hat in diesem Kontext eine ganz spezifische Bedeutung erlangt, wenn auch mit wichtigen verschiedenen Varianten. Ein Land, eine Person, eine Politik verstehen und sich erklären zu wollen, ist das selbstverständliche Anliegen eines jeden Wissenschaftlers und jeden aufgeschlossenen Bürgers, der sich für irgendeinen Gegenstand interessiert und wissen will, um was es sich handelt, wie und warum er entstanden ist und sich entwickeln wird. Das *Verstehen* ist die *Voraussetzung* dafür, wie der untersuchte Gegenstand nach anderweitig entwickelten, z.B. ethischen oder politischen Maßstäben zu beurteilen, zu billigen oder zu kritisieren, evtl. zu bekämpfen ist.

---

2 Viele Putin-Versteher sind allerdings scharfe Jelzin-Kritiker, so dass zwischen *Russland-Verstehern* und *Putin-Verstehern* deutlich unterschieden werden kann.

3 Auch Klaus von Beyme meint, vermutlich zu diesen gerechnet zu werden, obwohl sich seine Studie qualitativ wesentlich von schlicht sachlich falschen Behauptungen der bloß polemischen Schrift von Bröckers/Schreyer und auch von manchen grotesken Aussagen und Vergleichen von Krone-Schmalz unterscheidet.

Diese breite wissenschaftlich-aufklärerische Bedeutung des Verstehens ist im Begriff des *Putin-* oder *Russlandverstehers* gar nicht gemeint, wie die so titulierten Autoren gern für sich in Anspruch nehmen. Gemeint ist vielmehr ein Verstehen im Sinne eines *Einverständnisses*, der *Billigung*, der *Sympathie* oder zumindest der *Duldung* heischenden Nachvollziehbarkeit. Somit ist bereits vom Begriff her ein gewisses Spektrum des Verständnisses für Russland bzw. Putin angelegt. Wer etwas duldet, muss es nicht billigen, für gut heißen, zum Vorbild für das eigene Denken und Handeln nehmen. Aber er wendet sich gegen Kritik oder gar gegen oppositionelles Handeln gegen das, wofür er Verständnis aufbringt.

Beim *Russland-Verstehen* geht es nicht um Russland an sich, um seine Landschaften, sein Klima, seine Bewohner, seine Literatur, Musik, Malerei, Geschichte, Wissenschaft, Philosophie und sonstige Kultur, sondern um die Politik der Regierung des neuen Russlands, seit der Wahl Boris N. Jelzins 1990, und vor allem Vladimir W. Putins 2000 zum Präsidenten im neuen, schrittweise immer autokratischer werdenden postsowjetischen politischen System Russlands. *Russland-Verstehen* bezieht sich also auf die *Politik*, vorzugsweise die Außenpolitik, aber teilweise auch die Innenpolitik der Machtelite und ihrer jeweils führenden Persönlichkeit Russlands (zu den Argumenten der Russland-Versteher im einzelnen siehe Portnov 2014; das Verhalten der deutschen Osteuropa-Historiker zur Ukraine-Krise geißelt Wendland 2014). Nur am Rande geht es auch um Verständnis für die Person Putin.

Folgende Positionen lassen sich im Streit um die gegenwärtige Russlandpolitik unterscheiden. Auf Seiten der *Russland-Versteher*:

1. Die *repressive, autokratische Innenpolitik* Russlands wird von vielen rechtsradikalen Parteien in ganz Europa (und vermutlich auch in den USA) als in vieler Hinsicht vorbildlich für das eigene Land angesehen. Einige dieser Parteien lassen sich auch finanziell aus Russland unterstützen und leisten bereitwillig politisch-medialen Beistand für Putins Politik.
2. Manche linke, kommunistische oder sozialistische Gruppierungen sehen im postsowjetischen Russland, das zunehmend die Verdienste der sowjetischen Gesellschaftspolitik würdigt, immer noch als *Antipoden zum westlichen Kapitalismus*. Der ehemalige KGB-Agent und Kommunist Putin ist in diesen Augen ein Garant dafür, dass Russland nicht gänzlich auf kapitalistische Wege abrutscht.
3. Nationalpolitisch motivierte, darunter auch durchaus konservativ-demokratisch gesinnte Kritiker an der Mitgliedschaft ihres Landes in der NATO und oft auch in der EU, sehen in Putins Russland einen zentralen Akteur bei der Schaffung eines *multipolaren internationalen Systems*, bestehend aus *ungebundenen Nationalstaaten*, frei von der Hegemonie der USA.

4. Viele Pazifisten und andere friedenspolitisch besorgte Bürger haben schlicht *Angst vor einem neuen kalten Krieg* oder gar vor einem *Nuklearkrieg*, da nach ihrer Ansicht die NATO und die EU durch ihre Osterweiterung Russland fahrlässig in seinen essentiellen Sicherheitsinteressen bedrohe und zur Vorwärtsverteidigung in Georgien und im Osten der Ukraine dränge. Diese Gruppe der Russland-Versteher aus allen demokratischen Parteien von grün bis konservativ, die keinerlei Sympathien für die repressive, autokratische Innenpolitik in Russland haben, dürfte die weitaus größte Gruppe der Putin-Versteher ausmachen, vor allem in Deutschland, wo der Zweite Weltkrieg vorwiegend als von Deutschland verschuldeter deutsch-russischer Krieg verstanden wird.[4]

Positionen auf Seiten der *Russland-Kritiker*:

1. Die *militärische Aggression Russlands gegen die Ukraine* verpflichtet den Westen aufgrund des allgemeinen Völkerrechts und der VN-Charta und insbesondere die USA und Großbritannien als Garanten der Souveränität, Unabhängigkeit und territorialen Integrität der Ukraine gemäß dem Budapester Memorandum vom 5. Dezember 1994, aufgrund dessen die Ukraine, Kasachstan und Belarus ihre Nuklearwaffen an Russland übergeben hatten, auch *mit militärischen Mitteln* die *Wiederherstellung der territorialen Integrität der Ukraine* zu gewährleisten, so wie seinerzeit im Falle der irakischen Aggression gegen Kuwait am 2. August 1990. Diese Position wird nur von einigen Außenseitern in den USA und anderen westlichen Ländern vertreten.
2. Manche Kritiker der Außenpolitik Russlands diagnostizieren eine *grundsätzliche Wendung Russlands zur imperialen Expansion*, auf die der Westen mit einer wesentlichen *Verstärkung seiner eigenen militärischen Ausgaben* und Anstrengungen reagieren müsse, um Russland von einer ähnlichen verdeckten Aggression gegen die baltischen Staaten, Polen oder Rumänien abzuschrecken und die Bereitschaft zur gemeinsamen Verteidigung aller NATO-Mitglieder zu demonstrieren. Diese Position hat ihre stärksten Befürworter in den USA und den westlichen Nachbarstaaten Russlands, wird aber von allen anderen NATO-Staaten zumindest zurückhaltend unterstützt.
3. Gegen die militärische Annexion der Krim und die Aggression in der Ostukraine waren nach einer dritten Auffassung voneinander getrennte relativ gemäßigte, jedoch spürbare *politische und wirtschaftliche Sanktionen* der EU-, der NATO- und anderer Staaten zu verhängen, da militärische Gegenmaßnahmen unverhältnismäßige Kosten und Risiken für das Leben von Zigmillionen Menschen ausgelöst hätten. Dabei wurden auch Nachteile für die eigene Wirtschaft und für politische Vorhaben in eini-

---

4 Zu Meinungsumfragen zur Politik Russlands und zum Ukrainekonflikt siehe z.B. Beyme 2016: 9f. Anm. 4.

gen Bereichen der zwischenstaatlichen Beziehungen und in der Weltpolitik in Kauf genommen. Der eine Teil der Sanktionen soll erst dann aufgehoben werden, wenn das zweite Minsker Abkommen zur Beendigung des Krieges im Donbass durchgeführt worden ist, der andere, wenn die Annexion der Krim rückgängig gemacht wurde. Da letzteres kaum in absehbarer Zukunft geschehen wird, bleibt offen, wann dieser Teil der Sanktionen stillschweigend irgendwann – vermutlich ohne viel Aufheben – aufgegeben wird.

4. Hierbei vertreten die deutschen Sozialdemokraten und einige europäische Regierungen die Auffassung, dass die *Sanktionen* entsprechend Fortschritten bei der Durchführung des Minsker Abkommen *schrittweise abgemildert* werden sollen, während die offizielle Auffassung der EU und der USA die vollständige Verwirklichung des Minsker Abkommens als Voraussetzung für die Aufhebung der Sanktionen aus Anlass des Krieges im Donbass fordert. Ungeklärt hierbei bleibt, was zu tun ist, wenn die *Ukraine* ihre Verpflichtungen aus dem Abkommen nicht vollständig erfüllt, insbesondere eine Verfassungsänderung, die einen besonderen Autonomiestatus des Donbass garantieren soll. Über ein Ende der Sanktionen wegen der Krim-Annexion wird keine öffentliche politische Debatte geführt.
5. Schon vor der Ukraine-Krise gab es heftige Kritik an *der reformfeindlichen, ineffizienten Wirtschaftspolitik* (Stopp der in der Präsidentschaft Dmitri A. Medwedjews begonnenen Modernisierungsinitiativen) (vgl. Erler/Schulze 2012) und an den *autokratischen Tendenzen* in der Innenpolitik Russlands (Aushöhlung der föderativen Verfassungsordnung, Entmachtung des Parlaments, Wahlmanipulationen, Unterdrückung der Opposition, unaufgeklärte Mordfälle an Kritikern des Kremls, Einschränkung der Freiheiten von nationalen und internationalen Nichtregierungsorganisationen, Missachtung von zahlreichen Bürger- und Menschenrechten, überdurchschnittliches Korruptionsniveau usw.) (siehe z.B. Burkhardt 2013; Gudkow 2013; Schewzowa 2009). Dies müsse mit einer *Reduzierung der ökonomischen Abhängigkeit* von der Energieversorgung Russlands und mit einer vielfältigen und differenzierten *Einschränkung der Kooperationsfelder* in den Beziehungen zwischen Russland und dem Westen beantwortet werden (siehe z.B. Heinemann-Grüder 2013; Stewart 2012; Umland 2013). Auch hier waren die russlandkritischen Stimmen in den USA, Polen, den baltischen und auch in den skandinavischen Ländern stärker als in Deutschland, wo es zeitweise eine Konfrontation zwischen grünen und christdemokratischen Politikern einerseits und Sozialdemokraten andererseits (und auch zwischen mit ihnen sympathisierenden Publizisten und Wissenschaftlern) (siehe z.B. die Kontroverse zwischen Eichwede 2013 und Spanger 2013; vgl. auch Schröder 2013; Vogel 2013) gab.

4. Etappen der Verschärfung und der Mäßigung der westlichen Russlandpolitik

Folgende *Etappen* in den *Beziehungen zwischen Russland und dem Westen* lassen sich ausmachen. In einer ersten Etappe verfolgte der Westen die Loslösung Russlands von der Sowjetunion in den Jahren 1990/91 unter Boris N. Jelzin mit großem Misstrauen und Ablehnung. Er unterstützte überwiegend die Versuche Michail S. Gorbatschows zur ökonomischen und politischen *Reform der Sowjetunion*. Erst nach der Auflösung der Sowjetunion im Dezember 1991 akzeptierte der Westen die politischen Kräfte um Jelzin, die eine *Reformierung der Wirtschaft und Gesellschaft Russlands* anstrebten, vor allem gegen die extrem konservative Kommunistische Partei der Russländischen Föderation (KPRF), auch als Jelzin mit militärischer Gewalt den Obersten Sowjet entmachtete und im Dezember 1993 eine *präsidiale Demokratie* mit außergewöhnlich weitreichenden Kompetenzen des Präsidenten oktroyierte. Bei der gleichzeitig einberaumten ersten freien Parlamentswahl erhielten die liberaldemokratischen Parteien jedoch nur ein Drittel der Stimmen. (Bei allen folgenden Wahlen ging ihre Stimmenzahl weiter drastisch zurück, so dass die Demokraten Russlands bisher niemals maßgeblichen Einfluss auf die Politik erhielten).

Nach dieser Wahl kehrte Russland sich in vielen kleinen Schritten von der Idee einer vollständigen gesellschaftspolitischen und weltpolitischen Integration in das westliche liberaldemokratische System ab. Russland wurde zwar in die *Gipfeltreffen der führenden Industrienationen* einbezogen (G 8), Mitglied des *Internationalen Währungsfonds* und der *Weltbank* und schließlich auch der *Welthandelsorganisation*; es näherte sich der NATO durch die Teilnahme an der Partnerschaft für den Frieden, am *Euro-Atlantischen Partnerschaftsrat* und am *NATO-Russland-Rat* an, betonte aber seit 1993 immer mehr die *Eigenständigkeit seines gesellschaftspolitischen Systems* in Differenz zur westlichen, pluralistischen Demokratie. Außerdem erhob es Anspruch auf bestimmenden Einfluss im *nahen Ausland*, d.h. in den anderen Nachfolgestaaten der Sowjetunion wie auch im ehemals kommunistischen Europa (wie z.B. Jugoslawien). Widerwillig beugte es sich der Entscheidung der NATO auf Annahme der Beitrittsgesuche Polens, Tschechiens, Ungarns (1999), dann auch Sloweniens, der Slowakei, Bulgariens, Rumäniens, Estlands, Lettlands, Litauens (2004) und schließlich auch Kroatiens und Albaniens (2009). Erst unter Putin kritisierten die Regierung und das Parlament Russlands diese angeblich im Bruch eines Versprechens erfolgte *NATO-Osterweiterung* (vgl. Creuzberger 2015) als eine *Bedrohung der Sicherheitsinteressen Russlands* und erklärten, eine weitere Ausdehnung der NATO in die Kernländer der ehemaligen Sowjetunion sei nicht tolerabel. Dennoch wollten im April 2008 die USA und die ostmitteleuropäischen Länder die Ukraine und Georgien in den *Militärischen Aktionsplan* zur raschen Vorbereitung der Vollmitgliedschaft aufnehmen. Dies scheiterte am Einspruch Deutschlands und Frankreichs, die darauf verwiesen, dass die Mehrheit der Ukrainer keine NATO-Mitgliedschaft wolle und Georgien durch den *eingefrorenen Konflikt* mit Abchasien und Südossetien belastet sei.

Neben der strukturellen Grundsatzfrage der *Sicherheitsarchitektur* in Europa wurden die Beziehungen zwischen dem Westen und Russland mehrmals durch einzelne *national-territoriale Kriege* belastet. Während der beiden *Tschetschenienkriege* (1994-1996 und 1999-2009) betonte der Westen zwar stets das Recht Russlands auf Verteidigung seiner territorialen Integrität, kritisierte aber verhalten die unverhältnismäßig brutale Kriegsführung der russländischen Streitkräfte im eigenen Land, die in Polen und den baltischen Staaten die Besorgnis vor einer zukünftigen Gefährdung ihrer Länder stimulierte. Diese Besorgnis steigerte sich 2008 und dann insbesondere 2014 zur weitverbreiteten Angst in der Bevölkerung der Nachbarländer Russlands vor einer militärischen Expansionspolitik Russlands. Zwar wurde der *Südossetienkrieg* durch einen Angriff Georgiens im August 2008 auf Südossetien und russländische Friedenstruppen in diesem De-facto-Staat nach einer längeren beidseitigen Verschärfung der Spannungen und Drohungen ausgelöst (siehe Jahn 2012), aber in Teilen der westlichen Öffentlichkeit und Politik als *Ausdruck russländischer imperialer Expansion* interpretiert, vor allem als Russland nach dem Krieg nicht den *Status quo ante* wieder herstellte, sondern die *Unabhängigkeit* der beiden Republiken anerkannte und mit ihnen militärischen Beistandspakte schloss.

Diese militärpolitischen Schritte Russlands sind aber im Zusammenhang mit der Verschlechterung der Beziehungen mit dem Westens infolge anderer Konflikte zu sehen. Russland sah den *Krieg der NATO ohne VN-Mandat* gegen die *Bundesrepublik Jugoslawien* 1999 ungeachtet der unmenschlichen Bürgerkriegsführung Belgrads im Kosovo und der massenhaften Flucht der albanischen Kosovaren als *Völkerrechtsbruch* und als Beeinträchtigung seines Einflusses auf dem Balkan an. Als dann ab Februar 2008 die meisten westlichen Staaten die Unabhängigkeit des Kosovo anerkannten und der NATO-Gipfel in Bukarest kurz danach im April Georgien und der Ukraine eine zukünftige Mitgliedschaft in Aussicht stellte (trotz der Verhinderung einer unmittelbaren Einleitung der Aufnahmeprozeduren durch Deutschland und Frankreich), war dies für Russland ein weiteres Zeichen für die NATO-Expansionspolitik, die es zunächst mit der eigenen Machtausdehnung im Südkaukasus im August 2008 beantwortete (zur Bedeutung des Strebens Russlands nach einem Großmachtstatus siehe Heller 2013).

Vor allem aber eskalierte im neuen Jahrhundert die *gesellschafts- und bündnispolitische Integrationskonkurrenz* zwischen Brüssel (d.h. EU und NATO) und Moskau und seinen zahlreichen, bislang jedoch wenig erfolgreichen Integrationsprojekten[5] im Rahmen der *Gemeinschaft Unabhängiger Staaten* (GUS), der zeitweise außer den drei baltischen Staaten alle zwölf anderen postsowjetischen Staaten angehörten.[6] Teile der GUS suchten aber auch eine gewisse Loslösung von Russland, so Georgien, die Ukraine, Aserbaidschan und Moldau in der mit Hilfe der USA 1997 als informelle Vereinigung gegründeten GUAM (der zeitweise auch Usbekistan angehörte) und die 2006 als *Organisation für Demokratie und Wirtschaftsentwicklung* – GUAM reorganisiert wurde. Auch mit der Annahme von Aktionsplänen der *Europäischen Nachbarschaftspolitik* seit 2004, von Partnerschafts- und Kooperations- oder von Assoziierungsabkommen und mit der Teilnahme an der *Östlichen Partnerschaft* der EU 2009 gingen einige GUS-Staaten auf die Angebote zu einer Annäherung an die EU ein. Auch Russland sollte durch das Partnerschafts- und Kooperationsabkommen von 1997 und das Projekt der *gemeinsamen vier Räume* (Wirtschaft, Justiz, äußere Sicherheit, Kultur) von 2003 in diese Konzeption eines möglichst rechtsstaatlichen, demokratischen und marktwirtschaftlichen Umfeldes der EU einbezogen werden.

Die *Integrationskonkurrenz* zwischen Brüssel und Moskau ist vor allem eine *innenpolitische Auseinandersetzung* zwischen den Teilen der Bevölkerung, die eine *Liberalisierung* und *Demokratisierung* ihrer Gesellschaft anstreben und demzufolge auch oft, wenn auch nicht durchgängig, eine bündnispolitische Anbindung ihres Landes an die EU und auch an die NATO suchen und anderen Teilen der Bevölkerung, die eine wie auch immer im Einzelnen unbestimmte *autokratische politisch-ökonomische Ordnung* und eine bündnispolitische Anbindung an Russland anstreben. Zu letzteren gehören sowohl Kommunisten und ehemalige Kommunisten als auch extrem rechts-konservative, manchmal religiöse, vor allem christlich-orthodoxe Bevölkerungsgruppen, die den westlichen Liberalismus, Individualismus und Laizismus und Lebensstil ablehnen. Zwischen den beiden Orientierungen bewegen sich sowohl liberaldemokratische als auch autokratische nationalpolitische Kräfte, die ihr Land sowohl aus dem Bündnis mit dem Westen als auch mit Moskau heraushalten wollen. Im Osten hat die Integrationskonkurrenz nach 1991 am deutlichsten die Gesellschaften der Ukraine (vgl. Adomeit

5 Eine engere Verbindung sollte 1996 die *Gemeinschaft Integrierter Staaten* (GIS) werden mit Russland, Belarus, Kasachstan und Kyrgystan und später auch Tadschikistan als Mitgliedern. Besonders eng wollten sich Russland und Belarus nach 1995 in einem Bundesstaat Russland-Belarus zusammenschließen. Die Mitglieder der GIS (ohne Tadschikistan) beschlossen 2000 die Bildung einer *Eurasischen Wirtschaftsgemeinschaft*. Sie wurde 2015 durch die *Eurasische Wirtschaftsunion* abgelöst, der auch Armenien beitrat. Der seit 1994 bzw. 2002 existierenden *Organisation des Vertrags über kollektive Sicherheit* (OVKS) gehören ebenfalls diese sechs Staaten an; vorübergehend waren auch Georgien, Aserbaidschan und Usbekistan Mitglieder.

6 Georgien trat erst 1993 der GUS bei, aber nach dem Südossetienkrieg 2008 wieder aus. Turkmenistan ist seit 2005 nur noch beigeordnetes Mitglied und die Ukraine hat 2014 seine Mitgliedschaft faktisch suspendiert

2012) und der Moldau gespalten, aber sie ist auch in Russland, Belarus, Armenien und Aserbaidschan zu beobachten, auch wenn sie dort durch harte staatliche Repression unterdrückt wird.

Der gesellschafts- und bündnispolitische Status quo wird in erster Linie durch die *schwache ökonomische und politisch-moralische Integrationskraft Moskaus* gefährdet, die immer mehr Menschen in den GUS-Staaten zur Rebellion gegen soziale Armut, Wahlmanipulationen, alltägliche Korruption, Polizeiwillkür und -gewalt, mangelnde Rechtsstaatlichkeit und die Beschneidung der Meinungsvielfalt in den Medien veranlasst. Dementsprechend wurden die sogenannten *Farbrevolutionen* in Serbien, Georgien, der Ukraine (siehe Jahn 2008) und Kirgistan auch als Bedrohung der Machteliten in Russland und den anderen autokratischen Regimen der GUS interpretiert und repressive Gegenmaßnahmen eingeleitet. Vor allem die internationalen Nichtregierungsorganisationen waren im Fokus dieser Gegenmaßnahmen, da einige von ihnen die Farbrevolutionen mit organisatorischer und finanzieller Hilfe unterstützt hatten. Der *Arabische Frühling* 2011/12 gab der Furcht der autokratischen Machteliten im Osten Europas vor oppositionellen *Bürgerbewegungen* neue Nahrung. Auf diese wirken die Freiheiten und der Wohlstand im Westen oftmals als Vorbild, das manche politische Oppositionskräfte zur außenpolitischen Anlehnung an die westlichen Staaten motiviert – verbunden mit der Hoffnung auf politische, ökonomische und manchmal auch militärische Hilfe. In der Sicht des Kremls und mancher Russland-Versteher sind solche Bewegungen lediglich willfährige Instrumente US-amerikanischer, imperialer Machtausdehnung.

Neben den erwähnten national-territorialen Konflikten in Europa hat die Auseinandersetzung um den Plan der Errichtung einer *Raketenabwehr* der USA in Polen und Tschechien das westlich-russländische Verhältnis vergiftet. Er wurde erst von Präsident Obama aufgegeben, aber von der Planung einer Raketenabwehr der NATO abgelöst. Deren erste Station wurde in Deveselu in Rumänien im Mai 2016 für einsatzfähig erklärt (vgl. Thiels 2016), was Russland als Verletzung des Vertrages zur Abschaffung der Mittelstreckenraketen von 1987 interpretiert. Es hat seinerseits bereits im Dezember 2014 im Gebiet Kaliningrad moderne Iskander-Kurzstrecken-Raketen installiert. Beidseitige Truppenverlegungen an die Grenzen zwischen NATO und Russland und damit verbundene militärische Drohgebärden sind seit Beginn der Ukraine-Krise zusätzlicher Ausdruck der Verschärfung der Spannungen zwischen Brüssel und Moskau.

5. Risiken einer konfrontativen und Gefahren einer willfährigen Russlandpolitik

Sehr viele *Russland-Versteher* wissen sehr wenig über Russland, über Land und Leute, über seine Gesellschaft und Geschichte, interessieren sich oft auch gar nicht dafür. Das liegt daran, dass *Russland-Verstehen* oft nur ein Ausdruck von *Fundamentalkritik* an der Fortexistenz der NATO nach 1991 und der Weltpolitik der USA (gleichgültig unter welcher Regierung), manchmal auch der EU und der Außenpolitik des eigenen Landes ist. Solche *Russland-Versteher* zeigten oder zeigen auch großes Verständnis für das Venezuela Chavez', das Jugoslawien Miloševićs, den Irak Saddam Husseins, das Syrien Assads, die Islamische Republik Iran, die Volksrepublik China, also für andere Länder und Regime, die in Konflikt mit den USA oder der NATO geraten. *Russland-Versteher* sind in aller Regel *keine Ukraine-*, *Polen-*, *Baltikums-*, *Georgien-Versteher* und zeigen auch kein Verständnis für die liberale, demokratische Opposition in Russland.

Auf Seiten der *Russland- bzw. Putin-Kritiker* sind in den letzten Jahren bedeutsame Verschiebungen zu beobachten. Die Kritik an der Politik Russlands und Putins bezog sich ursprünglich sehr stark auf die *Innenpolitik*, etwa auf die Tschetschenienpolitik und insbesondere auf den zunehmenden autokratischen Systemwandel, der bereits seit Dezember 1993 in Gang kam, aber sich in der Ära Putin seit 2000 beschleunigte. Daneben spielte die westliche Kritik an der *Außenpolitik*, vor allem gegenüber dem *nahen Ausland*, also im postsowjetischen Raum, eine eher untergeordnete Rolle, da die Einbindung Russlands in den NATO-Russland-Rat geeignet schien, die Vorbehalte Russlands gegen die Mitgliedschaft der ostmittel- und südosteuropäischen Länder, dann sogar der baltischen Staaten, in die NATO zu besänftigen und auszuräumen. Erst der *Südossetienkrieg* 2008 und dann vor allem die *Annexion der Krim* und der *Ostukraine-Krieg* 2014 rückten die Außenpolitik Putins in den Vordergrund der Russland-Kritik. Sie veranlasste erhebliche Verschiebungen im Verhältnis zwischen westlichen Kritikern und Verstehern Russlands und Putins. Viele, z.B. zahlreiche deutsche Sozialdemokraten, die bis 2014 großes Verständnis für die Politik Putins aufgebracht und grüne und christdemokratische Kritiker der Putin'schen Innenpolitik zum Teil heftig attackiert hatten, wechselten nun auf die Seite der Putin-Kritiker, wenn auch auf ihren eher gemäßigten Flügel. Die Putin-Versteher hingegen fanden zahlreiche neue Sympathisanten in der bis dahin eher an Russland desinteressierten Bevölkerung, vor allem im rechten politischen Spektrum.

Zahlreiche Stimmen warnen vor einem neuen *Kalten Krieg* und *Rüstungswettlauf*, der im schlimmsten Falle zum Dritten Weltkrieg führen könne. Zumindest würden langanhaltende Sanktionen und Gegensanktionen die wirtschaftliche und soziale Situation nicht nur in Russland, sondern auch in einigen westlichen Ländern tiefgreifend schädigen, was die Stabilität der politischen Ordnungen auf beiden Seiten in Bedrängnis bringen könne und unberechenbare und gewaltbereite, rechtsnationale Kräfte hervorrufen würde.

Das Gegenargument lautet, eine Nachgiebigkeit und *Beschwichtigungspolitik* gegenüber der Expansions- und Erpressungspolitik Russlands im Südkaukasus und in der Ukraine werde den Kreml zu weiteren imperialen Ausgriffen zunächst im GUS-Raum und schließlich auch gegen die östlichen NATO-Staaten ermuntern, weil eine solche westliche Politik in Moskau als Schwäche interpretiert werde. Das Ziel der Putin'schen Politik sei es, den Westen zu spalten, sowohl entlang nationaler als auch gesellschaftlicher Trennungslinien. Dabei würde der Kreml nicht nur wie zu Sowjetzeiten die westliche *politische Linke* und die Friedensbewegung als Spaltkräfte ansehen und unterstützen, sondern zunehmend auch *rechtsnationale* politische Parteien und Organisationen, die die NATO und die EU auflösen wollen und Russland als Partner im Kampf gegen die US-amerikanische Welthegemonie ansehen. Die *Integrationskonkurrenz* besteht also nicht nur aus gegensätzlichen gesellschafts- und bündnispolitischen Integrationsangeboten, sondern sie enthält auch zunehmend *Desintegrationsstrategien* zur *Unterminierung der gesellschaftspolitischen Stabilität und Bündnisfestigkeit* der anderen Seite.

6. Unterschiedliche Funktionen von Regierungspolitik und kritischer liberaler und demokratischer Öffentlichkeit

Hinter dem polarisierten Streit zwischen *Russland-Verstehern* und *Russland-Kritikern* steht die grundsätzliche Frage, ob es sinnvolle und praktikable *Alternativen zur Osterweiterung der NATO und auch der EU* nach der Vereinigung Deutschlands im Jahre 1990 gab. Das Argument, die meisten Völker Ostmittel- und Südosteuropas wollten Mitglieder der EU und der NATO werden, ist nicht zwingend. Die EU und die NATO mussten nach eigenem Interesse entscheiden, ob sie diesem Wunsch folgen wollten oder aus dem übergeordneten politischen Interesse hätten ablehnen sollen, kriegsträchtige Konflikte zwischen Russland mit seinen Nachbarn zu vermeiden. Hätte also der Westen Russland die *Neuordnung des postkommunistischen Europas* in einer politischen Auseinandersetzung mit den Ostmittel- und Südosteuropäern überlassen sollen, so wie er es nach 1945 immer wieder tat, als Aufstände gegen die sowjetische Vorherrschaft 1953, 1956, 1968 und 1981 ausbrachen, weil das Interesse an *Frieden und Sicherheit* wichtiger war als an einer *Demokratisierung* des europäischen Ostens? Sollten also die Polen, die baltischen Völker, die Ukrainer, die Georgier etc. mit ihrer Demokratisierung und ihrer Einbindung in das westliche Staatensystem warten, bis Russland sich nach einer zweiten Perestrojka selbst auf den Weg einer Demokratisierung und Verwestlichung begeben würde? Lange Zeit hat Russland einen *Unterschied zwischen der Osterweiterung der EU und der NATO* gemacht. Es akzeptierte also den EU-Beitritt der ostmitteleuropäischen und potentiell der südosteuropäischen einschließlich der baltischen Staaten, lehnte aber die Osterweiterung der NATO ab. Erst als sich herausstellte, dass die Staaten, die in die EU wollten, meist auch in die NATO wollten – aus welchen Gründen auch immer –,[7] und dass infolge der Vertiefung der EU-Integration mit der EU-Mitgliedschaft auch eine Verankerung in ihrer *Gemeinsamen Außen-, Sicherheits- und Verteidigungspolitik* verknüpft ist, verstärkte sich die russländische Kritik an der EU-Ostpolitik und ihren Instrumenten der *Europäischen Nachbarschaftspolitik* (seit 2004), der *Östlichen Partnerschaft* (seit 2009) und der *Assoziierungsabkommen* mit GUS-Staaten, insbesondere mit der Ukraine 2014.

Als *Alternativen* zur *Osterweiterung der NATO* wurden zwei Möglichkeiten diskutiert: *Auflösung der NATO* oder *Mitgliedschaft auch Russlands in der NATO* (evtl. unter neuem Namen). Eine Auflösung der NATO wäre ein Rückfall in national eigenständige Militärpolitiken gewesen, die vermutlich die Kriegsrisiken in Europa beträchtlich erhöht hätten. Eine oft übersehene Funktion der NATO, deren Außenpolitik im Einzelnen sicher zu kritisieren ist, besteht in der wichtigen Abstimmung der Rüstungen und Militärpolitiken sowie der Konfliktregulierung untereinander (insbesondere in der Ägäis). Die Mitgliedschaft eines immer autokratischer werdenden großen und mächtigen Staates in der NATO hätte dieses Bündnissystem faktisch außer Kraft gesetzt. Somit war die *Einbindung Russlands* in das NATO-System durch die *Partnerschaft für den Frieden* und insbesondere durch den *NATO-Russland-Rat* eine sinnvolle Lösung und ein wichtiges Mittel der Vertrauensbildung. Je kooperativer das Verhältnis zwischen Russland und dem Westen wird und je mehr Russland sich auf den Weg der inneren Demokratisierung begibt, desto mehr könnten auch die Kompetenzen des NATO-Russland-Rates im Sinne einer *stärkeren Mitbestimmung Russlands* ausgebaut werden. Es ist also ein grundsätzlicher Fehler, diesen NATO-Russland-Rat ausgerechnet in Krisen des Verhältnisses zwischen Russland und dem Westen wie im Falle des *Jugoslawienkrieges* 1999, des *Südossetienkrieges* 2008 oder des *Donbasskrieges* 2014 zu suspendieren.[8] Stattdessen hätte dieses Forum in allen Krisen ständig tagen und an einer Konfliktregulierung arbeiten sollen (so auch Wittmann 2015).

---

7 Für manche Ostmittel- und Südosteuropäer war die ökonomisch billiger zu erreichende NATO-Mitgliedschaft lediglich das Eintrittsbillett für die EU-Mitgliedschaft, die tiefergreifende Sozialreformen erfordert; für andere war der sicherheitspolitische Argument einer nicht auszuschließenden zukünftigen Bedrohung durch Russland oder durch Nachbarstaaten wichtiger.

8 1999 tat dies Russland, 2008 der Westen und der Westen berief auch nach dem Beginn der Ukraine-Krise 2014 den NATO-Russland-Rat bis April 2016 nicht ein.

Die Idee einer Mitg*liedschaft der Ukraine, Georgiens oder Moldaus in der NATO* ist auf unabsehbare Zeit unrealisierbar, weil die NATO sich um ein Gebiet erweitern würde, das parziell von Russland militärisch besetzt wird und von ungelösten national-territorialen Konflikten belastet ist. Sowohl die Beendigung der russländischen Militärpräsenz als auch der nationalterritorialen Konflikte lässt sich nur durch eine *kooperative Konfliktregulierung* mit Russland erreichen. Will der Westen nicht auf eine innere Demokratisierung Russlands warten, so kann er Russland nur dadurch für eine Konfliktregulierung in seinem Umfeld gewinnen, dass er dessen Machtelite eine Einbindung in ein noch auszuhandelndes gemeinsames nordhemisphärisches *Wirtschaftssystem von Vancouver bis Wladiwostok* anbietet. Dies mag einige Zeit lang die Stabilisierung der Herrschaftsinteressen dieser Machtelite begünstigen, würde aber gleichzeitig längerfristig die Voraussetzungen für einen friedlichen Systemwandel schaffen, bei dem erfahrungsgemäß reformbereite Teile der Machtelite mit unzufriedenen Bevölkerungsmassen zusammenwirken, die gewaltlos oder zumindest gewaltarm rebellieren.

Regierungen und bis zu einem gewissen Grade auch Parlamentsmehrheiten müssen vor allem die nationalen sicherheits- und friedenspolitischen, aber auch essentielle außenwirtschaftliche *Interessen* im Auge behalten. Gleichgültig wie autokratisch ein mächtiges Land wie Russland auch ist, wie barbarisch sich seine jeweilige Regierung gegenüber seiner eigenen Bevölkerung, wie z.B. in seinem tschetschenischen Landesteil, verhält: *zwischenstaatlicher Frieden* und die *Energieversorgung* Westeuropas lassen sich nur in Zusammenarbeit mit diesem Regime sichern. Keine Regierung sollte die machtpolitischen Realitäten und die Erfordernisse und Beschränkungen pragmatischer Außenpolitik aus dem Auge verlieren und sich zu Handlungen ohne Erfolgsaussichten, seien sie wie auch immer moralisch begründet, hinreißen lassen, die voraussichtlich fatale politische Folgen haben können. Damit bleiben staatliche Sanktionsmöglichkeiten oftmals drastisch auf wenige symbolische Akte eingeschränkt und die Kritik an den Autokratien muss sich in gemäßigten und diplomatischen Formen äußern.

Parlamente können sich demgegenüber öffentlich durchaus kritischer äußern als Regierungen und Diplomaten. Dies hatte etwa der Deutsche Bundestag beispielhaft am 6. November 2012 getan (vgl. Eichwede 2013: 92 Anm. 9), als er mit den Stimmen der CDU/CSU, der FDP und der Grünen seine „besondere Sorge" über die repressiven Tendenzen in Russland zum Ausdruck brachte.[9] Parteien und vor allem oppositionelle Parteien und gesell-

9 Die Stimmenthaltung der SPD rief einen scharfen Disput über die Staatsfixierung der SPD und das „moralische Exerzitium" der Putin- und SPD-Kritiker hervor. Wolfgang Eichwede sprach von einem „historischen Fehler" der SPD, der auf einer „etatistischen" Denkweise beruhe. Dabei wurden recht fragwürdige Analogien zur Ost- und Entspannungspolitik Willy Brandts und Egon Bahrs gezogen. Siehe hierzu Eichwede 2013: 96; Erler 2013; Spanger 2013: 178; Studnitz 2013.

schaftliche Organisationen haben weitaus größere Möglichkeiten und Freiheiten, auf die Verletzung völkerrechtlicher und verfassungsrechtlicher durch osteuropäische Regierungen und mächtige gesellschaftliche Gruppen aufmerksam zu machen und gegebenenfalls die Einhaltung der Normen in gebotener Schärfe einzufordern.

Die *Russlandversteher* in Deutschland benutzen gern das moralische Argument, Russland leide unter dem Trauma von 27 Millionen Toten im nationalsozialistischen, deutschen Eroberungs- und Vernichtungskrieg gegen die Sowjetunion (vgl. die Debatte in *Die Zeit* Lau 2013; Sandschneider 2013; Baum 2013) und habe deshalb ähnlich wie Israel ein besonders starkes und verständliches, *Sicherheitsbedürfnis*. Dieses Argument setzt umstandslos die Sowjetunion und Russland gleich (vgl. Eppler 2012; Jessen 2014; Schmidt 2014; kritisch dazu Kappeler 2014, 2015) und vernachlässigt völlig die *Sicherheitsinteressen der westlichen Nachbarvölker* Russlands, die vornehmlich unter der deutschen Eroberungs- und Vernichtungspolitik gelitten haben, und verneint oft sogar die Existenzberechtigung der ukrainischen und weißrussischen Nationen (besonders krass Bröckers/Schreyer 2014: Anm. 4). Gabriele Krone-Schmalz übernimmt gar die Redeweise von den 25 Millionen russischen „Landsleuten" in den Nachbarstaaten Russlands, die Bürger dieser Staaten und nicht Russlands sind, und setzt Russlands militärische Sorge um diese „Russen" (im Donbass und auf der Krim) mit der US-amerikanischen militärischen Sicherung des Lebens von US-Bürgern im Irak gleich (vgl. Krone-Schmalz 2015: 50 Anm. 4). Sie versteigt sich sogar zu der Aussage: „Die Krim ist ureigenes russisches Land. Was Putin getan hat, ist keine Landnahme, sondern Notwehr unter Zeitdruck" (Krone-Schmalz 2015: 28). Sie ignoriert damit die *völkerrechtliche Anerkennung* der territorialen Integrität der Ukraine durch Russland und die gesamte Staatengemeinschaft. Aus der deutschen moralischen Verantwortung lässt sich keineswegs ein besonderes „Verständnis" (im Sinne von Einverständnis) für jegliche russländische oder auch polnische, ukrainische oder baltische Sicherheits- oder gar Expansionspolitik herleiten. Das Wissen um die *deutsche Vergangenheit* sollte dazu führen, alles zu tun, was zur friedlichen Konfliktregulierung zwischen Polen, der Ukraine und Russland und allen anderen kriegsbedrohten Ländern beiträgt (vgl. Alekseenkova 2016; zu einem Vorschlag zum Ukraine-Konflikt siehe Jahn 2015).

In diesem Sinne ist die äußerst gemäßigte politisch-ökonomische *Sanktionspolitik* des Westens gegen die russländische Krim- und Donbass-Politik, die den Kernbereich der Ost-West-Wirtschaftsbeziehungen kaum tangiert, ein *notwendiger*, überwiegend *symbolischer Protest* gegen jegliche weitere Eroberungspolitik, der zwar einige ökonomische Kosten für beide Seiten hervorruft, der aber kaum einen Rückzug Russlands von der Krim oder aus dem

Donbass erzwingen kann.[10] Er unterstützt aber wohl den demokratischen und moralischen *Widerstand* in Russland und seinen Nachbarstaaten gegen die *Gewaltpolitik* moralisch und entgegnet dem Vorwurf, der Westen unterwerfe sich zynisch dem Gewaltdiktat von Großmächten, wenn es seinen ökonomischen und manchen diplomatischen Interessen entspricht.

7. Widersprüchliche Tendenzen zur Konfliktverschärfung und zur begrenzten Kooperation zwischen dem Westen und Russland

Der gegenwärtige Stand der Beziehungen zwischen Russland und dem Westen ist gespannter als jemals zuvor in den vergangenen 25 Jahren. Dennoch sind die vielen Felder der *begrenzten Kooperation* nicht zu übersehen. Dazu trägt sicher bei, dass die NATO einerseits Russland militärisch weit überlegen ist, aber nicht im geringsten plant, der russländischen militärischen Expansion östlich der NATO-Grenzen bewaffneten Widerstand zu leisten (vgl. Klein/Major 2015). Auch eine massive Aufrüstung Georgiens und der Ukraine unterbleibt, wohlwissend, dass die Ukrainer und Georgier die Hauptleidtragenden eines Versuches wären, Russlands Truppen aus diesen Ländern mit Gewalt zurückdrängen zu wollen, eines Versuches, der an der überwältigenden militärischen Überlegenheit Russlands scheitern würde. Andererseits wird niemand in der russländischen Machtelite an einer Bereitschaft der NATO zweifeln, einem wie auch immer verdeckten militärischen Angriff auf das neue NATO-Territorium (Baltikum, Polen, Rumänien) mit entsprechenden militärischen Mitteln abzuwehren. Insofern gibt es nach wie vor eine stillschweigende, funktionierende nukleare und konventionelle *Abschreckung* zwischen der NATO und Russland. Vor allem aber kommen nach wie vor *gemeinsame Interessen* zwischen beiden Seiten zur Geltung. Die Sanktionen und Gegensanktionen beeinträchtigen nicht den Kern der beidseitigen wirtschaftlichen Zusammenarbeit im Energiesektor, im Automobilbau und vielen anderen industriellen Sektoren. In der internationalen Politik gibt es nach wie vor wichtige Bereiche gemeinsamer Interessen bei der Bekämpfung des islamistischen Terrors, der Drogenkriminalität, dem Funktionieren der atompolitischen Vereinbarung mit dem Iran, der Eindämmung der nordkoreanischen Atomrüstung, der Erzielung eines friedenspolitischen Kompromisses zur Beendigung des Bürgerkrieges in Syrien, an der Kontrolle der weltweiten Finanzmärkte und viele andere mehr. Die Regierung Obama hat den deutsch-französischen Bemühungen um eine Beendigung des Krieges im Donbass

10 Manche Autoren betonen die ökonomische Überforderung Russlands durch seine imperiale Ausdehnung, so Adomeit 2015; siehe auch Adomeit 2016.

und zur Konfliktregulierung zwischen Kiew und Moskau mittels der *Minsker Abkommen* Unterstützung verliehen, trotz starker Stimmen in den USA und Ostmitteleuropa, die eine härteres westliches Vorgehen gegen Russland in der Ukraine verlangten. Andererseits konnte Putin die Geister einer Vereinigung zwischen Russland und *Neurussland* (d.h. dem gesamten Süden und Osten der Ukraine), die er selbst geduldet und genährt hatte, in die Giftflasche expansiver Aggressionspolitik zurückdrängen, ohne sein Regime zu gefährden. Er hat auch den weiteren militärischen Vorstoß der Donbass-Separatisten auf Mariupol gestoppt und durch die massive militärische Unterstützung der syrischen Regierungstruppen und das Angebot an den Westen zur gemeinsamen Bekämpfung der Islamisten die internationale und russländische Aufmerksamkeit erheblich vom Krieg in der Ukraine abgelenkt.

Aber nach wie vor sind die Stimmen im Sinne eines *friedenspolitischen Kompromisses*, wie er im sechsten Abschnitt skizziert wurde, äußerst schwach. Es kann nicht ausgeschlossen werden, dass die einheitliche westliche Sanktionsbereitschaft im Laufe der kommenden Monate bröckelt. Auch in der *deutschen Russlandpolitik* bahnt sich ein bisher leichter Dissens zwischen der SPD, die eine Lockerung der Sanktionen in Schritten entsprechend den Fortschritten bei der Verwirklichung des Minsker Abkommens fordert (vgl. Annen 2015), und der CDU an, die auf einer vollen Umsetzung des Minsker Abkommens als Voraussetzung der Aufhebung der Sanktionen besteht. Zur Zeit spricht viel dafür, dass der Donbass-Krieg und die Krim-Annexion in einen weiteren, langanhaltenden *eingefrorenen Konflikt* (neben den Konflikten um Transnistrien, Abchasien, Südossetien, Bergkarabach) münden, der viele östliche Staaten in Abhängigkeit von Russland hält, ihren inneren Frieden verhindert und jegliche Aussicht der demokratischen Kräfte in diesen Staaten auf eine Eingliederung in das westliche Bündnissystem ausschließt. Auch wenn die *Integrationskraft* Moskaus weiter drastisch gesunken ist, so ist seine *Desintegrationsstrategie* durchaus erfolgreich.

Literatur

Adomeit, Hannes (2012): Integrationskonkurrenz EU-Russland. Belarus und Ukraine als Konfliktfelder. In: Osteuropa 62, Heft 6-8, S. 383-406.

Adomeit, Hannes (2015): Russlands imperialer Irrweg. Von der Stagnation in den Niedergang. In: Osteuropa 65, Heft 3, S. 67-93.

Adomeit, Hannes (2016): Imperial Overstretch: Germany in Soviet Policy from Stalin to Gorbachev. An Analysis Based on New Archival Evidence, Memoirs, and Interviews, Baden-Baden.

Alekseenkova, Elena et. al. (2016): A Shared European Home. The European Union, Russia and the Eastern Partnership. In: Friedrich-Ebert-Stiftung perspective, Berlin.

Annen, Nils (2015): Russland. Umgang mit einem schwierigen Partner. In: Friedrich-Ebert-Stiftung Perspektive, Berlin.
Baum, Gerhart (2013): Von wegen Moralecke. In: Die Zeit, Nr. 12, 14.3.2013.
Beyme, Klaus von (2016): Die Russland-Kontroverse. Eine Analyse des ideologischen Konflikts zwischen Russland-Verstehern und Russland-Kritikern, Wiesbaden.
Bröckers, Mathias/Schreyer, Paul (2014): Ansichten eines Putinverstehers oder wie uns die Medien manipulieren, Frankfurt am Main.
Burkhardt, Fabian (2013): Neopatrimonialisierung statt Modernisierung. Deutsche Russlandpolitik plus russischer Otkat. In: Osteuropa 63, Heft 8, S. 95-106.
Creuzberger, Stefan (2015): Die Legende vom Wortbruch. Russland, der Westen und die NATO-Osterweiterung. In: Osteuropa 65, Heft 3, S. 95-108.
Eichwede, Wolfgang (2013): Einmischung tut not! Wider den Selbstbetrug der Putin-Freunde. In: Osteuropa 63, Heft 4, S. 91-100.
Eppler, Erhard (2012): Bescheidenheit könnte uns nicht schaden. In: Süddeutsche Zeitung, 26.11.2012.
Erler, Gernot (2013): Schluss mit dem Russland-Bashing! In: Die Zeit, 29.5.2013.
Erler, Gernot/Schulze, Peter W. (Hrsg.) (2012): Die Europäisierung Russlands. Moskau zwischen Modernisierungspartnerschaft und Großmachtrolle, Frankfurt am Main/New York.
Gudkow, Lew (2013): Russland bewegt sich in Richtung Diktatur. In: Frankfurter Allgemeine Sonntagszeitung, 2.6.2013.
Heinemann-Grüder, Andreas (2013): Wandel statt Anbiederung. Deutsche Russlandpolitik auf dem Prüfstand. In: Osteuropa 63, Heft 7, S. 179-194.
Heller, Regina (2013): Wenn Status zur fixen Idee wird. Russland – Zur Großmacht verdammt? In: Osteuropa 63, Heft 8, S. 45-58.
Jahn, Egbert (2008): Der zweite Demokratisierungsversuch in Serbien, Georgien und der Ukraine. In: Politische Streitfragen, Wiesbaden, S. 149-165.
Jahn, Egbert (2012): Die neue Frontenbildung Rußlands und des Westens im Südkaukasus. In: Politische Streitfragen, Band 3. Internationale Politik, Wiesbaden, S. 160-176.
Jahn, Egbert (2015): Neuauflage des Ost-West-Konflikts? Friedenspolitische Herausforderungen durch die neuen Kriege in Europa. In: Osteuropa 65, Heft 3, S. 25-45.
Jessen, Jens (2014): Teufelspakt für die Ukraine. In: Die Zeit, 27.3.2014.
Kappeler, Andreas (2014): In Kiew entstand die Nation. In: Die Zeit, 3.4.2014, S. 48.
Kappeler, Andreas (2015): Im Schatten Russlands. In: Frankfurter Allgemeine Zeitung, 9.6.2015, S. 11.
Klein, Margarete/Major, Claudia (2015): Perspektiven der NATO-Russland-Beziehungen. SWP-Aktuell 81, Berlin.
Krone-Schmalz, Gabriele (2015): Russland verstehen. Der Kampf um die Ukraine und die Arroganz des Westens, München.
Lau, Jörg (2013): Das bisschen Unterdrückung. In: Die Zeit, Nr. 9, 21.2.2013, S. 7.
Medick, Veit (2014): Sanktionen gegen Putin. Schröders Chance. In: Spiegel Online, 28.7.2014, http://www.spiegel.de/politik/deutschland/ukraine-krise-schroeder-muss-putin-die-grenzen-aufzeigen-a- 983116.html.
Portnov, Andrij (2014): Das Mantra der Nicht-Einmischung. Glaubenssätze der Putin-Freunde. In: Osteuropa 64, Heft 9, S. 5-11.

Rahr, Alexander (2000): Wladimir Putin. Der ‚Deutsche' im Kreml, München.
Sandschneider, Eberhard (2013): Raus aus der Moralecke. In: Die Zeit, Nr. 10, 28.2.2013, S. 13.
Schewzowa, Lilia (2009): Das System. Wie das Tandem Putin-Medwedjew einigen wenigen Macht und Reichtum sichert und die Zukunft Russlands verspielt. In: Frankfurter Allgemeine Zeitung, 25.9.2009.
Schmidt, Helmut (2014): Putins Vorgehen ist verständlich. In: Die Zeit, 27.3.2014.
Schröder, Hans-Henning (2013): Russland in Europa. Anmerkungen zur deutschen Russlanddebatte. In: Osteuropa 63, Heft 8, S. 107-114.
Spanger, Hans-Joachim (2013): Kooperation tut not! Wider die Blindheit der Putin-Feinde. In: Osteuropa 63, Heft 7, S. 169-178.
Stewart, Susan (2012): Prämissen hinterfragen. Plädoyer für eine Neugestaltung der deutschen Russlandpolitik. In: SWP-Aktuell 50, Berlin.
Studnitz, Ernst-Jörg von (2013): Konfrontation mit Russland ist nutzlos. In: Frankfurter Allgemeine Zeitung, 29.5.2013.
Thiels, Christian (2016): Das große Misstrauen. NATO-Raketenabwehr in Rumänien. In: Tagesschau, 12.5.2016, https://www.tagesschau.de/ausland/nato-raketenabwehr-103.html.
Umland, Andreas (2013): Wir brauchen eine neue Ostpolitik. In: Frankfurter Allgemeine Sonntagszeitung, 9.6.2013.
Vogel, Heinrich (2013): Stabilität durch Evolution. Russlandpolitik zwischen Konfrontation und Kooperation. In: Osteuropa 63, Heft 8, S. 115-127.
Wendland, Anna Veronika (2014): Hilflos im Dunkeln. ‚Experten' in der Ukraine-Krise: eine Polemik. In: Osteuropa 64, Heft 9, S. 13-33.
Wittmann, Klaus (2015): Deutsche Russlandpolitik. Der Westen muss selbstkritischer werden. In: Der Tagesspiegel, 30.10.2015, http://www.tagesspiegel.de/themen/debatte-zur-deutschenrusslandpolitik/deutsche-russlandpolitik-der-westen-muss-selbstkritischer-werden/12492678.html.

Russland, die Ukraine und die europäische Sicherheitsordnung[1]

Gerhard Jandl

1. Unerforschlich die Absichten Russlands?

„Unerforschlich waren die Absichten Russlands", lautet einer der charakterisierendsten Sätze, die sich in der unmittelbar vor dem Ersten Weltkrieg erschienenen *Geschichte der auswärtigen Politik Österreichs im 19. Jahrhundert* von Richard Charmatz finden (Charmatz 1914: 92). Die Passage ist zwar eigentlich auf die damalige zaristische Balkanpolitik gemünzt, aber sie trifft auch heute noch auf weite Bereiche der russischen Außenpolitik zu, inklusive auf jene um die Ukraine. Genauer gesagt: sie bezeichnet vielleicht weniger die russische Außenpolitik als solche, sondern vielmehr den Umstand, dass sich westliche Staatskanzleien schwertun, die Absichten und Motive derselben zu ergründen.

Nach meinen Erfahrungen in der derzeitigen und in früheren Funktionen (unter anderem als Delegierter zum UN-Sicherheitsrat, als Balkan-Referatsleiter, als Botschafter in Sarajewo und in Belgrad) liegt dieses Unvermögen westlicher Staatskanzleien auch darin begründet, dass es uns nicht gelingt, *Russland in seiner doppelten Bedeutung* für uns zu erfassen: Russland muss nach meiner Einschätzung sowohl als *Partner* als auch als *Konkurrent* begriffen werden. Es wäre verkürzend, würde man versuchen, Moskau entweder ausschließlich als das eine oder ausschließlich als das andere zu sehen. Jedoch hat ein derartiges Schubladen-Denken vor allem in den letzten Jahren in der EU Platz gegriffen und damit die Sicht auf die Vielschichtigkeit und Komplexität der Situation verstellt. Hier fehlt es dem Westen bzw. der EU meiner Meinung nach an der *Tiefe der Analyse*, was wohl auch an ihrer Sehnsucht nach übersichtlichen, medial leicht transportierbaren Verhältnissen liegt.

Ich darf als Beispiel den kürzlich vom *Geneva Centre for Security Policy* abgehaltenen *Chambésy Roundtable on European Security* anführen, bei dem

1 Im Folgenden sollen zu einzelnen Aspekten der Ukraine/Russland-Thematik Anmerkungen aus der Sicht eines Praktikers erfolgen, der als Sicherheitspolitischer Direktor des österreichischen Außenministeriums damit zu tun hat. Auf die Darstellung der Krise als solche und der Reaktion einzelner internationaler Organisationen wird verzichtet.

die Vertrauenskrise zwischen Russland und dem Westen diskutiert wurde.[2] Moskau war durch einige eher kremlfreundliche Think-Tanker vertreten, die nach meinem Eindruck durchaus Zufriedenheit damit an den Tag legten, dass sich der Westen gegenüber Russland derzeit sehr unsicher ist, um nicht zu sagen: vor Russland fürchtet. Unverhohlen brachten einige der russischen Teilnehmer zum Ausdruck, dass Moskau eine Art *geregelte Konfrontation* mit dem Westen suche, deren Intensität zwar eine bestimmte Schwelle nicht übersteigen, aber andererseits eine gewisse Schwelle auch nicht *unter*schreiten solle. Russland sei, so wurde recht deutlich klargemacht, eben nicht an der Beilegung dieses Konflikts, sondern an seiner *zivilisierten Fortführung* interessiert, und zwar auf Jahre hinaus.

Ein derartiges Denken widerspricht ganz offensichtlich dem westlichen Verständnis von zweckdienlichem Verhalten. Hier liegt eine andere Art der Rationalität vor. Unser *westlicher Ansatz* besteht meist darin, sich *konstruktiv* zu verhalten, Freunde und Partner zu gewinnen und zu behalten, in Kooperation mit diesen und in Rücksichtnahme auch auf deren Interessen gemeinsame Lösungen zu erarbeiten. Dies liegt wohl daran, dass man im Westen davon ausgeht, dass *freiwillige*, *kooperative Lösungen* unter Entscheidungsfreiheit der Nutzen *aller* Beteiligter erhöhen – eine Überlegung, die in der *Wohlfahrtstheorie* analytisch beschrieben wurde.[3]

Russland hingegen geht offenbar unter Ausblendung dieses wohlfahrtsökonomischen Gedankens der Nutzensteigerung für alle von einem *Nullsummenspiel* aus und meint, dass durch die Besserstellung der einen Seite die

---

2 Das Seminar fand unter den *Chatham House Rules* statt, weshalb keine namentlichen Attributionen vorgenommen werden. Der Autor dieses Beitrags war anwesend.

3 Dazu interessehalber aus Jandl 2011: 68f.: „In approximation to a ‚just' allocation, economic theory works with the notions of efficiency and equilibrium. It is standard knowledge that an allocation is Pareto efficient if there is no way to make anyone better off without making someone else worse off. The market is in a Walras equilibrium if there is no excess demand and no excess supply [...] and all producers and consumers realize their maximum utility given their budget constraints. [...] All Walras equilibriums are Pareto efficient (First Theorem of welfare economics) and, under certain conditions, all Pareto efficient allocations are Walras equilibriums (Second Theorem of welfare economics). Trade allows the agents to reach higher indifference curves providing for an efficient allocation, and a bargaining or auctioneering of prices allows for the equation of supply and demand which leads to market clearing and equilibrium. As Varian (1996: 510) puts it, ‚a competitive market will exhaust all of the gains from trade' and achieve both equilibrium and Pareto efficiency. Thus, there are ‚strong arguments in favor of the use [of competitive markets] as a way to allocate resources' (ebd.: 517). In short, the two Theorems argue in favor of market processes, from a welfare economics point of view. [...] An efficient allocation is not necessarily a fair allocation. It is widely argued that an efficient allocation could be called fair if it were also equitable, that is, if no one prefers anybody else's bundle of goods to his/her own bundle. [...] In real life, it seems [advisable] to rely upon a market that allows for a free exchange of goods, and to hopefully arrive at the most efficient and most equitable, hence the ‚fairest', distribution possible." Es wäre lohnend, die Relevanz der wohlfahrtsökonomischen Modelle für die internationale Sicherheitspolitik, insbesondere für das Konzept der Unteilbarkeit der Sicherheit, näher zu untersuchen.

andere automatisch schlechter gestellt würde. Dies erhellt aus den Ausführungen des Kremls zur *Unteilbarkeit der Sicherheit*.[4] Zwar erklären offizielle russische Texte dieses Konzept beispielsweise dahingehend, dass die Staaten „must refrain from taking any action to strengthen their own security at the expense of the security of others“ (Lawrow 2010). Das klingt zunächst harmlos, wird aber dann als Argument herangezogen, warum aus russischer Sicht gewisse Staaten nicht der NATO beitreten dürfen, weil dies automatisch eine Beeinträchtigung der Sicherheit Russlands mit sich bringe, wie dies von offizieller russischer Seite bezüglich der Ukraine angedeutet und bezüglich Georgiens sogar offen ausgesprochen wurde.[5] Auch dass in der neuen russischen Militärdoktrin vom 26. Dezember 2014 die Kooperation mit der NATO nicht mehr als Mittel zur beiderseitigen Stärkung der Sicherheit gewertet wird (vgl. Sinovets/Renz 2015: 2), verdeutlicht diese Sichtweise des Kremls.

Als zweiter Faktor unterschiedlicher Denkweise kommt wohl ein Element hinzu, das nach Ansicht mancher gerade auf Länder wie Österreich und Deutschland besonders zutrifft, nämlich *gemocht* werden zu wollen (was sich vermutlich aus unserer jüngeren Geschichte erklärt). Dieses *Gemocht-Werden-Wollen* fehlt etwa der russischen Politik zur Gänze. Das Durchsetzen von staatlichen *Interessen* wiegt allemal mehr als gemeinsames Vorgehen, das Erhalten von *Respekt* allemal mehr als jenes von Sympathien.

Manche erklären dies damit, dass Russland einem anderen *Kulturkreis* angehöre. Ein klassisches Beispiel ist Oswald Spengler, der in seinem *Untergang des Abendlandes* mehrfach festhält, dass er Russland nicht zum abendländisch-europäisch-amerikanischen Kulturkreis rechnet, sondern zu einem Kulturkreis, der uns ebenso fern und fremd ist wie der antike oder der asiatische und von dem wir nicht einmal die Grundbegriffe verstehen: „Ein wirkliches und restloses Begreifen der antiken Urworte ist uns ebenso unmöglich wie das der russischen oder indischen“ (Spengler 1991: 31). Oder an anderer Stelle, wo er Tolstoi, für ihn ein Inbegriff des russischen Denkers, folgendermaßen charakterisiert: „Tolstoi, der aus seiner tiefsten Menschlichkeit heraus die ganze Ideenwelt des Westens als etwas Fremdes und Fernes ab-

4 Der Begriff wurde in der KSZE-Schlussakte von Helsinki 1975 verwendet, aber nicht näher definiert. Der Westen versteht ihn meist anders als Russland, nämlich dahingehend, dass die politisch-militärischen, menschlichen und wirtschaftlichen Aspekte der Sicherheit miteinander verbunden sind (z.B. Monaghan 2010: 15), bzw. dass die Sicherheit jedes einzelnen mit der Sicherheit eines jeden anderen untrennbar zusammenhängt (z.B. Perrin 2010: 1).

5 Allgemein gegen weitere NATO-Erweiterungen z.B. Rogozin 2009: 4, oder Außenminister Sergej Lawrow 1.9.2009 (nach Monaghan 2010: 13); speziell zu Georgien z.B. der russische NATO-Botschafter Aleksandr Gruschko beim *Brussels Forum* des *German Marshall Fund* am 21.3.2014, nachzulesen u.a. auf http://www.civil.ge/eng/article.php?id=27060 (Zugriff am 12.11.2015).

lehnte“ (ebd.: 33). Oder dort, wo er vom „unermeßlichen Unterschied“ zwischen der faustischen (also abendländischen) und russischen Seele spricht (ebd.: 921).

2. Der *Europäische Sicherheitsvertrag*

Unterschiede zwischen westlichem und russischem Denken zeigen sich auch an der Art des Vorbringens und Vorantreibens außenpolitischer Initiativen. Der Vorschlag eines *Europäischen Sicherheitsvertrages*, den der damalige russische Präsident Medwedjew 2008/09 erstattete, ist ein treffliches Beispiel. Ein westlicher diplomatischer Dienst würde einen solchen Vorstoß in aller Regel nur dann machen, wenn man davon ausgehen kann, dass er international auch angenommen wird. Eine Ablehnung würde man im Westen als einen peinlichen Misserfolg betrachten und daher schon im Vorfeld informell herausfinden wollen, welche Chancen zur Annahme und Verwirklichung er denn hätte. Würde die Chance als zu gering eingestuft, würde man aus westlicher Sicht einen solchen Vorschlag gar nicht erst offiziell unterbreiten.

Der Kreml denkt hier offensichtlich anders, denn er hat seinen Vorschlag gemacht, *ohne vorher die Annahmebereitschaft des Westens auszuloten*, vielleicht auch im vollen Bewusstsein, dass sein Vorstoß nur wenig Gegenliebe finden und letztendlich doch nicht angenommen werden würde. Tatsächlich waren in diesem Vorschlag mehrere aus westlicher Sicht völlig unannehmbare Punkte enthalten. Vor allem das in Art. 7 des 2009 veröffentlichten Vertragsentwurfes[6] enthaltene Recht jeder Vertragspartei, jeden Angriff auf eine andere Vertragspartei zum Angriff auf sich selbst zu erklären und dann „Selbst“verteidigungsmaßnahmen zu ergreifen. Oder die Bestimmung des Art. 8, wonach im Fall, dass eine angegriffene Vertragspartei selbst nicht mehr in der Lage wäre, die Angelegenheit international aufzubringen, jede andere Vertragspartei an deren Statt dazu berechtigt wäre.

Einige Beobachter haben darin Analogien zur seinerzeitigen sowjetischen Begründung des Eingreifens in Ungarn 1956 und in der Tschechoslowakei 1968 gesehen. Auch wenn diesen die Unzulässigkeit der Parallelenziehung zu 1956 und 1986 vorgeworfen wurde, haben sie im Nachhinein im Zusammenhang mit der Ukraine-Krise recht behalten. Denn Moskau hat sein militärisches Eingreifen unter anderem mit der *Einladung* von Viktor Janukowytsch gerechtfertigt, obwohl Janukowytsch – wie der Völkerrechtler Peter Hilpold (2015: §§21ff.) nachweist – nicht mehr Präsident der Ukraine war und sich bereits in russischem Exil befand, als er diese *Einladung* aussprach (die noch dazu gar nicht von ihm selbst, sondern durch den russischen UN-

6 Vgl. http://en.kremlin.ru/events/president/news/6152 (Zugriff am 3.2.2010).

Botschafter präsentiert wurde), weshalb von einer völkerrechtlich zulässigen *Intervention auf Ersuchen* nicht gesprochen werden kann.

Natürlich enthielt der Vertragsentwurf auch Bestimmungen, auf die man sich auch aus westlicher Sicht hätte einlassen können, etwa den in Art. 3 vorgesehenen Mechanismus zur Einholung von Informationen zu sicherheitsrelevanten Situationen. Zwar wurde von Seiten des Westens darauf hingewiesen, dass im Rahmen der OSZE bereits 13 einschlägige Mechanismen bestehen, und dass die OSZE sogar ein eigenes Überblicksdokument darüber herausgegeben habe.[7] Aber dennoch hätte man aus westlicher Sicht einen vierzehnten, dem Medwedjew-Vorschlag entsprechenden Mechanismus einführen oder die bereits vorhandenen adaptieren können.

Bekanntermaßen wurde die ganze Thematik in den sogenannten *Korfu-Prozess* der OSZE ausgelagert, wo sie eine Zeitlang – ohne konkretes Ergebnis – behandelt wurde, um letztendlich einer *Beerdigung dritter Klasse* (wie manche flapsig aber treffend meinten) zugeführt zu werden, nämlich durch eine Passage in der unverbindlichen Erklärung des OSZE-Gipfels von Astana vom Dezember 2010, in der allgemein „Initiativen zur Stärkung der europäischen Sicherheit“ begrüßt und die Fortführung des Dialogs darüber in Aussicht gestellte wurde.[8] Letzteres hat jedoch nie stattgefunden.

3. Russland vs. Westen im Fall Kosovo[9]

Ein weiteres Beispiel des *Auseinanderklaffens der Art westlicher und russischer Diplomatie* ist auch an den Entwicklungen im Zusammenhang mit der Unabhängigkeit des Kosovo festzumachen. Zwar hat diese auf den ersten Blick nichts mit der Russland/Ukraine-Problematik zu tun. Aber es gibt einen Zusammenhang: Als es nämlich um die russische Position zu Abchasien, Süd-Ossetien, Transnistrien und letztlich die Krim ging, hat sich der Kreml des Arguments der zuvor von ihm heftigst bekämpften Kosovo-Unabhängigkeit bedient, übrigens zu unrecht, wie Völkerrechtler Hilpold aufzeigt (Hilpold 2015: §45).

Bekanntlich haben die vom UN-Generalsekretär 2005 eingesetzten Chefverhandler Martti Ahtisaari (früherer finnischer Präsident) und Albert Rohan (früherer Generalsekretärs des Wiener Außenamtes) nach einem langen und intensiven Verhandlungsprozess, der allerdings keine Einigung zwischen

---

7 OSZE-Dokument *Summary of OSCE Mechanisms and Procedures*, SEC.GAL/120/08*.

8 *Gedenkerklärung von Astana: Auf dem Weg zu einer Sicherheitsgemeinschaft*, OSZE-Dok. SUM.DOC/1/10/Corr.1* vom 3.12.2010, insbesondere Punkt 11.

9 Näheres z.B. bei Jandl 2013: insb. 404ff.; bzw. bei Jandl 2014: insb. 13ff.

Belgrad und Prischtina[10] erbrachte, einen *Statusvorschlag* ausgearbeitet, der im Wesentlichen eine international überwachte Unabhängigkeit des Kosovo samt weitreichenden Garantien für die serbische Fünf-Prozent-Minderheit und die zahlreichen weiteren Minderheiten im Kosovo vorsah. Dieser Plan wurde im März 2007 vom UN-Generalsekretär indossiert.[11]

Dennoch gelangte der Ahtisaari-Plan im Sicherheitsrat nicht zur Abstimmung. Die westlichen Sicherheitsratsmitglieder legten einen Resolutionsentwurf vor, in dem der Sicherheitsrat den Plan genehmigt (*endorsed*) hätte. Russland hat hingegen seine Ablehnung des Ahtisaari-Pakets bekundet, woraufhin die westlichen Sicherheitsratsmitglieder ihren Resolutionsentwurf etwas abgeschwächt haben. Gleichwohl blieb Russland bei seiner negativen Haltung. Auch neue, immer weiter abgeschwächte Resolutionsentwürfe (die letzte, fünfte, Textvariante sprach gar nicht mehr von einer Genehmigung des Ahtisaari-Planes, nahm ihn auch nicht *zur Kenntnis*, sondern dankte dem Verhandler bloß noch für den erstatteten Vorschlag), trafen auf anhaltenden russischen Widerstand. Wohlgemerkt hatte Russland niemals ausdrücklich mit einem Veto gedroht, weshalb die USA ursprünglich davon ausgegangen waren, dass Moskau den Ahtisaari-Plan zwar kritisieren, die Resolution jedoch nicht vetieren, sondern Stimmenthaltung üben würde. Doch auch hier blieben *unerforschlich die Absichten Russlands*, und die europäischen Partner wollten *auf Nummer Sicher gehen* und nicht eher abstimmen, als dass über das zu erwartende russische Stimmverhalten Klarheit herrschte. Im Lauf der Diskussionen in New York hat sich aber die russische Haltung derart verhärtet, dass man gegen Ende dieses Prozesses wohl wirklich mit einem Veto Moskaus rechnen musste. Vermutlich ist Russland im Lauf der Verhandlungen klar geworden, dass der Westen keineswegs so entschlossen und so einig war, wie er anfangs glauben hatte machen wollen.

4. Die *Putin-Versteher*

Ein anderer zentraler Punkt ist jener der unterschiedlichen Bewertungen der Aktivitäten Russlands durch ost- und nordeuropäischer Länder einerseits und einige mittel- und westeuropäischer Länder andererseits. In letztere Gruppe fallen im Wesentlichen auch Österreich und Deutschland. Der frühere ukrainische Außenminister Boris Tarasyuk hat am Rande einer Tagung in Wien kürzlich gesagt, dass der Begriff *Putin-Versteher* mittlerweile als deutsches Lehnwort in die ukrainische Sprache Eingang gefunden habe. Dies verdeut-

10 Aus Gründen der Äquidistanz zwischen serbisch Priština und albanisch Prishtina verwende ich diese alte Schreibweise.

11 Schreiben des VN-GS an den Sicherheitsrat vom 26.3.2007, Dok. S/2007/168.

licht, wie sehr man in der Ukraine das Verständnis für die aktuelle Politik des Kremls gerade den deutschsprachigen Ländern zuordnet.

In der Tat besteht eine nicht zu unterschätzende Herausforderung für die österreichische (und vermutlich auch die deutsche) Sicherheitspolitik darin, international die heimische Haltung zum Russland/Ukraine-Konflikt zu erläutern, und zwar markanterweise insbesondere gegenüber jenen Partnern, mit denen Österreich am stärksten *like-minded* ist. Die Position Wiens wird in etlichen EU-Mitgliedstaaten aktuell nicht zur Gänze verstanden bzw. wird ihm die Einnahme einer für viele EU-Partner nicht nachvollziehbaren Haltung vorgeworfen.[12]

Als rezentes Beispiel sei ein sicherheitspolitisches Expertenseminar genannt, das vom *Austria Institut für Europa- und Sicherheitspolitik* (AIES) im Mai 2015 abgehalten wurde. Dabei haben die schwedischen und finnischen Regierungsvertreter[13] darauf hingewiesen, dass ein *Bruch der etablierten europäischen Sicherheitsordnung durch Russland* vorliege, dass Russland nicht nur die Ukraine sondern überdies den Ostseeraum massiv destabilisiere und dabei zu „längst überwunden geglaubten Methoden der Einschüchterung und Bedrohens" greife, und dass aus all diesen Gründen und wegen des deutlichen Hochfahrens der russischen Rüstungsausgaben in Skandinavien und im Baltikum große Besorgnis herrsche. Die Sprecher aus Finnland und Schweden haben hinzugefügt, dass es aus der Sicht ihrer Ministerien nicht verständlich sei, warum Österreich diese von Russland verursachte Bedrohung der europäischen Stabilität so wenig beachte, warum Moskau nach wie vor bei so vielen österreichischen Akteuren derart große Rücksichtnahme genieße, warum Österreich die Sorgen seiner EU-Partner aus Nord- und Osteuropa, insbesondere nach den militärischen inklusive nuklearen Moskauer Drohgebärden, so wenig ernst nehme, und warum es Österreich an der Solidarität mit den bedrohten EU-Mitgliedern mangeln lasse. Auch brachten sie Erstaunen zum Ausdruck, dass Wien diese seine Haltung vor dem Hintergrund der geographischen Nähe zur Ukraine, seiner historischen Beziehungen zu Lemberg, Czernowitz etc. und seiner Erfahrungen mit der sowjetischen Besatzung 1945-55 einnehme.

Diese Ausführungen können stellvertretend für eine Vielzahl an Wortmeldungen von Kollegen aus den nordischen und ganz besonders aus den baltischen Staaten stehen, die in den letzten Monaten immer wieder zu hören waren.[14] Auch aus den *alten* EU-Staaten ist solches zu vernehmen, doch eher von Think Tanks und der akademischen Welt als von Offiziellen. So kritisiert

---

12 Näheres dazu bei Jandl 2015.

13 Das Seminar fand unter den *Chatham House Rules* statt, weshalb keine namentliche Attribution vorgenommen wird. Der Autor dieses Beitrags war anwesend.

14 Als Beispiele seien die Couloirgespräche mit nordischen und baltischen Kollegen auf der Cyber-Sicherheitskonferenz, Berlin, 26.3.2015, auf der Konferenz *The EU in a Changed Security Environment*, Brüssel, 21.4.2015, oder auf der NATO-Außenministertagung, Antalya, 13.-14.5.2015, genannt.

etwa die holländische *Carnegie Europe*-Mitarbeiterin Caroline de Gruyter, dass die Mehrheit der Österreicher auch nach der Krim-Annexion Russland-Sanktionen ablehne bzw. überhaupt finde, die EU hätte sich besser Moskau zuwenden sollen als der Ukraine oder Georgien (de Gruyter 2014). Der Think Tank *European Council in Foreign Relations* findet, „Austria stands far aside from European consensus" in der Russlandfrage (Gressel 2015).

Zu Moskau bringt es der Belgier Sven Biscop auf den Punkt: „Until recently the idea of war [...] against an EU/NATO Member State was simply unimaginable. That is no longer so" (Biscop 2015: 2). Und Karl-Heinz Kamp macht darauf aufmerksam, dass „in russischen Großmanövern regelmäßig Nuklearschläge gegen NATO-Hauptstädte simuliert werden", dass „Russland Atomwaffen immer noch als eine formidable Machtwährung auf der internationalen Bühne ansieht" und zu befürchten sei, dass „Moskau atomare Drohungen noch stärker als bisher in seine Politik gegenüber den Nachbarn und der NATO einbezieht" (Kamp 2015a: 73, bzw. 2015b).

In diesem Zusammenhang wird von den Balten auch das Ausblenden der Tatsache kritisiert, dass die erwähnte russische Militärdoktrin von 2014 ein „establishment of regimes in bordering states whose policy threatens the interests of the Russian Federation" als militärisch zu beantwortende Gefahr qualifiziert.[15]

5. Die GSVP-Missionen in der Ukraine

Im Juli 2014 hat die EU die zivile GSVP-Mission *EU Advisory Mission for Civilian Security Sector Reform Ukraine* (EUAM Ukraine) errichtet. Sie ist seit Dezember 2014 operativ und besteht aus ca. 80 Experten aus verschiedenen EU-Staaten. Es handelt sich um eine unbewaffnete, nicht-exekutive Mission mit der Hauptaufgabe, „die Ukraine bei der Reform des zivilen Sicherheitssektors, einschließlich der Polizei und der Rechtsstaatlichkeit, zu unterstützen".[16] Sie „berät die zuständigen ukrainischen Stellen bei der Ausarbeitung neuer Sicherheitsstrategien und bei der konsequenten Umsetzung der einschlägigen umfassenden und kohärenten Reformbemühungen und leitet diese diesbezüglich an, um:

- einen konzeptuellen Rahmen für die Planung und Durchführung von Reformen zu erstellen, aus denen dauerhaft funktionsfähige Sicherheitsdienste hervorgehen, die – unter uneingeschränkter Achtung der Menschenrechte und in Einklang mit dem Verfassungsreformprozess – der Rechtsstaatlichkeit zur Geltung verhelfen, und zwar in einer Weise, die

15 Übersetzung nach Sinovets/Renz 2015: 2.
16 Art. 1 („Mission") des Beschlusses 2014/486/GASP des Rates vom 22.7.2014.

dazu beiträgt, ihre Legitimität und das Vertrauen der Öffentlichkeit zu erhöhen;
- die Sicherheitsdienste so zu reorganisieren und zu restrukturieren, dass es möglich ist, die Kontrolle über sie wiederzuerlangen und sie wieder der Rechenschaftspflicht zu unterwerfen".[17]

Ein Tätigwerden auf der von Russland völkerrechtswidrig annektierten und daher weiterhin rechtlich zur Ukraine gehörenden Krim wird der EUAM aber ebenso verwehrt wie jenes in den von Separatisten gehaltenen Kampfgebieten in der Ostukraine.

Anlässlich der Präsentation ihres ersten Sechsmonatsberichts im Juni 2015 stellte die EUAM-Leitung fest, dass die Mission Fortschritte beim Institutionenaufbau, bei der Beratung von Ministerien und Parlament, bei der Ausarbeitung von Gesetzen, bei der Kooperation mit der Zivilgesellschaft, sowie bei der Geberkoordination erzielt habe. Die ukrainische Regierung sei reformeifrig und arbeite im Wesentlichen konstruktiv mit; allerdings gebe es Abweichungen bei manchen Regionalstellen. Zahlreiche Herausforderungen, wie etwa mangelnder Reformwille gewisser örtlicher Kräfte, ungenaue Kompetenzabgrenzungen, Korruption und nicht zuletzt der Konflikt im Osten stellten aber nach wie vor Hürden dar. Dem Wunsch der ukrainischen Regierung nach einem exekutiven Mandat für die EUAM wurde aber eine höfliche Absage erteilt. Jedoch soll, entsprechend den Kiewer Wünschen, wie im Rahmen der Strategischen Überprüfung der Mission im Oktober 2015 besprochen, das Mandat inhaltlich erweitert (mehr Fokus auf Korruptionsbekämpfung) und regional verbreitert (Zweigstellen in einzelnen Provinzen) werden.

Natürlich mangelt es auch nicht an – zumeist – konstruktiver Kritik an der EUAM. Sie sei „hinsichtlich der politischen Reformprozesse relativ bedeutungslos" heißt es etwa von Seiten des österreichischen Instituts für Friedenssicherung und Konfliktmanagement (Feichtinger/Bachora/Dubowny 2015: 2). „To sharpen its performance" in Bezug auf die als „a flawed tool" erachtete dortige OSZE-Mission SMM, wird ihr vom *European Policy Center* empfohlen (Sammut/D'Urso 2015: 4).

In den GSVP-Übersichten wird öfters die 2005 auf Einladung der Republik Moldau und der Ukraine ins Leben gerufene *European Union Border Assistance Mission to Moldova and Ukraine* (EUBAM Moldau-Ukraine) angeführt, die aber eigentlich keine GSVP-Mission ist, weil sie nicht im Rahmen der GSVP, sondern von der Europäischen Kommission geschaffen wurde und aus dem *European Neighbourhood and Partnership Instrument* finanziert wird. Ihre Aufgabe ist es, „to make a sustainable contribution to the development of border-management procedures that meet European Union standards and serve the legitimate needs of Moldovan and Ukrainian citizens,

17 Art. 2 („Mandate") des Beschlusses 2014/486/GASP des Rates vom 22.7.2014.

travellers, and trade, which in turn enhances regional security and supports economic development".[18]

Nach einigen Monaten der Verzögerung, die hauptsächlich an Diskussionen zwischen dem Außen- und dem Innenministerium auf der einen Seite, und dem Finanzministerium auf der anderen lagen und zu kritischen Zeitungsartikeln[19] sowie zu Parlamentarischen Anfragen führten, hat Österreich die Entsendung von bis zu fünf Polizisten zu EUAM beschlossen. Konkret ist derzeit ein Polizeimajor als *regional outreach officer* im Einsatz. An der ca. 100 Experten aus verschiedenen EU-Staaten umfassenden Mission EUBAM Moldau-Ukraine ist Österreich nicht beteiligt. Demgegenüber hat Wien 17 Personen zur SMM der OSZE entsandt, in etwa je zur Hälfte durch das Verteidigungsministerium und das Außenministerium.[20]

6. Neutralität für die Ukraine?

Im Zusammenhang mit der Ukraine wurden auch die österreichischen Aktivitäten eines vermeintlichen Werbens für einen *Neutralitätsstatus* thematisiert. Bereits 2012, also noch vor Ausbruch der Russland/Ukraine-Krise, hat Österreich an einer Konferenz in Kiew zum Thema *Ukraine's Non-Bloc Policy in the European Context* teilgenommen und dabei auch das Modell der österreichische Neutralität vorgestellt,[21] ebenso wie Schweden, Finnland und die Schweiz ihre jeweiligen Modelle präsentiert haben.

Im Frühjahr 2014, als der Russland/Ukraine-Konflikt im vollen Gang war, haben wir überdies Völkerrechtsexperten nach Kiew entsandt, um auf Wunsch der dortigen Regierung neuerlich den österreichischen Umgang mit der Neutralität zu erläutern. Wir haben bei all diesen Gelegenheiten betont und betonen weiterhin, dass das *Vorstellen des österreichischen Beispiels* nicht auch dessen *Anempfehlen* für andere Länder bedeute. Jedes Land muss nach österreichischer Ansicht seinen sicherheitspolitischen Status selbst *frei wählen* können. Dies betonen wir auch Moskau gegenüber immer wieder. Sollte in einem derartigen Entscheidungsfindungsprozess Interesse an Informationen über unsere Neutralität bestehen, dann bietet Wien seine Expertise gerne an. Das offizielle Österreich will jedoch sein Modell niemandem *verkaufen* oder gar andere Länder dazu drängen, ebenfalls ihre Neutralität zu

---

18 Vgl. http://www.eubam.org/en/about/overview.

19 V.a. Der Standard (Wien) vom 14.11.2014: Drei VP-Minister streiten um Geld für Ukraine-Mission; Die Presse (Wien) vom 17.1.2015: Kein Beitrag für Kiew?; Der Standard vom 16.12.2014: Österreich fehlt bei EU-Mission – Symptomatisches Nichtstun; Der Standard online (15.12.2014): Österreich verschleppt Entscheidung über EU-Mission in Ukraine.

20 Stand im Oktober 2015.

21 Siehe dazu Jandl 2012: 14-15.

erklären. Das würde ja auch nur eingeschränkt Sinn machen, hat doch die Ukraine ihren bisherigen allianzfreien Status per Parlamentsbeschluss formell aufgehoben und ihr Interesse an einer NATO-Mitgliedschaft bekräftigt.

Medienberichte (oder eigentlich verkürzende Schlagzeilen), die davon sprechen, dass Österreich der Ukraine die Neutralität empfehle, sind daher nicht korrekt bzw. missinterpretieren die Aussagen der österreichischen Politiker.[22] Freilich gibt es auch andere Meinungen. Insbesondere die Grünen und manche Think Tanks werben aktiv für eine ukrainische Neutralitätserklärung.[23] Dies ist jedoch nicht die offizielle Haltung der österreichischen Bundesregierung.

Literatur

Biscop, Sven (2015): Hybrid Hysteria, Egmont Security Policy Brief, Nr. 64, Brussels.

Charmatz, Richard (1912/1914): Geschichte der auswärtigen Politik Österreichs im 19. Jahrhundert, 2 Bände, Leipzig/Berlin.

Feichtinger, Walter/Bachora, Rastislav/Dubowny, Alexander (2015): Ukraine – Lösung oder Einfrieren des Konflikts, IFK Monitor, Juni 2015.

Gärtner, Heinz (2014): Kiew sollte sich Neutralität Österreichs ansehen. In: Der Standard, 4.4.2014.

Gressel, Gustav (2015): View from Vienna. Austria is again on the skeptical side, ECFR Commentary, 9.3.2015, http://www.ecfr.eu/article/commentary_ austria_is_again_on_the_sceptical_side311314 (Zugriff am 19.3.2015).

Gruyter, Caroline de (2014): Austrian Acrobatics in Europe, Carnegie Europe, http://carnegieeurope.eu/2014/11/05/austrian-acrobatics-in-europe (Zugriff am 20.11.2014).

Hilpold, Peter (2015): Ukraine, Crimea and New International Law: Balancing International Law with Arguments Drawn from History. In: Chinese Journal of International Law, Vol. 14, Oxford.

Jandl, Gerhard (2011): Human Needs, the Market and the Crisis – Some Thoughts from an „Austrian" Perspective. In: Bulletin of Political Economy 5, Nr. 1, New Delhi.

Jandl, Gerhard (2012): NATO Partnerships: New Realities and New Needs. In: National Security and Defence, Nr. 2-3 (131-132), Kiew, S. 14-15.

22 Siehe z.B.: Kleine Zeitung (Graz) vom 23.8.2014: Kurz sieht Neutralität als Perspektive für Ukraine; oder Deutschlandfunk vom 7.2.2015: Ukraine-Konflikt - „Neutralität wäre ein guter Ausweg", nachzulesen auf http://www.deutschlandfunk.de/ukraine-konflikt-neutralitaet-waere-ein-guter-ausweg.694.de.html?dram:article_id=310957 (Zugriff am 12.11.2015).

23 Siehe z.B. „Sechs Punkte-Plan für eine neutrale Ukraine" des Abgeordneten Peter Pilz, http://www.peterpilz.at/kommentar/2629/peter-pilz-tagebuch.htm (Zugriff am 12.11.2015); bzw. Gärtner 2014.

Jandl, Gerhard (2013): Österreich und die Krisen und Kriege auf dem Balkan. In: Gehler, Michael/Scharlemann, Imke (Hrsg.): Zwischen Diktatur und Demokratie, Hildesheimer Europagespräche II, Historische Europastudien, Band 10, Hildesheim, S. 371-441.
Jandl, Gerhard (2014): Zur Bedeutung des Balkans für die österreichische Außenpolitik. In: Wiener Blätter zur Friedensforschung, Nr. 160, S. 1-32.
Jandl, Gerhard (2015): Sicherheitspolitische Fragen der Nachbarschaftspolitik – von der Ukraine bis zum Balkan. In: Wiener Blätter zur Friedensforschung, Nr. 163, S. 10-19.
Kamp, Karl-Heinz (2015a): Nukleare Kompensation. In: Internationale Politik 3, Mai/Juni 2015, S. 72-77.
Kamp, Karl-Heinz (2015b): Warum Putin mit neuen Atomwaffen droht. In: Der Tagesspiegel, 29.6.2015.
Lavrov, Sergei (2010): The Euro-Atlantic Region: Equal Security for All. In: Russia in Global Affairs, Nr. 2/2010, Moskau, http://eng.globalaffairs.ru/number/The_Euro-Atlantic_Region:_Equal_Security_for_All-14888 (Zugriff am 12.11.2015).
Monaghan, Andrew (2010): Defining the Indivisibility of Security: Russia and the Euro-Atlantic Community. In: Monaghan, Andrew (Hrsg.): The Indivisibility of Security: Russia and Euro-Atlantic Security, Rome.
Monaghan, Andrew (2013): The New Russian Foreign Policy Concept: Evolving Continuity, Chatham House REP 2013/03, London.
Perrin de Brichambaut, Marc (2010): The Indivisibility of Euro-Atlantic Security, Vortrag vom 4.2.2010 an der Diplomatischen Akademie Wien, http://www.osce.org/sg/41452?download=true (Zugriff am 17.11.2015).
Rogozin, Dmitry (2009): Russia, NATO and the Future of European Security, Chatham House REP Roundtable Summary, London.
Sammut, Denis/D'Urso, Joseph (2015): The Special Monitoring Mission in Ukraine: a useful but flawed OSCE tool, EPC Policy Brief, 23.4.2015, Brussels.
Sinovets, Polina/Renz, Bettina (2015): Russia's 2014 Military Doctrine and beyond: threat perceptions, capabilities and ambitions, NDC Research Paper, Nr. 117, Rome.
Spengler, Oswald (1991): Der Untergang des Abendlandes, 10. Aufl., München (Erstausgabe: München 1923).
Varian, Hal R. (1996): Intermediate Microeconomics – A Modern Approach, Aufl. 4, New York.

Historische Faktoren der Putin'schen Ukrainepolitik: Wahrnehmungen und Fragen

Rudolf A. Mark

1. Einleitung

In der russischen Ukraine-Diskussion spielen Mythenbildungen und politische Agitation eine nicht unerhebliche Rolle. Folgt man Putins Kultusminister Vladimir Medinskij, liefert gerade die *Mythologisierung von Geschichte* den Stoff für Propaganda. Wie er in seinem Buch *Der Krieg. Mythen der UdSSR* hervorhebt, bedeuten nämlich „Fakten an sich [...] nicht viel [...] – [i]m Geschäft der historischen Mythologie [...] gar nichts. Alles beginnt nicht mit Fakten, sondern mit Interpretationen. Wenn Sie ihre Heimat lieben, ihr Volk, dann wird die Geschichte, die Sie schreiben, positiv sein" (Neshitov 2015). Dessen ungeachtet lassen sich hinter den Konstrukten historische Ereignisse und Befindlichkeiten identifizieren, die für die russländische und ukrainische Bevölkerung einen hohen Bekanntheitsgrad besitzen, in die politische Kultur Russlands und des GUS-Raumes eingeschrieben sind, unhinterfragt bleiben und sowohl zur *Identitätsstiftung* im Inneren als auch zur *Legitimierung* von Putins Politik nach außen instrumentalisiert werden. Es ist *nota bene* auch kein Zufall, dass Putins Ukrainepolitik ihre Einfallspforte im Donbass hat. Auch hier gibt es historische Vorläufer (vgl. Hausmann/Penter 2014: 44f.).

Die Argumente, die von der russischen Führung zur Rechtfertigung ihrer Ukrainepolitik vorgetragen werden, sind keineswegs neu, waren aber vor der aktuellen Krisenentwicklung im Westen kaum wahr- geschweige denn ernst genommen worden. Insofern ist Andreas Heinemann-Grüder zuzustimmen, der vor diesem Hintergrund die „sicherheitspolitische Sprachlosigkeit gegenüber Russland" rügte, „die wechselseitige Missachtung von Verhaltenserwartungen und einen fundamentalen Dissens über die Exklusivität von Freihandelszonen" monierte. Die Ukrainekrise sei daher „eine der Kommunikation zwischen den unterschiedlichen politischen Systemen in Russland, den USA und der EU". Es fehlte, so sein Urteil, „an Prävention, an Signalen, die das Kalkül der Gegenseite erkennen, darauf reagieren und nicht nur das eigene Bild vom Gegner bestätigen" (Heinemann-Grüder 2014: 270) würden. Besser kann man *Indolenz* und *Versäumnisse* der involvierten Akteure nicht charakterisieren.

Im Folgenden sollen die *historischen Referenzen* kritisch beleuchtet werden, die in der Ukrainekrise von der russischen Führung zur Legitimierung ihrer Politik vorgetragen werden. *History matters*! oder wie es der Berliner Historiker Jörg Baberowski auf den Punkt gebracht hat: „Die Geschichte ist die Ressource, aus der die Begründungen für die Ansprüche der Gegenwart kommen" (Baberowski 2015). Harald Kleinschmidt definiert die internationalen Beziehungen als „Gesamtkomplex aller Interaktionen zwischen Gruppen [oder Staaten] mit erkennbarer politischer Tradition [...], deren Angehörige sich mehrheitlich und wechselseitig als Außenstehende erkennen" (Kleinschmidt 1998: 10). Dies bedeutet auch, dass internationale Beziehungen bzw. ein gegebenes internationales System eine *Wahrnehmungskategorie* im Denken der beteiligten Akteure darstellt. Dann ist es aber auch geboten, diese nicht zu ignorieren, sondern als Teil eines gemeinsamen *Kommunikationszusammenhanges* zu begreifen. Dann war und ist – anders als oft behauptet wurde – Putins Politik durchaus berechenbar.

Analyse und Darstellung des Beitrags basieren auf offiziellen und inoffiziellen Texten sowie auf Interviews und Beobachtungen, die der Verfasser in den vergangenen Jahren in Russland, der Ukraine und anderen Nachfolgestaaten der UdSSR gemacht hat. Sie beziehen sich auf folgende drei Themenkomplexe, die näher beleuchtet werden sollen:

1. Russland und seine Ansprüche als *großer Staat*: *velikaja deržava*;
2. Die Frage der *ostslawischen Gemeinschaft* von Russen und Ukrainern seit der Kiewer Rus';
3. Russlands *imperiale Dimension* und der sowjetische Kontext.

2. Russland als Großmacht

Putins Klagen, Russland werde vom Westen als Macht nicht ernst genommen und seine Sicherheitsinteressen würden ignoriert, sind nicht neu. Sie waren bereits zu Zeiten Boris E'lcins vorgebracht worden. 1995 hat zum Beispiel der stellvertretende Chef des Generalstabs der UdSSR, Armeegeneral Machmut Gareev darauf hingewiesen, dass wohl auf absehbare Zeit kein *nuklearer Krieg* drohe, aber die Nuklearraketen aller Staaten auf Russland gerichtet seien und die NATO dennoch *Osterweiterung* betreibe.[1] Sie wurde seither auch von westlichen Politikern und Beobachtern massiv kritisiert (vgl. Staack 1997; Zagorski 1997; Mearsheimer 2014: 83), aber erst unter Putin mit zielgerichteten Gegenmaßnahmen beantwortet. Das Bestreben, Russland wieder als Großmacht (*velikaja deržava*) zu etablieren, steht dabei im Zentrum (vgl.

1 M. Gareev auf einem öffentlichen Vortrag am 10.8.1995 an der Ost-Akademie in Lüneburg. Aufzeichnungen des Verfassers.

Lindner 2006). Dieses Ziel wurde und wird von einer Mehrheit der Bevölkerung mit getragen, ja gefordert. Daher muss es auch verbalisiert werden. Aber was heißt nun *Großmacht*? Uwe Halbach hat dazu vor kurzem ausgeführt, Putin habe Alexander I. und dessen Rolle auf dem *Wiener Kongress* als „Mitbegründer eines europäischen Sicherheitssystems" gerühmt, das auf gegenseitigem Respekt der Großmächte für Einflusszonen und geopolitische Interessen" beruht habe (Halbach 2015: 1). Diese Bewertung der Kongressleistung Alexanders ist allerdings zu hinterfragen. Das so gelobte *europäische Sicherheitssystem* gab dem Kaiser damals freie Hand, Russlands transkaukasische Eroberungen zu sichern und eine neue Strategie für die Expansion nach Zentralasien umzusetzen (vgl. Mark 2012: 86f.). Daraus entwickelte sich seit den 1830er Jahren das *Great Game*, das Mächteringen zwischen Russland und Großbritannien in Asien, das die Welt bis 1907 in Atem hielt. Aber solches hatte Putin bei seiner Bemerkung wohl nicht im Sinn. Hingegen sicherlich den den Großmächten abgeforderten gegenseitigen Respekt für Einflusszonen und geopolitische Interessen. Er ist weiter ein zentrales Element der russischen Außenpolitik. Die strategischen Vorposten in der beanspruchten imperialen Peripherie von Ossetien bis zur Krim und Transnistrien sind dafür Beleg und Anschauungsobjekt.

Die von Putin betriebene Restitution Russlands als *velikaja deržava* hat jedoch eine *weitere Dimension*. Der Begriff bedeutet nicht nur *Großmacht* in der internationalen Umwelt, sondern auch *Staat* und *Staatlichkeit*, die von e i n e r Herrschaftszentrale allein ausgehen. In der politischen Kultur Russlands ist also der Begriff Staat nicht deckungsgleich mit *polis*, *politika*, *politeia* oder *res publica*. Die russische Sprache kennt an ihrer statt zwei Wörter, die den Unterschied klar machen

1. *Gosudarstvo* mit der ursprünglichen Bedeutung: Bereich des Herrschers, Vatererbe, das keinen Raum für Gewaltenteilung lässt und keine „institutionell und rechtlich verankert[e] Herrschermacht" kennt (Kappeler 1997: 48).
2. *Deržava* mit der Bedeutung: Macht, Herrschaft der Majestät, die keiner anderen Begründung bedarf. *Deržava* kommt auch im Begriff *Samoderžec* (Selbsterhalter/Selbstherrscher) im Zarentitel zum Ausdruck.

Diese Begriffe stellen *Wahrnehmungskategorien*, ergo *Kernelemente der politischen Kultur* Russlands dar. Sie bestimmen uneingeschränkt Putins Innen- und Außenpolitik. D.h.: Großmachtdenken und Autokratie als *imperiale Herrschaft*.

Diese Herrschaft – und das ist entscheidend – muss zudem *sichtbar* und *omnipräsent* sein. Sie muss durch Symbole, Repräsentationen sowie konkrete Taten kommuniziert werden. D.h. Putin muss Russland als eine Großmacht präsentieren, die fähig ist, ihre politischen und wirtschaftlichen Ziele durchzusetzen (vgl. Lindner 2006). Dies ist nicht nur eine Frage des Prestiges, sondern wird als conditio sine qua non für Russlands staatliche Fortexistenz überhaupt verstanden. Über einem schwachen Staat, so Putin schon 2003 vor den beiden Parlamentskammern der Russländischen Föderation, schwebe wie in der Vergangenheit „stets und unabwendbar die Drohung des Zerfalls" (Putin 2003). Dass darüber nicht nur die Historiker streiten können, muss nicht weiter ausgeführt werden.

Putin und das gesamte politische Establishment sind sich zudem einig, dass Russlands Rang als Großmacht und sein Platz auf der internationalen Bühne gegen fremde Ansprüche, vor allem gegen das *globale Hegemoniestreben der USA* verteidigt werden müssen. Dieses wird als systematischer Versuch Washingtons und der NATO beschrieben, „einseitige Vorteile zu erreichen" und entlang Russlands Grenzen ein „System von Militärbasen" auszubauen (Putin 2007) – nicht nur in Europa: Die USA – so der *cantus firmus* unter Putin – strebten vor allem die Kontrolle über die von der arabischen Halbinsel über den Nordkaukasus bis Afghanistan reichende *Energie-Ellipse* an, versuchten

- Russland in den eurasischen Nord abzudrängen;
- weg von den an Naturschätzen reichen Regionen;
- weg von den Zugängen zu den Weltmeeren und;
- weg von den entscheidenden Kommunikationszentren der gegenwärtigen Welt (vgl. Narochnitskaia 2004: 61f., 68).

Man kann in diesem Zusammenhang auch die verschiedenen EU-Projekte nennen, die wie *TRACECA* und *INOGATE* praktisch an Russland vorbeiliefen (vgl. Mark 2002: 152). Kein Wunder also, dass selbst Befürchtungen, Russland könnte sich zu einem Dritte-Welt-Land rückentwickeln, öffentlich geäußert wurden (vgl. Narochnitskaia 2004: 68). Abhilfe sollen daher Status, Politik und Prestige einer Großmacht bringen. Da Russland aber keine *Soft power* besitzt und nur über begrenzte ökonomische Ressourcen verfügt, kommen aus russischer Sicht dem Militär und nicht zuletzt der Marine entscheidende Bedeutung zu – wie dies auch in der Vergangenheit der Fall gewesen sei. Auch darüber könnte man lange diskutieren. Darum geht es aber natürlich nicht. Vielmehr geht es darum, *Bilder historischer Größe* zu beschwören. Da die Mehrheit der Bevölkerung Russlands wenige Kenntnisse von den Problemen der maritimen Aufrüstung ihres Landes seit Mitte des 17. Jh. haben dürfte, leuchten andere Ereignisse umso heller. Denn dass zum Beispiel Russlands Aufstieg zur europäischen Großmacht eng mit der von Peter I. (1682-1721) geschaffenen Flotte zusammenhängt, dass Admiral Pavel S. Nachimov 1853 vor Sinope zur Verteidigung der Krim beigetragen hat und wie zwei weitere Admirale – Vladimir A. Kornilow und Vladimir I. Istomin – im Kampf um die Halbinsel sein Leben ließ oder dass die *Rote Flotte* unter Admiral Sergej G. Gorškov den Ruf der Supermacht UdSSR in die ganze Welt hinaustrug, sind Teil des historischen Gedächtnisses der postsowjetischen Gesellschaft. Und wie schon in der ersten Hälfte des 19. Jh. selbst zarenkritische Intellektuelle mit Verweis auf die klassischen Kolonialmächte der Meinung waren, Russlands Rang als Großmacht bedinge den Unterhalt einer starken Flotte, da nur Seemächte wie Spanien und Großbritannien wirkliche Großmächte seien (vgl. Turgenieff 1847: 42f.; Lunin 1987: 128; Stadelmann 2012: 53), ist dies heute wieder der Fall. Als ein Beleg darf gelten, dass Putin schon kurz nach Amtsantritt mit einem spektakulären Marinemanöver in der Barentssee der Weltöffentlichkeit den Großmachtanspruch seines Landes demonstrieren wollte. Es endete mit einer Tragödie im August 2000 – dem Tod von 118 Seeleute im havarierten Atom-U-Boot Kursk (vgl. Baker/Glasser 2005: 87). Ein Schock nicht nur für die Menschen in der Russländischen Föderation und gleichzeitig eine Herausforderung für den Kreml.

Als 2005/06 der erste russische Raketenkreuzer wieder auslief und die Frage nach dem Sinn dieses Unterfangens gestellt wurde, waren die Reaktionen der *epistemic community* und der öffentlichen Meinung einhellig. Die Argumente für Bau und Einsatz großer Schiffe klangen wie jene in der Vergangenheit, als *Prestige*, *geopolitische Herausforderungen* und *Handelsinteressen* Russlands Seestreitkräfte legitimieren sollten. Allerdings wurden Stringenz und Qualität jenes Diskurses in den Fernsehdebatten, Fachartikeln und Leserbriefen der Gegenwart nicht immer erreicht. Da war etwa zu hören und zu lesen: „Eine Großmacht braucht eine Flotte [...] Ohne eine Flotte gibt es keinen Staat" (Narodničkaja 2008). Das Prestige verlange einfach Seestreitkräfte (Ryžkov 2008) oder wie eine Journalistin meinte: „Wir sind keine Regionalmacht Schweiz! Russland ist ein Großer Staat, warum soll er keinen Zugang zu den Ozeanen brauchen? Es gibt keinen Grund, sich dazu weiter auszulassen" (Tokareva 2008). *Mutatis mutandis* gilt dies auch für die strategischen Bomber, die Putin seit einigen Jahren wieder zu regelmäßigen Flügen abheben lässt. Angesichts solcher Stimmen wird auch noch einmal deutlich, wie sehr *Sevastopol'* und die *Schwarzmeerflotte* emotional sowie symbolisch hoch aufgeladen wahrgenommen werden. Kurz: Die Wende hin zu einer selbstbewussteren, konfliktbereiteren Außenpolitik, die *Rückkehr zur Großmacht*, war und ist Ziel der russischen Führung. Sie steht im Einklang mit dem politischen Establishment, das diesen patriotischen Konsens auch mit oppositionellen Gruppen teilt und im öffentlichen Diskurs vertritt.

Zu dessen Archiv gehört ein weiteres Argument, das speziell auf die Beziehungen zum Westen gemünzt ist. Ihm zufolge ist Russland „kein normaler Staat, sondern ein großer [...]" (Ryžkov 2006; Kerneck 2004: 9, 68) und möchte entsprechende Anerkennung finden. Seit Peter dem Großen so die Argumente, hätten Deutsche und Westeuropäer eine Art normative Herrschaft über Russlands ausgeübt, was mit dessen Großmachtstatus nicht vereinbar sei (vgl. Mark 2002a: 206f.).

Es muss hier nicht weiter betont werden, dass sich hinter einer solchen Perzeption auch ein massiver *Inferioritätskomplex* versteckt, der weit zurückreichende Wurzeln hat – zumindest mit Blick auf Deutschland. Er hat sehr maßgeblich zur Eskalierung der europäischen Krise vor dem I. Weltkrieg beigetragen. Damals fürchteten Russland und seine Öffentlichkeit, in Konkurrenz mit dem wirtschaftlich viel dynamischeren Deutschen Reich seine inneren und äußeren Peripherien zu verlieren. Allerdings eher das Baltikum und weniger die Ukraine.

3. Russland und die Frage der ostslawischen Gemeinschaft von Russen und Ukrainern seit der Kiewer Rus'

Putin und Medwedew weisen regelmäßig auf die bis zur *Kiewer Rus'*, d.h. über 1000 Jahre zurückreichende ostslawische Gemeinschaft (*Obščnost'*) von Russen und Ukrainern hin. Beide seien sich besonders nahe, durch verwandtschaftliche Beziehungen, Kultur, Religion und eine gemeinsame Geschichte verbunden, und 360 Jahre nach dem *Vertrag von Perejaslav* (1654), so wird behauptet, betrachteten sich beide Völker als Angehörige einer Familie (vgl. Medvedev 2014; Putin 2015). Daher erscheinen ein paar Anmerkungen zur Geschichte dieser Gemeinschaft sinnvoll.

Natürlich war die *Kiewer Rus'* ein ostslawisches Staatengebilde, dessen Bevölkerung zu den Vorfahren von Russen, Ukrainern und Weißrussen zählte, aber es war so wenig russisch oder ukrainisch wie das Reich Karls des Großen französisch oder deutsch. Glaubt man der linguistischen Forschung, setzte zudem bereits im 12. Jh. eine sprachliche Trennung ein, die spätestens im 14. Jh. die in der Ukraine und Weißrussland geschriebene Sprache deutlich von der weiter östlich gebrauchten unterschied (vgl. Moser 2000: 128f.). Dies war der Beginn einer Periode (15. und 16. Jh.), in der die Ukraine als Teil der polnisch-litauischen *Rzeczpospolita* in den Wirkungskreis mittel- und westeuropäischer Entwicklungsprozesse einbezogen wurde. Und spätestens mit dem großen Kosakenaufstand von 1648 betrachtete man auch im Westen Europas die Ukraine als Faktor und Akteur der internationalen Politik (vgl. Sysyn 2003: 129ff.). Denn die Rus'-Ukraine bzw. ihre Eliten emanzipierten sich nun von polnischer Bevormundung, wobei die Rückbindung an das Kiewer Reich und den alten orthodoxen Glauben hier stärker zum Ausdruck kam als in der Moskauer Rus'. Deren Herrscher und Eliten begannen sich lediglich bei ihren Expansionen am Ende des 15. Jh. und in der Zeit Ivans IV. (1530-1584) auf die Kiewer Rus' als Vatererbe der Moskauer Großfürsten zu berufen (vgl. Plokhy 2010: 126, 151f.).

Auch am Beispiel der *Kosaken* werden strukturelle, politische und geistesgeschichtliche Unterschiede deutlich. Denn anders als die russischen an

Don, Wolga und im Nordkaukasus brachten die ukrainischen Kosaken mit dem *Hetmanat* und der *Zaporoger Sič*[2] eigene Staatsgebilde hervor (vgl. Dąbrowski 2009). Sie trugen maßgeblich zur Entwicklung der vormodernen Identität der Ukraine bei, obgleich sie zwischen Polen-Litauen und dem erstarkenden Russland auf Dauer nicht bestehen konnten. Eine Folge war der anfangs genannte Vertrag von *Perejaslav* 1654, der bis heute in Russland als *Wiedervereinigung der Ukraine mit Russland* gefeiert wird. Die Wirklichkeit war jedoch weniger eindeutig. Während es sich tatsächlich um eine Vereinbarung handelte, die von Moskau als Akt der Unterwerfung der Kosaken-Ukraine unter den Zaren betrachtet werden konnte, verstanden und verstehen ihn Ukrainer eher als ein militärisch-politisches Bündnis auf Zeit. Wie auch immer: „seither ist die ukrainische Geschichte eng mit der russischen verbunden" (Kappeler 2000: 67). Mehr noch: Ukrainische und russische Eliten kreierten auch gemeinsam das *Narrativ des modernen Russländischen Reiches*. Denn für nicht wenige ukrainische Adelige in der *Rzeczpospolita*, die sich nicht polonisiert hatten, blieb die Moskauer Rus', die nun zu Russland wurde, die einzige unabhängige orthodoxe Macht, an der man sich orientierte. Dabei wurde nicht nur auf die gemeinsame Vergangenheit im mittelalterlichen Kiewer Reich Bezug genommen, sondern diese auch in entsprechenden Publikationen gefeiert (vgl. Kohut 2003: 64f.). 1674 erschien mit dem Buch *Synopsis* aus der Feder des Archimandriten des Kiewer Höhlenklosters Inokentij Gisel das erste ostslawische Geschichtswerk, das die Einheit der großen und kleinen Rus hervorhob und Russen und Ukrainer als ein „orthodoxes russisches Volk" (Sinopsis 1983: 106, 230; Miller 2003: 21) beschrieb. Die Synopsis blieb nicht nur lange das einzige Geschichtsbuch Russlands, es inspirierte mit 30 Neuauflagen auch bis in die Mitte des 19. Jh. die wichtigsten russischen Geschichtsschreiber von Vasilij N. Tatiščev (1686-1750) bis zu Vasilij O. Ključevskij (1841-1911) (Miller 2003: 22). Die dort beschworene ostslawische Gemeinschaft manifestierte sich auch im Denken der ukrainischen Nationalbewegung, insofern diese zwar *antizarisch* war, aber in ihrem Kern *nie antirussisch* und *separatistisch*. Das gilt für ihre Anfänge in Gestalt der *Kyrill und Method-Bruderschaft* von 1847 und für die 1846 erschienene *Istorija rusov ili Maloj Rossii* (1846) Georgi Koninskijs (1717-1795) genauso wie für die nationalen Revolutionäre der UNR (Ukrainische Volksrepublik) um Mychajlo Hruševs'kyj (1866-1934), Symon V. Petljura (1877-1926) und Volodymyr Vynnyčenko (1880-1951) zu Beginn des 20. Jahrhunderts.

Unabhängigkeitsvorstellungen waren zwar im politischen Diskurs der Ukraine vor dem Ersten Weltkrieg zu finden, besaßen aber offenkundig keine Breitenwirkung. Wenn separatistische Forderungen erhoben wurden – etwa in den Schriften Julijan Bačyns'kyjs (1870-1940), Mykola Michnovs'kyjs

2 Links des Dnjeprs zwischen Černihiv und Zaporiž'e.

(1873-1924) oder Ivan Frankos (1856-1916) – wurde die nationale Unabhängigkeit in der Regel als eine Transformations-, eine Übergangsphase und nicht als Endziel im Sinne einer nationalen Teleologie betrachtet und konzeptualisiert (vgl. Jobst 1997: 34, 38f.). Dabei dürfte die Tatsache eine nicht unwesentliche Rolle gespielt haben, dass im Russländischen Reich die Begriffe *Russländisch* und *Russisch* nie klar definiert waren, vielmehr weiter gefasst verstanden wurden als heute und offen für unterschiedliche Zuordnungen waren. Die Vorfahren der heutigen Ukrainer wurden als Kleinrussen *Malorossy*, *Malorossijane*, als Russen, als *Rusinen* bezeichnet, um sie neben Großrussen oder Weißrussen zu stellen. Sie gehörten selbst am Ende des 19. Jh., als ein strikt ethnisch-exklusiver russischer Nationalismus sich zu verbreiten begann, neben Russen und Weißrussen zur Kernbevölkerung des Kaiserreiches, das alle übrigen Nationalitäten als *fremdstämmig* qualifizierte. Damals wurde zudem für die ostslawische Bevölkerung der Begriff *allrussisch* neu belebt, der imperial integrierend gedacht wurde. Darum war es für die Russischsprechenden auch keine Übertreibung oder Verzeichnung der Wirklichkeit, wenn Ivan A. Bunin den ukrainischen Poeten Taras Ševčenko (1814-1861) als eine „Blume der russischen Literatur" (Miller 2003: 27) bezeichnete.

Es gab zudem keine individuelle Diskriminierung im Russländischen Reich. Ukrainer besaßen alle Karrieremöglichkeiten, so lange sie sich nicht politisch exponierten. Symon V. Petljura lieferte das beste Beispiel (vgl. Mark 2014: 195ff.). Er und die von ihm im Bürgerkrieg geführte nationale ukrainische Bewegung scheiterten aus zahlreichen Gründen. Das Fortwirken imperialer Kontexte gehörte dazu – auch in der sowjetischen Zeit – mit Wirkmächtigkeit bis in unsere Gegenwart.

4. Russlands imperiale Dimension und der sowjetische Kontext

Gerade die Ereignisse der vergangenen Jahre haben gezeigt, dass die Erinnerung an die Sowjetunion in vielen Teilen des zerfallenen Imperiums weiter virulent ist und daher für Putin politisch instrumentalisierbar. Diese Beobachtung steht aber in einem Widerspruch zur westlichen Sowjetunionforschung, der zufolge der Zusammenbruch der UdSSR teils schon in ihrer Gründung angelegt gewesen sei. Erst vor kurzem begann man auch Fragen zu stellen, nach den Gründen für die Stabilität des Sowjetreiches über einen Zeitraum von 70 Jahren hin (vgl. Malek 2013: 34). Gehörte die Nationalitätenpolitik dazu? Für viele wissenschaftliche Beobachter war sie von Willkür, Zwang, Gewalt und totalitärer Kontrolle gekennzeichnet, ohne dass sie aber die nationale Selbstentfaltung der unterdrückten Völker habe verhindern können.

Demnach wäre die nationale Vielfalt der UdSSR aber eine inhärente Schwachstelle gewesen, die hinter dem Scheinföderalismus des bolschewistischen Staatsprojektes immer wieder sichtbar wurde. Dem war aber nicht so.

Die *Bol'ševiki* haben das imperiale Erbe des Zarenreiches angetreten, das zunächst vor allem die Sicherung des ostslawischen Kerngebietes verlangte. Die Kontrolle über das riesige Territorium zwischen Brest und Vladivostok, Vyborg und der Krim war ursächlich für den Aufstieg Russlands zur Großmacht gewesen, wobei die ethnische, sprachliche, religiöse und kulturelle Nähe von Russen, Ukrainern und Weißrussen ein wesentliches Strukturelement des Reichszusammenhaltes bildete. Die *Bol'ševiki* konnten das Konzept ihrer Nationalitätenpolitik danach ausrichten. Am Beispiel der Ukraine kann man das verdeutlichen. Denn obgleich bei Ausbruch des I. Weltkrieges weder eine weißrussische noch eine sichtbare ukrainische Nationalbewegung existierten, gehörten eine *weißrussische* und eine *ukrainische Sowjetrepublik* zu den konstitutiven Teilen der sich bis 1924 formierenden UdSSR. Sie war ein Ergebnis des Bürgerkrieges. In dessen Verlauf waren zwar nationalukrainische Staatsbildungsversuche gescheitert, – offenkundig an den sozial und ökonomisch attraktiveren Konzepten der Kommunisten und Sozialrevolutionäre – der nationale Faktor war aber nach den Bürgerkriegserfahrungen als territoriales und politisches Gestaltungsprinzip nicht mehr wegzudenken; auch nicht aus dem bolschewistischen Staatsbildungsprozess in der Ukraine. Dessen Implementierung gestaltete sich zu einer Manifestation erstaunlicher ideologischer Flexibilität der Kommunisten. Sie bestand 1. in der Aufnahme und Integration linker ukrainischer Sozialdemokraten und Sozialrevolutionäre, der sogenannten *Ukapisten* und *Borotbisten*, die das Selbstbestimmungsrecht der Völker als Befreiung von ökonomischer Unterdrückung in ukrainischer Sprache verkündeten, und 2. in der Ukrainisierung der *Bol'ševiki* zwischen Zbruč und Don.

Der Erfolg des kommunistischen Projekts ließ sich bald am Zustrom prominenter Immigranten messen, die kurz zuvor noch mit der Waffe in der Hand für die UNR gekämpft hatten. Das bolschewistische Konzept wurde ein Erfolg, weil es nationale *Autonomie* gewährte, wie sie vor und nach dem Weltkrieg den Diskurs der ukrainischen Bewegung bestimmt hatte. In ihr überwogen Vorstellungen von Autonomie und Föderalismus, d.h. von einer Umgestaltung des Zarenreiches in eine demokratische russländische Republik. Der Bruch mit Russland, die Separation der Ukraine 1918, war nota bene nicht das Resultat einer systematisch verfolgten Politik, sondern Folge der sich mit dem Oktoberumsturz der *Bol'ševiki* radikal verändernden Situation des zerfallenden Imperiums. Die prominentesten Politiker und Vordenker der 1917 proklamierten UNR Vynnyčenko und Hruševs'kyj waren keine antirussischen Freiheitskämpfer – oder wie es Hruševs'kyjs im September 1917 auf der *Konferenz der Völker* in Kiew ausdrückte: Für die Ukrainer konnte es nicht um Unabhängigkeit gehen, sondern darum, Mitglied einer Föderation zu werden, die in eine Föderation Europas und schließlich eine der ganzen Welt münden sollte (vgl. Hruševs'kyj 1983: 326-330; Horban 2005: 97). Auch in den Gründungsdokumenten der *Central'na rada* (Zentralrat)[3] finden sich jeweils entsprechende Festlegungen. Die allrussländische *Konstituante* sollte die endgültige Form der demokratischen Republik bestimmen. Auch noch im Januar 1918, als die Idee einer russländischen Föderation praktisch gegenstandslos geworden war, hatte das Föderations-Konzept seine normgebende politische Bedeutung nicht verloren (vgl. Mark 2014: 201). Der nationale Paradigmenwechsel, den die Unabhängigkeitserklärung darstellte, war situativ bedingt, quasi aus der Not geboren.

Daher war das Projekt Sowjet-Ukraine für nationalbewusste Ukrainer eine Alternative, zumal mit der sowjetischen Indigenisierungspolitik, der sogenannten *Korenizacija* (Einwurzelung), tatsächlich *Nation-Building* in einem breiten Maßstab betrieben wurde. Die enormen Erfolge dieser *Indigenisierung* in den 1920er Jahren sind häufig beschrieben worden. Sie musste dann in den 1930er Jahren der Stalinschen Unifizierungspolitik Platz machen; rückgängig gemacht werden, konnte dieses ukrainische *Nation-Building* mit seinen Modernisierungsschüben aber nicht mehr, zumal es mit erheblichen Transferleistungen der Moskauer Zentrale verbunden war. Ukrainisierung bedeutete zudem Stabilisierung des Sowjetsystems und konnte daher nie grundsätzlich in Frage gestellt oder gar beseitigt werden. Auch nicht durch den *Holodomor* (Völkermord durch Hungersnot) 1932/33. Hier kann nicht auf die bis dato anhaltende politische und wissenschaftliche Diskussion eingegangen werden, ob der Hungertod von Millionen Menschen ein von Stalin geplanter *Genozid* war. Meines Erachtens spielte bei der Terrormaßnahme eher der Umstand eine Rolle, dass die Ukrainer auf Grund ihrer jüngsten Geschichte und ihrer soziokulturellen Besonderheiten der Stalinschen Wirtschaftsrevolution geopfert wurden. Auch die auf Schadensbegrenzung ausgerichtete Reaktion der sowjetischen Führung nach dem Hungerterror, deutet m. E. in diese Richtung. In der *Korenizacija*, in der affirmativen Nationalitätenpolitik, liegen die Wurzeln einer Sowjetidentität, die gleichzeitig und widerspruchsfrei in ukrainischer oder russischer Sprache bzw. in beiden Sprachen beheimatet sein kann.

Sie wurde auch in der Zeit nach dem Zweiten Weltkrieg trotz aller unbestreitbaren Bedrückungen in der *Ukrainischen SSR* nicht wirklich in Frage gestellt. Davon zeugen die Sonderheiten der Entwicklungen unter dem 1. Parteisekretär Petro Šelest oder auch der in den 1960er und 1970er Jahren in Partei- und historischen Fachorganen geführte Diskurs über Brüche und Kontinuitäten in der Geschichte von Russen, Ukrainern und des Ostslawentums. Dieser Diskurs wurde von uns zu lange als Ausdruck nicht nur von *Dissidenz*, sondern fundamentaler antisowjetischer Opposition gewertet und weni-

3 Nach der Februarrevolution 1917 in Kiew spontan sich konstituierendes Vorparlament, das die UNR proklamierte.

ger als eine Kontroverse unter Historikern und Publizisten, die dabei auch auf Thesen und Vorwürfe aus exilukrainischen Kreisen reagierten. Ihre wissenschaftliche Beleuchtung ist aber eine Voraussetzung zum Verständnis der komplexen Identitäten der Bevölkerung in der Ukraine und deren Instrumentalisierung als kulturelle Ressourcen, wie gerade der russische Ukraine-Diskurs deutlich macht. Die Loyalität der Menschen zum Sowjetstaat, war vermutlich sehr viel größer als im Rückblick angenommen (vgl. Hausmann/Penter 2014: 49) und basierte ganz wesentlich auch auf dem engen Verhältnis von Ukrainerinnen und Ukrainern zu Russland. Laut einer repräsentativen Umfrage aus dem Jahr 2009 bezeichneten 96 Prozent von ihnen ihr Verhältnis zu den Russen als gut (vgl. Kappeler 2011: 199). Die politische Spitze und die *Epistemic Community* Russlands können ihre Argumente darauf bauen. Denn die imperiale Dimension Russlands ist vielfach kulturell und institutionell unterfüttert.

Weitere Kapitel, die einer Neubetrachtung erfordern, weil sie Aufschlüsse auch für die Gegenwart liefern, sind der II. Weltkrieg und die deutsche Besatzungspolitik in der Ukraine. Nicht nur, weil sie die erbärmliche Gleichsetzung von *Ukrainer* mit *Faschist* durch russische Stimmen entkräften können. Sie werden zudem neue Facetten in dem komplexen Beziehungsgeflecht von Russen und Ukrainern unter Besatzungsbedingungen deutlich machen, was aus offenkundigen Gründen bis dato weder russischen noch ukrainischen Historikern ein Anliegen war. Ohne eine solche Aufarbeitung wird aber die von der russischen Führung beschworene ostslawische Gemeinschaft die in der aktuellen Krise entstandenen Brüche nicht überwinden können.

Dessen ungeachtet ist es geradezu erstaunlich, wie stark die Strahlkraft der zerfallenen Union nachwirkt und wie weit verbreitet *Sowjetnostalgie* unter der Bevölkerung zahlreicher GUS-Staaten ist. Attraktivität besitzt die sowjetische Vergangenheit vor allem bei den Eliten in der akademischen Welt und in Wirtschaftskreisen. Das hat ganz handfeste Gründe. Man sollte nicht unterschätzen, wie nachhaltig das Russische als Kommunikationssprache des Imperiums bis heute wirkt – von Tiraspol, Chišinau und Odessa über die linksufrige Ukraine bis nach Armenien, Kasachstan und Kirgistan, um nur die wichtigsten Sprachprovinzen des ehemaligen Imperiums zu nennen. Und mit der Sprache werden entsprechende Denkfiguren, Wahrnehmungskategorien und andere Phänomene der russisch-sowjetischen Wirklichkeit – d.h. eine ganz spezielle Kultur – perpetuiert. Die in Weißrussland lebende Nobelpreisträgerin Svetlana A. Aleksievič verkörpert in persona diese Sprachkultur, wenn sie berichtet: „Ich habe drei Elternhäuser: die westukrainische Stadt Iwanowo-Frankiwsk, woher meine Mutter stammt und wo ich geboren wurde; das weißrussische Dorf, wo ich aufwuchs; und die russische Kultur, die mich erzog und deren Teil ich wurde“ (Alexijewitsch 2015). Als transnationales Element erfüllt das Russische zudem die Funktion, eine Gemeinschaft zu konstituieren, die Moskau als politische Ressource jederzeit zu Gebote steht. Die Elitenkommunität stellt zudem für Wissenschaftler in und außerhalb des akademischen Sektors ein Netzwerk dar, über das sie (z.B. in Zentralasien) der Isolierung durch nationale Beschränkungen entkommen können. Gleichzeitig wird mit ihr die Erinnerung an die vermeintlich oder tatsächlich bessere sowjetische Zeit wachgehalten. Im ökonomischen Bereich ist die russische *Koine* zudem die wichtigste Voraussetzung für Stabilität und Kontinuität der Schattenwirtschaft. Auch darauf kann man in Moskau bauen. Aber nicht nur:

Dass die *Russländische Föderation* wirtschaftlich von der Kontrolle der Zugänge zu den Weltmeeren und Weltmärkten abhängig ist, mag inzwischen fast als Plattitüde gelten, ist aber nicht wegzudiskutieren. Dies gilt seit historischen Zeiten für die Häfen an der Ostsee, die Handelsrouten durch die ehemalige polnisch-litauische *Rzeczpospolita* oder die Häfen in der Ukraine. Später kam die Ukraine als die wichtigste Industrieregion der SU bzw. als Exportraum für russländisches Gas dazu. Die Abhängigkeit Russlands von den Erlösen des Gasexports ist zwar geringer als die des Erdölexports, aber bedeutend genug, um – anders als häufig behauptet: Gazprom sei ein Werkzeug der Außenpolitik (vgl. Adomeit 2015: 81f.; Ćwiek-Karpowicz/Godzimirski/Nowak 2015) – Moskaus Ruf als zuverlässiger Lieferant nicht wirklich aufs Spiel zu setzen (vgl. Schulze 2008: 195; Götz 2015: 25ff.). Auch deshalb sind die Ukraine und die Kooperation mit ihren Machteliten für Russlands Wohl und Wehe unerlässlich. Vor diesem Hintergrund wird verständlich, dass eine wie auch immer von Russland entfernte oder entfremdete Ukraine für viele Menschen im GUS-Raum nicht vorstellbar ist.

5. Fazit

1. Das Bild von Russland als *velikaja deržava* ist nicht nur eine Denkfigur, sondern ein tief in der russischen Geschichte verwurzeltes politisches Konzept der Innen- und Außenpolitik Putins.
2. Eine *ostslawische Gemeinschaft* als politische und gesellschaftliche Entität existiert nicht. Aber historisch bedingt gibt es zwischen Ukrainern und Russen nach wie vor mehr Verbindendes als Trennendes.
3. Die *sowjetische Nationalitätenpolitik* war allem Anschein nach viel erfolgreicher als dies im Westen lange Zeit wahrgenommen wurde.
4. Putin kann diese Befindlichkeiten instrumentalisieren. Sie sind Teil der Erfahrung und Determinanten der politischen Kultur in Russland und der Ukraine.

Literatur

Adomeit, Hannes (2015): Russlands imperialer Irrweg. Von der Stagnation in den Niedergang. In: Osteuropa 3, S. 67-93.
Alexijewitsch, Swetlana A. (2015): Die Russen ertragen keine Freiheit. In: Frankfurter Allgemeine Zeitung, 28.11.2015, S. 9.
Baberowski, Jörg (2015): Der Westen kapiert es nicht. In: Die Zeit 11, 25.3.2015.
Baker, Peter/Glasser, Susan (2005): Kremlin Rising. Vladimir Putin's Russia and the End of Revolution, New York [usw.].
Ćwiek-Karpowicz, Jaroslaw/Godzimirski, Jakub/Nowak, Zuzanna (2015): Macht aus der Pipeline. Russlands Energiepolitik und die EU. In: Osteuropa 3, S. 151-161.
Dąbrowski, Janusz St. (2009): Ein Beispiel für Herrschaftsstrukturen an der Peripherie von Reichen: die Kosaken im 16. und 17. Jahrhundert. In: Die Reiche Mitteleuropas in der Neuzeit.
Götz, Roland (2015): Billiges Gas für Russlands Freunde? Fakten statt Thesen: Eine Replik. In: Osteuropa 4, S. 25-28.
Halbach, Uwe (2015): Instrumentalisierung des Kosakentums, Russlands Rückgriff auf seine imperiale Geschichte, SWP-Aktuell 9, Berlin, S. 1-4.
Hausmann, Guido/Pender, Tanja (2014): Der Gebrauch der Geschichte. Ukraine 2014: Ideologie vs. Historiographie. In: Osteuropa 9, S. 35-50.
Heinemann-Grüder, Andreas (2014): Revolution und Revanche: Die Ukraine am Abgrund. In: Werkner, Ines-Jaqueline et al. (Hrsg.): Friedensgutachten 2014, Berlin, S. 268-282.
Horban, Tetjana Ju. (2005): Ideja sobornosti v ukrajins'kij suspil'no-polityčnij dumci peršoji Cverti XX st. [Die Idee der Einheit im ukrainischen gesellschaftlichen und politischen Denken des ersten Viertels des 20. Jahrhunderts]. In: Ukrajins'kyj Istoryčnyj Žurnal 6 (465), S. 95-102.
Hruševs'kyj, Mychajlo (1983): Promova Mychajla Hruševs'koho na z'ijzdi narodiv y Kyjevi [Ansprache Mychajlo Hruševs'kyjs auf dem Kongress der Völker in Kiew]. In: Hunčak, Taras/Solčanyk, Roman (Hrsg.): Ukrajins'ka suspil'no-polityčna dumka v 20 stolitti [Das ukrainische gesellschaftliche und politische Denken im 20. Jahrhundert], Band 1, S. 326-330.
Kappeler, Andreas (1998): Russische Geschichte, München.
Kappeler, Andreas (2000): Kleine Geschichte der Ukraine, München.
Kappeler, Andreas (2011): Ukrainische und russische Nation: Ein asymmetrisches Verhältnis. In: Kappeler, Andreas (Hrsg.): Die Ukraine. Prozesse der Nationsbildung, Köln/Weimar/Wien, S. 191-201.
Kerneck, Barbara (2004): Russlands Sicht auf NATO und EU. Wie es die russischen Politiker mit ihren außenpolitischen Programmen halten, Berlin.
Kleinschmidt, Harald (1998): Geschichte der internationalen Beziehungen, Stuttgart.
Kohut, Zenon E. (2003): The Question of Russo-Ukrainian Unity and Ukrainian Distinctivness in Early Modern Ukrainian Thought and Culture. In: Kappeler, Andreas et al. (Hrsg.): Culture, Nation, and Identity. The Ukrainian-Russian Encounter, 1600-1945, Edmonton/Toronto, S. 57-86.
Lindner, Rainer (2006): Peter und Putin. In: Frankfurter Allgemeine Zeitung, 15.7.2006.

Lunin, Michail S. (1987): Du mouvement sociale en Russie sous le regne actuelle 1840. In: Pis'ma iz Sibiri, Moskva, S. 125-136
Malek, Martin (2013): Von der Reform zum Zerfall – Anmerkungen zu den Ursachen des Endes der UdSSR. In: Malek, Martin/Schor-Tschudnowskaja, Anna (Hrsg.): Der Zerfall der Sowjetunion. Ursachen – Begleiterscheinungen – Hintergründe, Baden-Baden, S. 27-68.
Mark, Rudolf A. (2002a): Russland und Europa: Perspektiven von Zusammenarbeit und umfassender Partnerschaft. Bericht einer Konferenz der Bundeszentrale für politische Bildung, des Mühlheimer Initiativkreises und der Ost-Akademie Lüneburg vom 8. bis 10. November 2002 in der Ost-Akademie Lüneburg. In: Deutsche Studien, 147/148, XXXVIII, S. 205-211.
Mark, Rudolf A. (2002b): Russland und die Gemeinschaft Unabhängiger Staaten (GUS) – Zehn Jahre zwischen Integration und Desintegration. In: Deutsche Studien, 147/ 148, XXXVIII, S. 145-161.
Mark, Rudolf A. (2012): Mit Schwert und Feder. Russland und die Eroberung Mittelasiens seit Peter. In: Osteuropa 62, Nr. 3, S. 79-104.
Mark, Rudolf A. (2014): Das Russische Reich und die UNR: Die ukrainische Frage 1914-1918. In: Eisfeld, Alfred/Maier, Konrad (Hrsg.): Loyalität, Legitimität, Legalität. Zerfalls-, Separations- und Souveränisierungsprozesse in Ostmittel- und Osteuropa 1914-1921. Veröffentlichungen des Nordost-Instituts, Band 17, Wiesbaden, S. 194-209.
Mearsheimer, John J. (2014): Why the Ukraine Crisis Is the West's Fault. The Liberal Delusions That Provoked Putin. In: Foreign Affairs, September/October, S. 77-89.
Medvedev, Dmitrij (2014): Rossija i Ukraina: žizn' po novym pravilam [Russland und die Ukraine: Ein Leben nach neuen Regeln], Nezavizimaja gazeta, 15.12.2014.
Miller, Alexei (2003): The Ukrainian Question. The Russian Empire and nationalism in the Nineteenth Century, Budapest/New York.
Moser, Michael (2000): Kleine Sprachgeschichte des Ukrainischen der mittleren Periode. In: Besters-Dilger, Juliane/Moser, Michael/Simonek, Stefan (Hrsg.): Sprache und Literatur der Ukraine zwischen Ost und West, Frankfurt am Main, S. 127-144.
Narochnitskaia, N. (2004): Russia in the New Geopolitical Context. In: International Affairs (Moscow) 50, Nr. 1, S. 60-73.
Narodničkaja (2008). In: A nužen li nam Mirovoj okean [Aber brauchen wir das Weltmeer?]. In: Rossijskaja Gazeta, 8, 17.2.2008.
Neshitov, Tim (2015): Wladimir Medinskij. Der russische Kulturminister gibt sich als Verteidiger nationaler Mythen. In: Süddeutsche Zeitung, 3.8.2015.
Plokhy, Serhii (2010): The Origins of the Slavic Nations. Premodern Identities in Russia, Ukraine, and Belarus, Cambridge, Mass.
Putin, Vladimir Vl. (2003): Prezident Rossii. Poslanie Federal'nomu Sobraniju Rossijskoj Federacii, 16.5.2003 [Der Präsident Russlands. Rede an die Föderalversammlung der Russländischen Föderation], http://archive.kremlin.ru.text/appears /2003/05/44623.shtml (Zugriff am 12.12.2015).
Putin, Vladimir Vl. (2007): Poslanie Federal'nomu SobranijuRossijskoj Federacii, 26.4.2007, [Rede an die Föderalversammlung der Russländischen Föderation],

http://archive.kremlin.ru.text/appears/2007/04/26/1156type63372type63374type8 2634 125339.shtml (Zugriff am 12.12.2015).
Putin, Vladimir Vl. (2015): Situacija na Ukraine neset ugrozu dlja Rossii, Vzgljad [Die Situation in der Ukraine ist eine Bedrohung Russlands. Eine Ansicht]. Delovaja gazeta, 22.10.2015.
Ryžkov (2006): Voskresnyj večer s Vladimirom Solov'evym (kanal NTV) [Ein Sonntag Abend mit Vladimir Solov'ev Kanal NTV], 12.3., http://www.rodina.ru/interview/show?id=479 (Zugriff am 7.6.2008).
Ryžkov (2008). In: A nužen li nam Mirovoj ocean.
Schulze, Peter W. (2008): Die Russische Föderation. In: Schneiders-Deters, Winfried/Schulze, Peter W./Timmermann, Heinz (Hrsg.): Die Europäische Union, Russland und Eurasien. Die Rückkehr der Geopolitik. Mit einem Geleitwort von Egon Bahr, Berlin, S. 57-237.
Sinopsis, Kiev (1681): Facsimile mit einer Einleitung von Hans Rothe. Köln/Wien 1983.
Staack, Michael (1997): NATO-Erweiterung und gesamteuropäische Sicherheit – Ein Zielkonflikt für Deutschlands Außenpolitik? In: Die Friedens-Warte 72, Nr. 3, S. 273-286.
Stadelmann, Matthias (2012): Großfürst Konstantin Nikolaevič. Der persönliche Faktor und die Kultur des Wandels in der russischen Autokratie. Forschungen zur osteuropäischen Geschichte, Band 79, Wiesbaden.
Sysyn, Frank E. (2003): The Khmel'nyts'kyj Uprising: A Charakterization of the Ukrainian Revolt. In: Jewish History, 17, Nr. 2, S. 115-139.
Tokareva (2008). In: A nužen li nam Mirovoj ocean.
Turgenieff, Nikolas (1847): Rußlands Zukunft in politischer und sozialer Beziehung. Grimma.
Zagorski, Andrei (1997): Die Entwicklung der russischen Position zur NATO-Erweiterung. In: Die Friedens-Warte 72, Nr. 3, S. 259-272.

Staatlicher und institutioneller Verfall: Der Krieg in der Ukraine und die europäische Rüstungskontrolle

Ulrich Kühn

1. Einleitung

Mit dem Eintritt Russlands in den syrischen Bürgerkrieg und der beginnenden Implementierung des Iran-Nuklearabkommens (*Joint Comprehensive Plan of Action*) scheint der Krieg in der Ukraine in einen neue Aggregatzustand überzugehen: von einem *heißen* zu einem *eingefrorenen* Konflikt; von einem medial vielbeschriebenen Ereignis zu einer Randnotiz; vom singulären Zerwürfnis zwischen NATO und Russland zu einem weiteren Segment einer ganzen Reihe von Missverständnissen, divergierenden Sicherheitskonzepten und konkurrierenden Machtinteressen. In Washington wird bereits lebhaft diskutiert ob, wie und wann man mit Moskau eine gemeinsame Strategie in und für den weiter zerfallenden syrischen Staat finden kann (vgl. Baev 2015). In Moskau beobachtet man genüsslich wie sich die amerikanische Sicherheitselite gegenseitig zwischen den Extremen von *retrenchment* und *indispensable America* (vgl. Bremmer 2015) zerfleischt und gleichzeitig der ukrainische Staat zusehends in selbst- und fremdverschuldeter Misswirtschaft und Korruption versinkt.

In der weiteren Konfrontation des Westens mit Russland in und um die Ukraine manifestieren sich derweil *drei fundamentale Krisen europäischer Sicherheit*, die alle drei mit einem traditionellen Leitgedanken deutscher Außen- und Sicherheitspolitik korrespondieren: der Überzeugung, dass Sicherheit nicht nur kollektiv – also innerhalb der NATO – sondern auch kooperativ gedacht werden kann (vgl. Steinmeier 2015). Das wichtigste Instrument kooperativer Sicherheit, die *Rüstungskontrolle*, befindet sich gleichwohl in einem bedauernswerten Zustand. Die bereits erwähnten drei Krisen europäischer Sicherheit sind dabei eng mit dem jetzigen negativen Zustand kooperativer Sicherheit verflochten. Im Einzelnen lassen sich die drei Krisen wie folgt benennen: (1) eine *institutionelle Krise* traditioneller Rüstungskontrollinstrumente, (2) eine *operative Krise* vor dem Hintergrund neuer Herausforderungen und (3) eine *normative Strukturkrise* europäischer Sicherheit.

2. Die institutionelle Krise traditioneller Rüstungskontrollinstrumente

Die politischen Instrumente der traditionellen Rüstungskontrolle, die in den meisten Fällen auf die Endzeit des Kalten Kriegs zurückgehen, waren bereits lange vor dem Ukraine-Krieg im Krisenmodus (vgl. Staack 2009). Ihre Krise setzte bereits mit dem Ende der 1990er Jahre ein und verschärfte sich im neuen Jahrtausend in immer stärkerem Maße. Seit jeher war die europäische Rüstungskontrolle von verschiedenen Schlüsselakteuren und von unterschiedlichen Verhandlungsformaten abhängig. Als wichtigste Akteure galten (und gelten auch heute noch) die USA und die Sowjetunion/Russland (vgl. McKenzie/Loedel 1998: 8). Die entscheidenden Verhandlungsformate sind auf regionaler Ebene (bei der konventionellen Rüstungskontrolle), auf bilateral-strategischer Ebene (bei der amerikanisch-russischen Nuklearwaffenkontrolle) und auf multilateraler Ebene (bei der nuklearen Abrüstung und Nichtverbreitung) zu finden. Im Folgenden werden diese drei Ebenen zunächst näher analysiert.

2.1 Der Niedergang der konventionellen Rüstungskontrolle

Wohl am nachhaltigsten negativ beeinflusste der Niedergang der konventionellen Rüstungskontrolle die europäische Sicherheitslandschaft. Paradigmatisch steht hierfür der einstmalige „Eckpfeiler europäischer Sicherheit" (vgl. Zellner/Schmidt/Neuneck 2009), der *Vertrag über konventionelle Streitkräfte in Europa* (KSE). Die NATO-Staaten machten 2002 die Ratifizierung des *Angepassten KSE-Vertrags* (AKSE) davon abhängig, dass Russland seine Istanbul-Verpflichtungen erfüllt, d.h. seine Streitkräfte und konventionelles Kriegsgerät aus den sezessionistischen Gebieten Moldaus und Georgiens abzieht (vgl. Kühn 2009). Die Positionen hatten sich bis 2007 nicht verändert, so dass Russland einseitig den KSE-Vertrag suspendierte – eine Reaktion auf die AKSE-Nichtratifikation der NATO. Mit dem russisch-georgischen Krieg von 2008 verhärteten sich die Positionen, da Russland die volle militärische Kontrolle über die von Georgien abgespaltenen Regionen Südossetien und Abchasien übernahm.

Ende 2008 unterbreitete Russland den NATO-Staaten einen Vertragsvorschlag, der eine zentrale Verpflichtung der Allianz aus der *NATO-Russland-Grundakte* von 1997 klären sollte. Darin hatte die Allianz erklärt, dass „das Bündnis in dem gegenwärtigen und vorhersehbaren Sicherheitsumfeld seine kollektive Verteidigung und andere Aufgaben eher dadurch wahrnimmt, dass es die erforderliche Interoperabilität, Integration und Fähigkeit zur Verstärkung gewährleistet, als dass es zusätzlich substantielle Kampftruppen dauerhaft stationiert“ (NATO-Russland 1997).

Bis heute hat die Allianz nicht spezifiziert, was sie unter „substantiellen Kampftruppen“ versteht. Diese Definitionslücke wollte Russland 2008 – im eigenen Interesse – endlich schließen und schlug als Obergrenze die Größe einer mobilen Kampfbrigade (ca. 5.000 Mann) vor (Mission U.S. NATO 2009a). Das Ziel Moskaus war eine konkrete Begrenzung möglicher NATO-Truppenkontingente im gemeinsamen Grenzgebiet. Ohne Definition keine neuen KSE-Gespräche, lautete eine der russischen Vorbedingungen (ebd.). Der russische Vertragsvorschlag, der parallel zum so genannten Medwedjew-Entwurf eines *Vertrags über Europäische Sicherheit* des damaligen russischen Präsidenten erfolgte (vgl. Kühn 2010), erhielt keine positive Resonanz seitens der NATO-Staaten. Die darauf folgenden westlichen Bemühungen, den KSE-Vertrag 2011 in Konsultationen *zu 36* (die bisherigen KSE-Teilnehmer sowie die nicht teilnehmenden neuen NATO-Mitglieder) wieder zu beleben, endeten ohne konkretes Resultat, vor allem aufgrund verhärteter Positionen und fehlenden russischen Interesses (vgl. Kühn 2013).

Ungewiss ist bis heute, ob Moskau überhaupt noch ein generelles Interesse an der konventionellen Rüstungskontrolle hat. Die russische Position verdeutlicht ein nicht öffentliches U.S.-Telegramm über ein Gespräch zwischen dem damaligen russischen Premierminister, Vladimir Putin, und dem damaligen NATO-Generalsekretär, Anders Fogh Rasmussen, vom Dezember 2009 (Mission U.S. NATO 2009b). Danach verband Putin Fortschritte bei KSE mit dem Medwedjew-Vorschlag für einen *Europäischen Sicherheitsvertrag*. Angesichts mangelnder KSE-Fortschritte habe Moskau den Entwurf vorgelegt, so Putin. Sollte sich die russische Position seitdem nicht geändert haben, sind die Aussichten auf eine Wiederbelebung der konventionellen Rüstungskontrolle im traditionellen KSE-Format eher gering.

Das Scheitern von KSE war jedoch kein Einzelfall; vielmehr ist das gesamte Regime konventioneller Rüstungskontrolle in den Jahren vor dem Ukraine-Krieg unter wachsenden Druck geraten. Parallel zum Ende von KSE erwiesen sich auch der *Vertrag über den Offenen Himmel* und das *Wiener Dokument über Vertrauensbildende Maßnahmen* der *Organisation für Sicherheit und Zusammenarbeit in Europa* (OSZE) als immer weniger funktionsfähig. Die lange nötige Aktualisierung des *Wiener Dokuments* führte 2011 lediglich zu enttäuschenden technischen und prozeduralen Änderungen (vgl. Richter 2014). Parallel dazu kam es zu Problemen beim *Vertrag über den Offenen Himmel* angesichts der Kontroverse zwischen Griechenland und der Türkei über den Beitritt der Republik Zypern sowie der Weigerung Georgiens, russische Beobachtungsflüge zu akzeptieren. Jüngst erklärte der Direktor der amerikanischen *Defense Intelligence Agency*, Generalleutnant Vincent R. Stewart, bei einer öffentlichen Anhörung nebulös, dass er sehr beunruhigt über Russlands Verhalten bezüglich des *Vertrags über den Offenen Himmel* sei (vgl. Aftergood 2015). Weitere Ausführungen erhielten die anwesenden Kongressmitglieder dann in der geschlossenen Sitzung. Auch beim *Offenen Himmel* droht somit unter Umständen neues Ungemach.

2.2 Rückschritte bei der bilateralen nuklearen Rüstungskontrolle

Der Institutionenverfall auf konventioneller Rüstungskontrollebene setzt sich nahtlos auf nuklearer Ebene fort. Hier gilt es zunächst zwischen der bilateralen und der multilateralen Rüstungskontrolle und Abrüstung zu unterscheiden. Auf bilateraler Ebene erwies sich der Rückzug Amerikas aus dem *Anti-Ballistic Missile Treaty* (ABM-Vertrag) im Jahr 2002 als ein echter ‚Bärendienst' für das amerikanisch-russische Verhältnis und die europäische Sicherheit. Der frühere Botschafter der USA in Russland, Michael McFaul bezeichnete 2003 die amerikanische Wiedereinführung von Raketenabwehrsystemen als einen „cataclysmic break in U.S.-Russian relations" (Goldgeier/McFaul 2003: 312). Als Erklärung für das amerikanische Verhalten notierte McFaul lapidar: „Bush could threaten to withdraw unilaterally from the ABM Treaty […] because Russia was too weak to do anything about it" (ebd.).

Der Aufbau der ersten Elemente einer strategischen Raketenabwehr in Alaska und Kalifornien und die Pläne für eine dritte Stationierungsbasis in Europa (die sog. *third site*) unter George W. Bush rief die russische Seite vorhersehbar auf den Plan. Spätestens seit dem russischen KSE-Rückzug 2007 gehört die russische Forderung nach einer vertraglichen Limitierung amerikanischer Raketenabwehrsysteme (also eine Art ABM-2-Vertrag) fest zum außenpolitischen Kanon russischer Unterhändler (vgl. Futter 2013). Dabei geht es Russland weniger um die wirklichen, derzeit sehr limitierten, Fähigkeiten der Systeme als vielmehr um das Prinzip des *wehret den Anfängen*. Somit konnte auch Präsident Barack Obamas Änderung der Raketenabwehrpläne, hin zum sog. *European Phased Adaptive Approach* (EPAA) sowie mantraartig wiederholte Versicherungen, dass das System nicht gegen Russland gerichtet sei (vgl. Khodakova 2012), und man gerne, wenn auch begrenzt, kooperieren wolle, nichts an der russischen Haltung ändern. Für Moskau ist jeglicher, wenn auch nur perzipierte, Versuch, am System gegenseitiger gesicherter nuklearer Vernichtung etwas zu ändern ein absolutes *No-Go* (vgl. ebd.).

Das amerikanische Rational hinter BMD wurde jüngst sehr treffend vom letzten Botschafter der USA in der ehemaligen Sowjetunion, Jack Matlock, dargelegt. Auf die an ihn gerichtete Frage von Vladimir Putin während einer öffentlichen Diskussion, was er, Matlock, vom unilateralen ABM-Rückzug Amerikas halte, erwiderte dieser: „I am not a supporter of ABM systems. I would point out that I think the main source of that is not to threaten Russia but to secure employment in the United States. A lot comes from the military-industrial complex and the number of people it employs" (Valdai Discussion Club 2015). Selten hat ein amerikanischer Vertreter öffentlich so ungefiltert den Einfluss der amerikanischen Rüstungslobby angesprochen.

Trotz dieser inner-amerikanischen Interessenlage gelang es beiden Seiten 2010 noch einmal, eine vertraglich vereinbarte Begrenzung strategischer Nuklearwaffensysteme zu erzielen. Ob auf *New START* nach dessen Ablaufdatum im Jahr 2021 ein weiterer Vertrag zur Reduzierung strategischer Systeme folgt, steht momentan in den Sternen. Die ablehnende Haltung Moskaus auf das Berliner Angebot Barack Obamas aus dem Jahr 2013, die bilateralen stationierten Arsenale auf jeweils 1.000 Sprengköpfe zu reduzieren, lässt jedenfalls nichts Gutes erahnen. Der wohl bekannteste russische Sicherheitsexperte Alexei Arbatow spricht deshalb sogar schon in Kassandra-Manier vom „Ende der Geschichte der nuklearen Rüstungskontrolle" (Arbatow 2015). Und damit könnte er sogar Recht haben.

Denn unterhalb der *New-START*-Schwelle gärt es gewaltig im amerikanisch-russischen Rüstungskontrollverhältnis. Seit nunmehr fast zwei Jahren werfen die USA Moskau die Verletzung der Bestimmungen über die Eliminierung bodengestützter nuklearer Mittelstreckensysteme (*Intermediate-range Nuclear Forces Treaty*, INF) vor (vgl. Woolf 2015). Angeblich hat Moskau eine bodengestützte Rakete im verbotenen Bereich von 500 bis 5.500 Kilometern getestet. Moskau streitet jegliche Vorwürfe ab und verweist auf angebliche amerikanische Verfehlungen im Zusammenhang mit dem EPAA (ebd.: 18ff.). Für die konservative U.S.-Rüstungslobby bietet das rhetorische *tit for tat* den willkommenen Anlass, bereits einmal laut über die Zeit nach INF nachzudenken. Forderungen nach der Stationierung neuer amerikanischer Mittelstreckensysteme, beispielsweise in den östlichen Bündnisländern der NATO sind inzwischen keine Seltenheit mehr in Washington (vgl. Kroenig 2015: 63). Dass die entsprechenden ‚Experten' die historischen Lehren des äußerst prekären *NATO-Doppelbeschlusses* von 1979 entweder nicht verinnerlicht haben oder scheinbar nur aus amerikanischer Perspektive kennen unterstreicht die Unverantwortlichkeit ihres Handelns.

Auch Deutschland gerät dabei ins Kreuzfeuer. Ab spätestens 2020 sollen im rheinland-pfälzischen Fliegerhorst Büchel die neuen nuklearen Fallbomben vom Typ *B 61-12* stationiert werden (Collina 2014). Obwohl die Bundesregierung unisono mit amerikanischen Experten und ehemaligen U.S.-Militärs auf die überflüssige Rolle der momentan stationierten (alten) *B 61* hingewiesen hat (vgl. Andreasen 2013) und sich schon mehrere deutsche Regierungen an deren Abzug versuchten (vgl. Meier 2009), hat der Kongress 2014 grünes Licht für die Modernisierung der *B 61* gegeben (vgl. Collina 2014). Zu Recht weisen aufrüstungskritische Spezialisten darauf hin, dass *Modernisierung* eine milde Untertreibung der Fähigkeiten der neuen *B 61-12* ist (vgl. Ackland/Hubbart 2015). Diese fliegt nämlich mittels eines neuen

Lenksystems zielgerichtet ins Angriffsziel, hat eine weitaus höhere Treffergenauigkeit und verfügt über verschieden große Sprengkopfvarianten, um den Grad der Einsetzbarkeit zu erhöhen (ebd.). Kurz gesagt: die neue Bombe senkt die *Schwelle zum Nuklearwaffeneinsatz* für die Militärs deutlich herab.

Doch damit nicht genug. Jüngste Forderungen des *Pentagon* nach einer Anschaffung von 1.100 neuen Luftgestützten nuklearen Marschflugkörpern (*Long-range Standoff Cruise Missile*, LRSO) ist geeignet, das prekäre System gegenseitiger kurzer Vorwarnzeiten auszuhebeln (vgl. Perry/Weber 2015). Sollte das *Pentagon* wirklich Ernst machen und der Kongress die aberwitzige Summe von geschätzten 25 Milliarden U.S.-Dollar bewilligen, hätten die USA eine formidable *nukleare Angriffswaffe*, die sogar die ausgeklügelte russische Luftabwehr vor ernste Herausforderungen stellen würde. Zutreffend bemerkte der angesehene Nuklearwaffenexperte Hans M. Kristensen von der *Federation of American Scientists*, dass die LRSO aus *New START* „eine Farce“ machen würde (in Reif 2015).

Dabei ist die LRSO nur ein Posten auf der Wunschliste des *Pentagon*. Zuverlässige Schätzungen des *James Martin Center for Nonproliferation Studies* in Monterrey gehen davon aus, dass die geplante Modernisierung der U.S.-Triade den amerikanischen Steuerzahler fast eine Billion U.S.-Dollar (also 1.000 Milliarden U.S.-Dollar) während der nächsten 30 Jahre kosten könnte (vgl. Wolfsthal/Lewis/Quint 2014). Angesichts dieser Zahlen noch ernsthaft von *Global Zero* – also der Abschaffung aller Nuklearwaffen weltweit – zu phantasieren, verbietet sich.

Und Russland macht es den USA nach. Neue Bomber, neue Langstreckenraketen, ausgestattet mit destabilisierenden Mehrfachsprengköpfen, neue nukleare U-Boote und geplante konventionelle Hochpräzisionssysteme mit strategischer Reichweite (über 5.500 km) – kein militärisches Gebiet auf dem Moskau nicht seine scheinbare Gleichwertigkeit unter Beweis stellen möchte (vgl. Fournier/Kühn 2014). Mehr Nuklearwaffen bedeuten natürlich auch eine erhöhte Verantwortung für deren Sicherheit. Seit 1991 haben die USA und Russland im Rahmen des *Cooperative Threat Reduction* Programms sehr erfolgreich zusammengearbeitet. Ihr gemeinsames Ziel: verhindern, dass nukleares Material oder entsprechendes *know how* in die falschen Hände gerät. Im Zuge der Ukraine-Krise kündigte Moskau 2014 nun auch diese Form der äußerst sinnvollen Zusammenarbeit auf (vgl. Roth 2015).

2.3 Verfallserscheinungen auf der multilateralen Rüstungskontrollebene

Der institutionelle Verfall auf bilateraler Rüstungskontrollebene geht nicht spurlos am Rest der Welt vorbei. So hat die multilaterale nukleare Abrüstung und Nichtverbreitung in den letzten Jahren ebenfalls einige schwere Rückschläge hinnehmen müssen. Hier ist zunächst die Entwertung der *negativen Sicherheitsgarantien* durch Russland zu nennen. Nach dem Auseinanderbrechen der Sowjetunion 1991 fand sich die Ukraine über Nacht als drittgrößte Nuklearmacht der Erde wieder. Fast 2.000 strategische und zwischen 2.000-4.000 taktische Nuklearsprengköpfe aus dem ehemaligen sowjetischen Arsenal befanden sich nun plötzlich in ukrainischer Hand. Sowohl Russland, als auch die USA hatten ein dezidiertes Interesse daran, diese Waffen zu sichern. Der Weg dorthin führte über das *Budapester Memorandum*, welches die Ukraine und die drei Depositarstaaten des *Nuklearen Nichtverbreitungsvertrags* (NVV) – Großbritannien, die Russische Föderation und die Vereinigten Staaten – 1994 in Budapest unterzeichneten.

Die Bestimmungen des Memorandums sind schnell umrissen. Die Ukraine überführt alle Nuklearwaffen an den alleinigen Rechtsnachfolger der Sowjetunion, also Russland, und tritt mit sofortiger Wirkung dem NVV bei. Im Gegenzug erklären sich die Depositarstaaten bereit, die Unabhängigkeit, Souveränität und territoriale Integrität der Ukraine zu garantieren. Darüber hinaus verpflichten sie sich zum Gewaltanwendungsverzicht und zum Verzicht der Androhung von Gewalt gegenüber Kiew (Memorandum 1994). Mit der völkerrechtswidrigen Annexion der Krim hat Moskau nicht nur sämtliche Zusagen des *Budapester Memorandums* mit Füßen getreten, sondern auch nachhaltig zur Entwertung *negativer Sicherheitsgarantien* beigetragen.

Um diese Schlussfolgerung in ihrer ganzen Tragweite zu verstehen, benötigt es nur eines kleinen Gedankenexperiments. Sollte es eines fernen Tages nach wahrscheinlich äußerst langwierigen Verhandlungen gelingen, *Nordkorea* zur Aufgabe seines Nukleardispositivs zu bewegen, müssten natürlich auch entsprechende Rückversicherungen an Pjöngjang die Belastbarkeit eines solchen Deals untermauern. Nach dem russischen Verhalten auf der Krim wird sich jedoch jeder Staatenlenker dieser Erde (ob autokratischer oder demokratischer Couleur) berechtigt fragen, welchen Wert eigentlich russische Zusagen noch haben und ob es nicht besser wäre, Nuklearwaffen eben *nicht* abzugeben – zumindest so lange nicht, *wie auch Moskau* über diese verfügt.

2.4 *Die inner-amerikanische Rüstungskontrollblockade*

Als besonders kritisch hat sich in den vergangenen Jahre erwiesen, dass mit dem U.S.-Kongress fast keine verantwortungsvolle Rüstungskontrollpolitik mehr zu machen ist (vgl. Tabatabai 2015). *New START* wurde nach äußerst zähen Verhandlungen in den USA erst ratifiziert, nachdem Präsident Obama der kompletten Modernisierung des gesamten industriellen Nuklearwaffenkomplexes der USA zugestimmt hatte. Die Debatte um das Iran-Abkommen wuchs sich gar zu einem medialen Kräftemessen erster Güte aus. Legislative gegen Exekutive; Republikaner gegen Demokraten; *Falken* gegen *Tauben*; Israel-Kritiker gegen jüdische Lobby: die Anzahl an Meinungsartikeln, Anhörungen und parteipolitisch motivierten Störfeuern (siehe auch Benjamin Netanjahus Einladung in den Kongress) überstieg alles vorher Gesehene. Dabei haben Amerikas wichtigste Partner den sicherheitspolitischen Mehrwert beider Abkommen nie angezweifelt (ebd.).

Zeitweilig erschienen der Kongress wie ein trotziges Kind, welches, nachdem man ihm erklärt hat, warum es sinnvoll sei, *nicht* bei Rot über die Straße zu gehen, erst einmal eine mehrtägige Diskussion mit Pro- und Kontraargumenten anstimmt bevor es dann *schließlich doch* erst bei Grün die Straße überquert. Die parteipolitisch motivierten Diskussionen um *New START* und das Iran-Abkommen verheißen nichts Gutes. Sie sind beredtes Beispiel einer globalen Führungsmacht, der die Differenzierung ihrer Machtinstrumente abhandenkommt. Fragt man heute in europäischen Hauptstädten nach den Chancen für einen neuen *KSE-Vertrag*, so wird man hinter vorgehaltener Hand die immer gleiche Auskunft bekommen: *selbst wenn wir es schaffen, einen solchen Vertrag aufzulegen*; *selbst wenn die Russen zustimmen sollten*; *spätestens in den USA würde der Vertrag am Kongress scheitern*.

2.5 Die institutionelle Krise in historischer Perspektive

Wie sich zeigt, hat der andauernde und sich rasch verschärfende Institutionenverfall im Bereich der Rüstungskontrolle weit vor dem Krieg in der Ukraine eingesetzt. Er findet darüber hinaus parallel zu den jüngsten Entwicklungen weiterhin statt und wird durch diese noch zusätzlich befeuert. Des Weiteren wirkt er auf multiplen Ebenen: bei der konventionellen, wie auch der nuklearen Rüstungskontrolle; auf bilateral amerikanisch-russischer sowie regional europäischer und, letztlich, globaler Verhandlungsebene.

Ein so umfassender Verlust an einstmals etablierter Berechenbarkeit, Transparenz und Rückversicherung ist, historisch betrachtet, eine Seltenheit und vielleicht nur vergleichbar mit dem Auseinanderbrechen des Wiener Mächtekonzerts. Während sich die Experten in Washington darüber streiten, ob wir gerade den *Beginn* eines neuen Kalten Kriegs erleben (vgl. Legvold 2014), kann man eher die These aufstellen, dass wir heute im Bereich der Rüstungskontrolle das verspätete *Ende* des Kalten Kriegs erleben.

Während in den 1960er Jahren eine maßgebliche Krise – die Kuba-Krise – zur Etablierung kooperativer Arrangements mit dem Ziel der Einhegung zukünftiger Krisen führte, ging die Erosion kooperativer Arrangements in den vergangenen 15 Jahren einer maßgeblichen Krise – heute in der Ukraine – voran. Die Geschichte steht Kopf.

3. Die operative Handlungskrise vor dem Hintergrund neuer Herausforderungen

Die völkerrechtlich illegalen russischen Aktionen in der Ukraine haben nicht nur die Mängel der traditionellen Rüstungskontrolle aufgezeigt. Vielmehr haben sie *neue Herausforderungen* kreiert, welche die existierenden Instrumente nicht lösen können. Die Krise unterstreicht somit die Notwendigkeit zur intellektuellen und operativen Revitalisierung, da drei wichtige Elemente europäischer Rüstungskontrolle abhanden gekommen sind: (1) Transparenz, (2) Berechenbarkeit und (3) Zurückhaltung.

3.1 Mangelnde militärische Transparenz

Der bedrohliche russische Truppenaufbau an der ostukrainischen Grenze unterstreicht das Fehlen ausreichender militärischer Transparenz. Die von der NATO, Russland oder den Medien unterbreiteten Zahlen bezüglich der russischen Truppenkontingente differieren teils beträchtlich (vgl. Richter 2014). Die jährlichen Inspektionsquoten des *Wiener Dokuments* der OSZE hinsichtlich russischen Gebiets waren jeweils im Frühjahr 2014 und 2015 bereits ausgeschöpft – danach waren Inspektionen des russischen Militärs nicht mehr möglich. Zusätzlich hatte Moskau seine groß angelegten Militärmanöver aufgeteilt, um unterhalb der Schwelle zur Notifizierung bestimmter militärischer Aktivitäten gemäß des *Wiener Dokuments* zu bleiben (ebd.). Der *KSE-Vertrag* würde mehr Transparenz bieten, da er höhere Inspektionsquoten vorsieht. Dieser ist jedoch nicht mehr verfügbar.

Eine mögliche Revitalisierung dringend benötigter *Vertrauens- und Sicherheitsbildender Maßnahmen* (VSBM) müsste die existierenden Schwachstellen im Bereich militärischer Manöver schließen und eine Erhöhung der Inspektionsquoten zum Ziel haben. Hinsichtlich der Quoten müsste ein Gleichgewicht zwischen Russland und den NATO-Staaten, die zusammen *de facto* über eine höhere Quote verfügen, gefunden werden. Zusätzlich sollten sub-regionale VSBM für den russisch-ukrainischen Grenzbereich mehr Sicherheit bieten. Hier wäre beispielsweise an de-militarisierte Zonen, ähnlich den im *Minsker Waffenstillstandsabkommen* vom Februar 2015 angelegten Arealen, zu denken. Auch so genannte *Out-of-Garrison*-Operationen, gerade hoch-mobiler russischer und ukrainischer Einheiten, müssten einem Melde- und Begrenzungsmechanismus unterworfen sein.

3.2 *Fehlende militärische Berechenbarkeit*

Der Einsatz irregulärer Streitkräfte und/oder von Soldaten ohne nationale Kennzeichen hat die bestehenden Grundfesten militärischer Berechenbarkeit erheblich geschädigt, da traditionelle nationalstaatliche Verantwortung auf den ersten Blick im aktuellen Fall der Ukraine nur teilweise zu gelten scheint. Leider ist der Einsatz *irregulärer Kräfte* in Konflikten im OSZE-Gebiet nichts Neues. Solche Truppen operieren weiterhin in den andauernden Konflikten in Transnistrien, Südossetien, Abchasien und Berg-Karabach (vgl. Tamminga 2015). Mit Russland ist es nun aber eine der Gründungsnationen des *Helsinki-Prozesses*, die Truppen ohne nationale Kennzeichen einsetzt. Dies bringt eine völlig neue Qualität, und sicher keine positive. Statusneutrale Transparenzmechanismen für irreguläre Streitkräfte könnten hier weiterhelfen (vgl. Kühn 2013: 198ff.). Ohne einen entsprechenden politischen Prozess zur Vorbereitung entsprechender VSBM und den festen Willen aller betroffenen Parteien zum Kompromiss wird das Problem jedoch nicht zu lösen sein.

Einen intelligenten Vorstoß zur teilweisen Adressierung des Problems hat unterdessen Litauen vorgenommen. Seit Kurzem ist in Litauen das öffentliche Tragen von Uniformen ohne nationale Hoheitskennzeichen strikt verboten (Lithuania Tribune 2015). Vilnius gelingt damit ein wichtiger Fingerzeig in die richtige Richtung. Denn viele osteuropäische Militärs und NATO-Planer stellen die durchaus berechtigte Frage, wie sich die Allianz verhalten solle, würde Russland seine hybride Kriegsführung auch auf ein NATO-Mitgliedsland – beispielsweise einen der baltischen Staaten – anwenden (vgl. Kühn 2015). Würden beispielsweise gelenkte Proteste der russischen Minderheit in Lettland und die Besetzung von wichtigen Verkehrsknotenpunkten durch so genannte *Aktivisten* sofort den kollektiven Verteidigungsfall (NATO *Artikel 5*) hervorrufen? Oder wäre ein solches Szenario zunächst einmal ein Fall für die lettische Polizei? Aber ab welchem Punkt wäre die Schwelle zum militärischen Ernstfall überschritten; und sollte Brüssel dies im Einzelfall zunächst langwierig ausdiskutieren?

Auf all diese Fragen bietet die klassische Rüstungskontrolle zunächst keine Antworten. *Vertrauens- und Sicherheitsbildende Maßnahmen* sind jedoch durchaus geeignet, auch hier konfliktmindernd zu wirken, wenn man sie nicht ausschließlich militärisch denkt. Eine der Grundvoraussetzungen eines wie im Falle Lettlands beschriebenen Szenarios ist eine unzufriedene Minderheit, die sich, maßgeblich unterstützt von außen, schnell radikalisiert. Die Instrumentarien der Konfliktprävention rücken somit in den Vordergrund. Gerade im Bereich der so genannten *Soft Power* (Nye 1990) – also der Formen von *Good Governance*, wie beispielsweise Wahrung von Minderheitenrechten, ausgewogene Sprachenpolitik und Rechtssicherheit – kann Konfliktprävention ihre nachhaltige Wirkung entfalten.

Auch die NATO-Bündnismitglieder und die EU sind hier gefordert. Als es Ende der 1990er Jahre um die Vorbereitung des Beitritts der baltischen Staaten zur EU ging, etablierte sich sehr schnell ein äußerst produktives Wechselspiel zwischen EU und OSZE (vgl. Galbreath 2013). Während der *Hohe Kommissar für nationale Minderheiten* der OSZE die Versäumnisse in der Minderheitenpolitik ansprach, versprach die EU ein beschleunigtes Aufnahmeverfahren im Falle der Versäumnisbehebung. Dieser Hebel ist heute so nicht mehr anwendbar. Gleichwohl sollten die NATO-Verbündeten schon aus Eigeninteresse ein wachsames Auge auf die entsprechenden Minderheitenpolitiken in den baltischen Staaten haben und im Zweifelsfall auch nicht vor offener Kritik zurückscheuen.

Ein weiterer Faktor hybrider Kriegsführung, bei dem intelligent eingesetzte *Soft Power* helfen kann ist die *Medienberichterstattung*. Momentan beziehen die russischen Minderheiten im Baltikum, aber auch in Moldau und anderen post-sowjetischen Staaten, ihre Informationen vornehmlich über staatsnahe russische Medien (vgl. Kühn 2015). Um die verzerrte Wirklichkeitsvermittlung des Kremls zu entzerren, müssen alternative russischsprachige Medienangebote her. Besonders die Bundesregierung ist auf diesem Gebiet bereits aktiv geworden und ist eine Kooperation mit den baltischen Staaten eingegangen (vgl. Sattar 2015). Gleichwohl bedarf es in dieser Frage enormen Fingerspitzengefühls, um nicht die russische Propaganda durch simple (europäische) Gegenpropaganda zu spiegeln. Die enge Einbindung russisch-sprachiger Minderheiten bei der Gestaltung der Inhalte (Stichwort: *Local Ownership*) wird dabei entscheidend sein.

3.3 Die Aufgabe militärischer Zurückhaltung

Russland und die NATO sind ein erneutes Spiel des negativen *Wie du mir, so ich dir* eingegangen, das an den Kalten Krieg erinnert und militärische Zurückhaltung deutlich vermissen lässt. Ein seit 2014 regelmäßig aktualisierter Bericht des *European Leadership Network* in London verweist darauf, dass russische und NATO-Militärübungen in den letzten Monaten zu mehr als 60 gefährlichen Vorfällen zu Wasser und zu Luft führten (vgl. Frear/Kulesa/Kearns 2014).

Auf dem NATO-Gipfeltreffen von Wales (2014) billigten die Mitglieder den *Readiness Action Plan*, der Maßnahmen wie die kontinuierliche Luft-, Land- und maritime Präsenz sowie bedeutsame Militäraktivitäten im östlichen Teil der Allianz auf Rotationsbasis vorsieht (vgl. NATO 2014). Von Seiten der NATO argumentiert man, dass diese zusätzlichen Einheiten die *Grundakte* von 1997 nicht verletzen würden, da es sich eben nicht um „substantielle Kampftruppen“ handeln würde (vgl. Gebauer/Schmitz 2014). In Moskau sieht man dies jedoch ganz anders (vgl. ebd.). So kündigte Russland umgehend an, seine militärische Bereitschaft im Gegenzug durch entsprechende Manöver zu erhöhen (vgl. Stratfor 2015). Militärische Zurückhaltung ist *out*, gegenseitiges Kräftemessen ist an der Tagesordnung. Die Nonchalance mit der einige konservative U.S.-Sicherheitsexperten dabei die *NATO-Russland-Grundakte* kleinreden (vgl. Kroenig 2015: 62), ist bedenklich, denn sie ist eine der wenigen noch verbliebenen Sicherheitsinstitutionen im Verhältnis zu Russland.

Der *NATO-Russland-Rat*, einst als Problemlösungsinstitution ins Leben gerufen, wird von westlicher Seite immer dann suspendiert, wenn die Not am größten ist. Bis heute ist es schwer vermittelbar, warum ein Krisenmechanismus existiert, der in Zeiten der Krise als erster abtaucht. Schon allein wegen der *Dysfunktionalität* des Rats lohnt es sich, die Bestimmungen der *Grundakte* nicht schulterzuckend zu übergehen. Die jüngsten militärischen Verstärkungen der NATO an ihrer östlichen Bündnisgrenze dehnen die *Grundakte* bereits bis an den Rand der inhaltlichen Auslegbarkeit. Jede weitere signifikante Truppenverstärkung könnte ihr Ende bedeuten. Nicht dass Russland an dieser Entwicklung schuldlos wäre – keinesfalls. Gleichwohl sollten sich die NATO-Planer in Brüssel darüber im Klaren sein, dass der Abbau von institutioneller Ordnung immer weitaus schneller vonstattengeht, als der mühsame Auf- oder Wiederaufbau von Ordnung.

Vor dem Hintergrund des beiderseitigen Verlusts an militärischer Zurückhaltung ist es weniger fraglich, welche Maßnahmen aus dem Bereich der Rüstungskontrolle denn einhegend wirken könnten, als vielmehr, wie ein realistischer Weg dahin überhaupt aussehen soll. Dabei könnten gerade *Maßnahmen im Bereich konventioneller Rüstungskontrolle* verloren gegangenes Vertrauen zurückbringen. So könnten beispielsweise reziproke Höchstgrenzen für zusätzliche militärische Verlegungen im NATO-Russland-Grenzbereich gemeinsam festgelegt und mit einem intrusiven Inspektionsregime verknüpft werden (vgl. Schmidt 2013). Auch spezielle militärische Fähigkeiten und bisher nicht erfasstes Gerät (beispielsweise unbemannte Drohnen) könnten unter solche Limitierungen fallen.

Auch die Reanimierung der bilateralen Abkommen zwischen der ehemaligen Sowjetunion und den USA zur Verhinderung von gefährlichen militärischen Zwischenfällen (*Incidents at Sea Agreement*, INCSEA; *Dangerous Military Activities Agreement*, DMA) sowie deren Ausdehnung auf alle weiteren NATO-Staaten könnte zumindest vorübergehend das Schlimmste verhindern. Und wirklich scheint sich zumindest in diesem Bereich ein Minimalkonsens zur Verhinderung des *worst case* anzudeuten (vgl. Hensley 2015). Die anschauliche Tragik dabei ist, dass NATO und Russland im Jahr 2015 ein Problem identifizieren und eine Antwort in Form eines Abkommens von 1972 vorschlagen. Die traurige Ironie erkennt nur, wer Zeit rein physikalisch begreift.

4. Die normative Strukturkrise europäischer Sicherheit

Der Mangel an militärischer Transparenz, Berechenbarkeit und gegenseitiger Zurückhaltung ist nicht das Resultat des Ukrainekriegs allein. Die Ursachen wurzeln vielmehr in der normativen Strukturkrise europäischer Sicherheit. Diese ist zunächst auch einmal eine generelle *Krise des Paradigmas kooperativer Sicherheit* und damit, im Speziellen, ihres zentralen institutionellen Trägers, der OSZE.

4.1 Der Verfall der OSZE

Der auffällige Verfall der OSZE lässt sich anhand einiger nüchterner Zahlen belegen. Zwischen 1990 und 1999 kam es zu insgesamt fünf Gipfeltreffen der Organisation. Vom Jahr 2000 bis heute gab es lediglich einen Gipfel. Seit dem *Zehnten Treffen des Ministerrats* in Porto im Jahr 2002 kam keine gemeinsame Erklärung des Rats mehr zu Stande. Zwischen 1990 und 1999 wurden insgesamt 21 Abkommen mit direkter Relevanz für den Bereich Rüstungskontrolle unter dem Dach der OSZE verabschiedet. Im neuen Jahrtausend waren es lediglich vier. Der institutionelle Verfall der OSZE – zumindest bei der Rüstungskontrolle – ist im vollen Gange.

Dieses Urteil ist auch inhaltlich haltbar. Als anschauliches Beispiel dient ein äußerst ambitioniertes Rüstungskontrollabkommen der OSZE – der *Verhaltenskodex zu politisch-militärischen Aspekten der Sicherheit* von 1994. Dieser etablierte gemeinsame, politisch verbindliche Verhaltensregeln für die nationalen Streitkräfte in Bezug auf die Menschenrechte und die Einhaltung demokratischer Grundwerte. Konkret heißt das, dass 1994 selbst so schwierige Staaten wie Weißrussland, das damalige Jugoslawien oder Turkmenistan einem Abkommen zustimmten, welches u.a. die Konsistenz von Streitkräften, Verteidigungspolitiken und Doktrinen mit internationalen Menschenrechtsvorschriften vorsah und den Umfang nationaler Armeen *einzig und allein* auf Grundlage nationaler und voll-demokratischer Entscheidungsfindung festschrieb. Es ist leider zu konstatieren: ein solches Dokument wäre heute in der OSZE undenkbar.

Eine Analyse der Einhaltung vertraglich vereinbarter Bestimmungen innerhalb der OSZE kommt ebenfalls zu verheerenden Ergebnissen. So sind besonders die VSBM-Bestimmungen der OSZE, die Mechanismen konventioneller Rüstungskontrolle und der Prinzipienkatalog der Organisation von Vertragsverletzungen beeinträchtigt. Ab dem Jahr 2000 steigen diese exponentiell an und haben 2014 einen neuen Höchststand erreicht (vgl. Kühn 2016). Um die normative Strukturkrise europäischer Sicherheit in ihrem ganzen Ausmaß zu verstehen, lohnt es, schlaglichtartig die großen Zusammenhänge zu beleuchten, die hinter der erneuten Konfrontation stehen.

4.2 Politik zwischen Moral und Macht

Wie der klassische Realist Edward Carr ausführte, muss „politische Aktion auf der Koordination von Moral und Macht beruhen" (Carr 1939: 97). Damit meinte er, dass politische Kooperation die relative Verteilung von Machtressourcen und eine gewisse normative Basis berücksichtigen müsse. *Kooperative Sicherheit* erfüllt diese Voraussetzung. Da sie auf die Erhöhung gegenseitiger Sicherheit gerichtet ist, muss sie zwangsläufig defensiv ausgerichtet sein, das heißt, sie zielt nicht auf eine Änderung der relativen Machtverteilung zum Vorteil einer Seite (vgl. Nolan 1994). Gleichzeitig beruht sie auf einem gemeinsamen europäisch-normativen Wertekanon. Würde zwischenstaatliche Kooperation das *defensive Gebot der Nichtveränderung der relativen Machtverteilung* ignorieren, würde sie höchstwahrscheinlich auf den starken Widerstand der negativ betroffenen Seite stoßen (vgl. Mearsheimer 2014). Dieser Effekt war und ist noch immer zu beobachten hinsichtlich des russischen Widerstands gegen die NATO-Osterweiterung.

Die Clinton-Administration versuchte während der 1990er Jahre, Russland bei diesem Prozess durch einige abfedernde Maßnahmen besonders aus dem Bereich der Rüstungskontrolle einzubinden. So stimmte Washington der russischen Forderung zu, den *KSE-Vertrag* anzupassen, bot einen politisch bindenden Mechanismus an, um die Beziehungen zwischen der NATO und Russland in Form der *Grundakte* zu koordinieren (obwohl Russland einen rechtlich bindenden Mechanismus wollte) und stimmte einer neuen Sicherheitscharta der OSZE zu (vgl. Ghébali 2005). Im Unterschied dazu wurde während der Administration von George W. Bush die NATO-Osterweiterung mit zwei weiteren Runden vorangetrieben, ohne Russland entsprechende Kooperationsangebote zu machen. Alles in allem ließ die Allianz ab 2000 eine gesunde Koordinierung ihrer Machtressourcen mit Blick auf Russland vermissen.

Gleichzeitig forderte Russland die normative Basis der europäischen Sicherheitsinstitutionen zunächst heraus und verletzte sie später deutlich. Zu nennen sind hier russische Verstöße gegen das Gebot der friedlichen Beilegung von Konflikten, der Einhaltung des Prinzips territorialer Integrität und der Achtung souveräner Hoheitsgewalt in den kriegerischen Auseinandersetzungen mit Georgien (2008) und der Ukraine (seit 2014). Ganz offensichtlich lässt die aktuelle russische Politik gegenüber der Ukraine und dem Westen jegliche Koordination moralisch-normativer Sicherheitsaspekte vermissen. Die meisten Prinzipien kooperativer Sicherheit in Europa – festgelegt in der *Helsinki Schlussakte* von 1975 – wurden von Russland verletzt.

Die gegenwärtige missliche Lage der Institutionen kooperativer Sicherheit in Europa lässt an der Fähigkeit der USA und Russlands zweifeln, eine Politik der gesunden Mischung von Moral und Macht zu verfolgen. Der Leidtragende dieses nur kurzzeitig unterbrochenen Ringens um Macht und Einfluss ist erneut Europa.

5. Fazit

Die drei beschriebenen Krisen staatlichen und institutionellen Verfalls machen auf Grund ihrer komplexen Interdependenzen eine konzise, wie klare Zuweisung primärer Faktoren des Scheiterns äußerst schwer. Gleichwohl ist es möglich und auch nötig, einige grundlegende Erkenntnisse stichpunktartig zusammenzutragen. Diese sollen im Folgenden aufgelistet werden und dienen eher dem intellektuellen Anstoß einer hoffentlich erfolgenden weiteren Diskussion, als dass sie dem hehren Anspruch genuiner Lösungsansätze genügen könnten.

- Fünfundzwanzig Jahre nach dem Ende des Kalten Kriegs steht Europa am Beginn einer *neuen Phase* in seinen Beziehungen zu Russland. Diese neue Phase wird von bisher noch nicht überschaubaren *Unsicherheiten* und *zunehmender Konfrontation* geprägt sein. Obwohl diese neue Phase keinen ideologischen *Clash*, vergleichbar mit den inhärenten Antagonismen des Kapitalismus und des Kommunismus mit sich bringen wird, können doch einzelne Aspekte der erneuten Konfrontation dem Muster des Kalten Kriegs ähneln (vgl. Legvold 2014). So sollten in den kommenden Jahren mögliche sub-regionale Rüstungswettläufe zwischen der NATO und Russland, beispielsweise im Baltikum, nicht mehr ausgeschlossen werden.
- Der *institutionelle Verfall* der europäischen Rüstungskontrolle ist keinesfalls der Grund für den Krieg in der Ukraine. Er hat jedoch dazu beigetragen, dass sich eine zunächst nur regionale Krise sehr schnell und fast unkontrolliert verschärfen konnte und heute – zumindest auf der Ebene multilateraler Rüstungskontrollverhandlungen – globalen Charakter hat.
- Die Sichtweise, dass sich *kooperative Ordnungsinstitutionen* (wie bspw. Rüstungskontrollinstrumente) fast zwangsläufig progressiv entwickeln und dabei andere nationale Interessen, wie beispielsweise Machtperzeptionen, dauerhaft in den Hintergrund drängen (vgl. Carter/Perry/Steinbruner 1992), hat sich als falsch erwiesen. Vielmehr zeigt sich, dass politische, staatliche und institutionelle Veränderungen diskontinuierlich verlaufen und *Regression* jederzeit möglich und auch sehr wahrscheinlich ist.
- Der heute zu attestierende Verfall institutioneller Ordnung wird nur sehr schwer und unter Beihilfe gemeinsam definierter Werte und Interessen rückgängig zu machen sein. Zu folgenschwer hat der gemeinsame *nor-*

mative Sicherheitsstandard Europas gelitten. Eine hoffentlich erfolgende Diskussion über die zukünftigen normativen Fundamente europäischer Ordnung kann nur gemeinsam *mit* Russland *und allen* Staaten der Region erfolgen; sie muss inklusiv und gleichzeitig offen sein und sie darf die gemeinsam geschaffenen Fundamente nicht als historisch obsolet betrachten.

- Europäische Sicherheit muss auch zukünftig konstruktiv mit *widerstreitenden Ordnungskonzepten* umgehen. Eine Organisation wie die NATO verfügt *de facto* über eine exklusive, ja, ausgrenzende, Struktur. Ihre Versuche, Russland einzubinden, scheitern fast zwangsläufig an ihrer von einigen Mitgliedern wahrgenommenen Zentralfunktion der Abwehr *eben* dieses Russlands. Gerade mit Blick auf die Politik der *offenen Tür* gegenüber potentiellen zukünftigen Mitgliedern muss die NATO für sich klären, was ihr eigentliches *Hauptanliegen* ist.
- *Rüstungskontrolle* wird auch zukünftig einen entscheidenden Beitrag zur Sicherheit Europas leisten müssen, so man denn weiterhin vom Prinzip ungeteilter Sicherheit ausgehen möchte. Gerade auf diesem Gebiet haben sich die westlichen Bündnispartner in den vergangenen 15 Jahren nicht ausreichend engagiert. Paradigmatisch stehen hier die USA. In Washington ist heute nur noch eine Handvoll Experten mit den komplexen Zusammenhängen institutionalisierter europäischer Rüstungskontrolle vertraut. Hier gilt es in den kommenden Jahren, die Sensibilisierung dieser Kreise und auch die Generierung neuer Konzepte von Seiten der Europäer pro-aktiv voranzutreiben.
- Die nur scheinbar neue „Unordnung“ Europas (vgl. Ther 2014) lässt sich nur dann konstruktiv bearbeiten, wenn entsprechende *Institutionen* zur gemeinsamen Einhegung neuer Risiken und Herausforderungen zur Verfügung stehen. *Deutschland* wird dabei eine zentrale Rolle zukommen, auch deshalb, weil die USA gerade beim Thema Rüstungskontrolle zu oft konstruktive und stabile Führungskraft vermissen lassen.

Literatur

Ackland, Len/Hubbart, Burt (2015): Obama pledged to reduce nuclear arsenal, then came this weapon. The Center for Investigative Reporting, Washington D.C., https://www.revealnews.org/article/new-mexico-thrives-on-nuclear-bomb-despite-us-pledge-to-reduce-arsenal/ (Zugriff am 7.11.2015).

Aftergood, Steven (2015): Russia's Open Skies Flights Prompt DIA „Concern“. Federation of American Scientists. Washington D.C., http://fas.org/blogs/secrecy/2015/10/open-skies-dia/ (Zugriff am 7.11.2015).

Andreasen Steve (2013): The nuclear bomb we don't need. Los Angeles Times online. Los Angeles, http://articles.latimes.com/2013/jun/06/opinion/la-oe-andreasen-nuclear-bomb-20130606 (Zugriff am 7.11.2015).

Arbatow, Alexei (2015): An Unnoticed Crisis: The End of History for Nuclear Arms Control? Carnegie Endowment, Moskau, http://carnegieendowment.org/files/CP_Arbatov2015_n_web_Eng.pdf (Zugriff am 7.11.2015).

Baev, Pavel K. (2015): Russia's Syrian entanglement: Can the West sit back and watch? The Brookings Institution, Washington D.C., http://www.brookings.edu/blogs/order-from-chaos/posts/2015/10/09-russian-military-experiments-syria-baev (Zugriff am 7.11.2015).

Bremmer, Ian (2015): Superpower. Three choices for America's role in the world. New York.

Carr, Edward H. (1939): The Twenty Years' Crisis, 1919-1939. An Introduction to the Study of International Relations. London.

Carter, Ashton B./Perry, William J./Steinbruner, John D. (1992): A New Concept of Cooperative Security. Washington, D.C.: The Brookings Institution.

Collina, Tom Z. (2014): Congress Fully Funds B61 Bomb. Arms Control Association. Washington D.C., http://www.armscontrol.org/act/2013_03/Congress-Fully-Funds-B61-Bomb (Zugriff am 7.11.2015).

Fournier, Vincent/Kühn, Ulrich (2014): Russia's Nuclear Posture: Modernization and the State of Arms Control. Deep Cuts Commission. Hamburg, http://deepcuts.org/files/pdf/Deep_Cuts_Issue_Brief1_Russias_Nuclear_Posture.pdf (Zugriff am 7.11.2015).

Frear, Thomas/Kulesa, Lukasz/Kearns, Ian (2014): Dangerous Brinkmanship. Close Military Encounters Between Russia and the West in 2014. ELN, London, http://www.europeanleadershipnetwork.org/medialibrary/2014/11/09/6375e3da/Dangerous%20Brinkmanship.pdf (Zugriff am 7.11.2015).

Futter, Andrew (2013): Ballistic missile defence and US national security policy. Normalisation and acceptance after the Cold War. New York (Routledge global security studies).

Galbreath, David (2013): The Politics of European Integration and Minority Rights in Estonia and Latvia. In: Perspectives on European Politics and Society 4, Nr. 1, S. 35–53.

Gebauer, Matthias/Schmitz, Gregor Peter (2014): Gipfeltreffen in Wales: Merkel flüstert, die Nato folgt. In: Spiegel Online, http://www.spiegel.de/politik/ausland/nato-treffen-in-wales-a-990157.html (Zugriff am 7.11.2015).

Ghébali, Victor-Yves (2005): Growing Pains at the OSCE: The Rise and Fall of Russia's Pan-European Expectations. In: Cambridge Review of International Affairs 18, Nr. 3, S. 375-388.

Goldgeier, James M./McFaul, Michael (2003): Power and purpose. U.S. policy toward Russia after the Cold War. Washington D.C.

Hensley, Corey (2015): U.S. Navy Statement on INCSEA Review. U.S. Naval Forces Europe-Africa. Washington D.C., http://cne-cna-c6f.dodlive.mil/u-s-navy-statement-on-incsea-review/ (Zugriff am 7.11.2015).

Khodakova, Alexandra (2012): Missile Defense. Where Does the Danger Lie? In: Security Index. A Russian Journal on International Security 18, Nr. 1, S. 37-46.

Kroenig, Matthew (2015): Facing Reality. Getting NATO Ready for a New Cold War. In: Survival 57, Nr. 1, S. 49-70.

Kühn, Ulrich (2009): From Capitol Hill to Istanbul. The Origins of the Current CFE Deadlock. Centre for OSCE Research, CORE Working Paper, 19, Hamburg.
Kühn, Ulrich (2010), Russlands Vorschläge für eine neue europäische Sicherheitsordnung. In: Michael Staack (Hrsg.): Auf dem Weg zu einer europäischen Friedens- und Sicherheitsordnung. Bremen, S. 138-160.
Kühn, Ulrich (2013): Conventional Arms Control 2.0. In: The Journal of Slavic Military Studies 26, Nr. 2, S. 189-202.
Kühn, Ulrich (2015): Deter and Engage. Making the Case for Harmel 2.0 as NATO's New Strategy. In: New Perspectives, Interdisciplinary Journal of Central & East European Politics and International Relations 23, Nr. 1, S. 127-157.
Kühn, Ulrich (2016): Cooperative Arms Control in Europe 1973-2014. A Case of Regime Decay?. Hamburg.
Legvold, Robert (2014): Managing the New Cold War. In: Foreign Affairs Online, Washington D.C., https://www.foreignaffairs.com/articles/united-states/2014-06-16/managing-new-cold-war (Zugriff am 7.11.2015).
Lithuania Tribune (2015): Lithuania Bans Wearing Separate Elements and Insignia of Military Uniform in Public. In: Lithuania Tribune Online, Vilnius, http://en.delfi.lt/lithuania/defence/lithuania-bans-wearing-separate-elements-and-insignia-of-military-uniform-in-public.d?id=67789358 (Zugriff am 7.11.2015).
McKenzie, Mary M./Loedel, Peter H. (1998): Introduction: States and Institutions in European Security. In: McKenzie, Mary M./Loedel, Peter H. (Hrsg.): The promise and reality of European security cooperation. States, interests, and institutions. Westport, Conn., S. 1-19.
Mearsheimer, John J. (2014): Why the Ukraine Crisis is the West's Fault. The Liberal Delusions That Provoked Putin. In: Foreign Affairs 93 (5), S. 77-89.
Meier, Oliver (2009): Steinmeier Calls for U.S. to Withdraw Nukes. Arms Control Association. Washington D.C., http://www.armscontrol.org/act/2009_5/Steinmeier (Zugriff am 7.11.2015).
Memorandum on Security Assurances in connection with Ukraine's accession to the Treaty on the Non-Proliferation of Nuclear Weapons (1994). Budapest, https://en.wikisource.org/wiki/Ukraine._Memorandum_on_Security_Assurances (Zugriff am 7.11.2015).
Mission U.S. NATO (2009a): 09USNATO579 NATO-Russia: Responding to Russia's Latest Draft Treaty Limiting the Deployment of Troops Abroad, 9.12.2009, http://wikileaks.org/cable/2009/12/09USNATO579.html (Zugriff am 18.1.2013).
Mission U.S. NATO (2009b): 03USNATO595: NATO-Russia: Secretary Generals Trip to Moscow, 21.12.2009, http://www.aftenposten.no/spesial/wikileaks dokumenter/21122009-NATO-RUSSIA-SECRETARY-GENERALS-TRIP-TO-MOSCOW-5110256.html (Zugriff am 2.9.2014).
NATO (2014): Wales Summit Declaration, Issued by the Heads of State and Government Participating in the Meeting of the North Atlantic Council in Wales, 5.9.2015, http://www.nato.int/cps/en/natohq/official_texts_112964.htm (Zugriff am 7.11.2015).
NATO-Russland (1997): Grundakte über gegenseitige Beziehungen, Zusammenarbeit und Sicherheit zwischen der NATO und der Russischen Föderation, http://www.nato.diplo.de/contentblob/1940894/Daten/189459/1997_05_Paris_DownlDat.pdf (Zugriff am 7.11.2015).

Nolan, Janne E. (1994): The Concept of Cooperative Security. In: Nolan, Janne E. (Hrsg.): Global engagement. Cooperation and security in the 21st century, Washington D.C., S. 3-18.

Nye, Joseph S. (1990): Soft Power, In: Foreign Policy 80, Nr. 3, S. 153-171.

Perry, William J./Weber, Andy (2015): Mr. President, kill the new cruise missile. The Washington Post on-line. Washington D.C., https://www.washingtonpost.com/opinions/mr-president-kill-the-new-cruise-missile/2015/10/15/e3e2807c-6ecd-11e5-9bfe-e59f5e244f92_story.html (Zugriff am 7.11.2015).

Reif, Kingston (2015): Air Force Wants 1,000 New Cruise Missiles. Arms Control Association, Washington D.C., http://www.armscontrol.org/ACT/2015_05/News/Air-Force-Wants-Thousand-New-Cruise-Missiles (Zugriff am 7.11.2015).

Richter, Wolfgang (2014): Rüstungskontrolle und militärische Transparenz im Ukraine-Konflikt. SWP-Aktuell 59, Berlin, http://www.swp-berlin.org/fileadmin/contents/products/aktuell/2014A59_rrw.pdf (Zugriff am 29.09.2014).

Roth, Nickolas (2015): U.S. - Russian Nuclear Security Cooperation: Rebuilding Equality, Mutual Benefit, and Respect. Deep Cuts Commission. Hamburg, http://deepcuts.org/files/pdf/Deep_Cuts_Issue_Brief4_US-Russian_Nuclear_Security_Cooperation1.pdf (Zugriff am 7.11.2015).

Sattar, Majid (2015): Medienkooperation im Baltikum. Deutschlands sanfte Macht und der Propagandakrieg. In: Frankfurter Allgemeine Zeitung online, http://www.faz.net/aktuell/politik/ausland/europa/medienkooperation-im-baltikum-deutschlands-sanfte-macht-und-der-propagandakrieg-13544263 (Zugriff am 7.11.2015).

Schmidt, Hans-Joachim (2013): Verified transparency. New conceptual ideas for conventional arms control in Europe. HSFK, Frankfurt am Main.

Staack, Michael (Hrsg.) (2009): Die Zukunft der nuklearen Ordnung. Bremen.

Steinmeier, Frank-Walter (2015): Rede von Außenminister Steinmeier zum 60. Jahrestag des Beitritts Deutschlands zur NATO. Auswärtiges Amt, Berlin, http://www.auswaertiges-amt.de/DE/Infoservice/Presse/Reden/2015/150630_BM_NATO.html?nn=692502 (Zugriff am 7.11.2015).

Stratfor (2015): Russia Targets NATO With Military Exercises. Stratfor. Washington D.C., https://www.stratfor.com/analysis/russia-targets-nato-military-exercises (Zugriff am 7.11.2015).

Tabatabai, Ariane (2015): After Iran, can the US lead on arms control? Bulletin of the Atomic Scientists online, Washington D.C., http://thebulletin.org/after-iran-can-us-lead-arms-control8739 (Zugriff am 7.11.2015).

Tamminga, Oliver (2015): Hybride Kriegsführung: Zur Einordnung einer aktuellen Erscheinungsform des Krieges. SWP, Berlin, http://www.swp-berlin.org/fileadmin/contents/products/aktuell/2015A27_tga.pdf (Zugriff am 7.11.2015).

Ther, Philipp (2014): Die neue Ordnung auf dem alten Kontinent. Eine Geschichte des neoliberalen Europa, Berlin.

Valdai Discussion Club (2015): Vladimir Putin Meets with Members of the Valdai Discussion Club. Transcript of the Final Plenary Session of the 12th Annual Meeting. Valdai Discussion Club, Moskau, http://valdaiclub.com/opinion/highlights/vladimir-putin-meets-with-members-of-the-valdai-discussion-club-transcript-of-the-final-plenary-sess/ (Zugriff am 7.11.2015).

Wolfsthal, Jon B./Lewis, Jeffrey/Quint, Marc (2014): The Trillion Dollar Nuclear Triad. US Strategic Modernization Over the Next Thirty Years. James Martin

Center for Nonproliferation Studies. Monterrey, CA, http://cns.miis.edu/opapers/pdfs/140107_trillion_dollar_nuclear_triad.pdf (Zugriff am 7.11.2015).
Woolf, Amy F. (2015): Russian Compliance with the Intermediate Range Nuclear Forces (INF) Treaty: Background and Issues for Congress. Congressional Research Service. Washington D.C., https://www.fas.org/sgp/crs/nuke/R43832.pdf (Zugriff am 7.11.2015).
Zellner, Wolfgang/Schmidt, Hans-Joachim/Neuneck, Götz (Hrsg.) (2009): The future of conventional arms control in Europe, 1. Aufl., Baden-Baden (Demokratie, Sicherheit, Frieden 194).

Russland, die Europäische Union und die NATO. Ist eine „neue Normalität" möglich?

Michael Staack

1. Einleitung

Die Beziehungen zwischen Russland auf der einen Seite und der Europäischen Union bzw. der NATO auf der anderen Seite sind gegenwärtig so schlecht wie seit den frühen 1980er Jahren nicht mehr – der Zeit vor dem Amtsantritt Michail Gorbatschows in der damaligen Sowjetunion (1985). Sicherheitspolitisch fällt die Analyse noch kritischer aus: der damalige *Kalte Krieg* bewegte sich in relativ geordneten Bahnen und beide Seiten bemühten sich insbesondere, *Risiken* durch versehentliche militärische Zusammenstöße zu vermeiden. An solchen eingespielten *Mechanismen* und *Selbstkontrollen* fehlt es aktuell und das im OSZE-Rahmen aufgebaute Netzwerk von Vertrauens- und sicherheitsbildenden Maßnahmen und Krisenprävention wird nicht geachtet und genutzt (vgl. Panel 2015: 11). Deshalb ist eine *militärische Eskalation aus Versehen* wahrscheinlicher geworden als sie das in den 1980er Jahren war. Gleichwohl wäre es falsch, von einem *neuen Kalten Krieg* zu sprechen. Die wirtschaftlichen, politischen und zivilgesellschaftlichen Verbindungen und Kontakte, insbesondere zwischen den EU-Staaten und Russland, sind viel dichter als damals. Die Krise im russisch-westlichen Verhältnis hat sie beschädigt, aber nicht zerstört. Der gegenwärtige Zustand eines krisenanfälligen *Kalten Friedens* ist daher mit dem alten Ost-West-Konflikt nicht vergleichbar, sondern stellt eine neue Konfliktform *sui generis* dar.

Auch wenn die völkerrechtswidrige Annexion der Krim-Halbinsel durch Russland und dessen Intervention in der Ostukraine den *Anlass* für die seit 2014 anhaltende Krise bilden, reichen die *Ursachen* für diese Entwicklung wesentlich weiter zurück. Spätestens seit der aufsehenerregenden Rede Präsident Putins vor der Münchner Sicherheitskonferenz 2007 ist die offizielle russische Kritik an einer ganzen Reihe von Entscheidungen westlicher Politik bekannt: dem ohne VN-Mandat geführten Krieg der NATO im Kosovo, dem völkerrechtswidrigen Irak-Krieg, der Osterweiterung der NATO, dem Aufbau eines Raketenabwehrsystems in Osteuropa, der Befürwortung einer unipolaren statt einer multipolaren Welt (Putin 2007). Ein Jahr später, im August 2008, führten wechselseitige Provokationen zum *Krieg zwischen Russland und Georgien* und zur formellen Sezession der Regionen Abchasien und

Südossetien vom georgischen Staat. Obwohl Deutschland, Frankreich und Spanien beim NATO-Gipfeltreffen im April 2008 konkrete Schritte zur Aufnahme *Georgiens* und der *Ukraine* in die westliche Allianz blockiert hatten, blieb diese Frage auf der politischen Agenda.

Die ursprünglichen Bemühungen der Administration von Barack Obama (2009-2017), einen *Reset* der unter seinem Amtsvorgänger George W. Bush (2001-2009) zerrütteten Beziehungen zwischen den USA und Russland herbeizuführen, hatten zwar einen bedeutsamen Rüstungskontrollvertrag (*New START*) über die strategischen Nuklearwaffen zur Folge, fanden aber mit der vom VN-Sicherheitsrat in dieser Form nicht mandatierten westlichen Regimewechsel-Intervention in Libyen (2011) und dem anschließenden Konflikt über den Bürgerkrieg in Syrien (seit 2011) ein schnelles Ende. Aus westlicher Sicht trugen auch die *innenpolitischen Entwicklungen* in Russland zu einer weiteren Entfremdung bei. Während sich unter der Präsidentschaft Dimitri Medwedjews (2008-2012) ein Fenster für liberale Reformen zu öffnen schien, wurde dieses nach der erneuten Wahl Vladimir Putins (2012) schnell geschlossen. Die russische Führung leitete, stattdessen, zahlreiche Maßnahmen ein, mit denen die Aktivität oppositioneller politischer bzw. zivilgesellschaftlicher Kräfte erschwert werden sollte. Die zu Beginn des 21. Jahrhunderts durchaus noch vorhandene *Ressource Vertrauen* zwischen Russland und dem Westen erwies sich zu Beginn der Umbrüche in der Ukraine im Herbst 2013 als aufgebraucht. Damit fehlte eine zentrale Bedingung für eine *Abstimmung der russischen und westlichen Herangehensweisen* an diese Umbrüche. Gegenwärtig ist das Vertrauen in die *Verlässlichkeit* und *Beständigkeit* der jeweils anderen Seite als einer Grundbedingung stabiler Beziehungen auf beiden Seiten völlig verschwunden.

Der Ukraine-Konflikt markiert insofern, so die hier vertretene These, einen *Strukturbruch* in den Beziehungen zwischen Russland und dem Westen. An die Stelle einer schwierigen, aber von beiden Seiten (zu unterschiedlichen Zeiten in unterschiedlicher Intensität) gewollten *strategischen Partnerschaft* ist seit 2014 eine offene *strategische Rivalität* getreten. Dieser Strukturbruch hatte sich seit mehreren Jahren angebahnt, obwohl er vermeidbar gewesen wäre. Der westlichen Politik muss attestiert werden, dass sie die zahlreichen Vorzeichen der Krise nicht ernst genug genommen hat oder aber selbst ein konfrontatives Verhältnis bevorzugte oder doch zunehmend in Kauf nahm.[1] Ursächlich dafür war ein *Prioritätenwechsel* in der Politik wichtiger westlicher Staaten. Während in den 1990er Jahren eine strategische Partnerschaft mit Russland als *Wert an sich* und als *unverzichtbare Voraussetzung gesamteuropäischer Sicherheit* gegolten hatte, setzte sich im frühen 21. Jahrhundert eine Position durch, die von Russland eine grundsätzliche *Anpassung seiner Außen- und Innenpolitik* an westliche Vorgaben als Bedingung einer (Junior-)

1 Vgl. den Beitrag von August Pradetto in diesem Band.

Partnerschaft verlangte. In den USA, aber auch in Teilen der EU wurde europäische Sicherheit zunehmend *ohne* oder *gegen* und nicht *mit* Russland gedacht.

Die NATO- und EU-Mitgliedschaft Polens und der baltischen Staaten wurde von diesen immer wieder für den Versuch genutzt, diese westlichen Zusammenschlüsse gegen Russland zu positionieren. Russland nahm die NATO-Erweiterungen zwar hin, war aber zu einem echten Interessenausgleich und politischen Neuanfang mit diesen Nachbarn nicht bereit. In der Folge entwickelte sich eine *Aktions-Reaktions-Spirale*, die aus Belastungen der Vergangenheit, von *Worst case*-Denken bestimmten Sicherheitsperzeptionen und wachsender Unfähigkeit zur *Empathie* fortlaufend gespeist wurde. Das erfolgreiche Projekt Präsident Putins, die Russische Föderation – gestützt auf ihre Energieressourcen – wieder als relevanten Pol der Weltpolitik zu etablieren, verstärkte diese Spirale noch, ebenso die Umgestaltung Russlands zu einem autoritären politischen System. Mit dem Ukraine-Konflikt war die ohnehin schon fragil gewordene strategische Partnerschaft beendet und wurde durch eine neue Konfrontation ersetzt. In dieser Lage wurden führende Mitglieder der EU, insbesondere Deutschland und Frankreich, initiativ, um ein *Management der Krise* herbeizuführen und diese, im europäischen Interesse, wenigstens partiell einzuhegen. Die Abkommen *Minsk I und II* waren Ergebnisse dieser Strategie und bilden weiterhin den Rahmen für eine Regelung des Ukraine-Konflikts. Angesichts des fundamentalen Strukturbruchs im westlich-russischen Verhältnis lässt sich eine *Entspannung* oder gar eine *Partnerschaft nur unter neuen, gemeinsam definierten Bedingungen* und nicht kurzfristig erreichen. Eine Regelung des Ukraine-Konflikts ist dafür unverzichtbar. Angesichts fortbestehender gemeinsamer Interessen und Bindungen sowie der militärischen Risiken einer Konfrontation stellt derzeit das *Management des neuen Antagonismus* die zentrale Herausforderung für EU, NATO und Russland dar.

In diesem Aufsatz werden zunächst die beiden Kernprobleme diskutiert, die zum Bruch der russisch-westlichen Partnerschaft geführt haben: die *Organisation der internationalen Ordnung in einer multipolaren Welt* und das *Integrations- und Sicherheitsdilemma in Europa.* Anschließend erfolgt ein Exkurs zur *Politik Deutschlands*, dem in diesem Konflikt eine Schlüsselrolle zukommt. Abschließend werden *fünf Vorschläge* vorgestellt, die geeignet sein könnten, über das Management des Antagonismus hinaus zu einer neuen Normalität zu führen. Dabei ist zu berücksichtigen, dass die anhaltende *Volatilität der internationalen Rahmenbedingungen* diesen ohnehin schwierigen Prozess noch komplizieren könnte.

2. Der Dissens über die Organisation der internationalen Ordnung in einer multipolaren Welt

Das Ende des Ost-West-Konflikts 1989/91 – vom Fall der Berliner Mauer bis zur Auflösung des Warschauer Pakts und der Sowjetunion – beendete eine viereinhalb Jahrzehnte relativ stabile, bipolar strukturierte Ordnung der Welt. Der Konflikt konnte friedlich beendet werden, nachdem der sowjetische Staats- und Parteichef Gorbatschow die *Systemkonkurrenz* als zentralen Konfliktgegenstand für erledigt erklärt hatte und stattdessen für einen Vorrang „allgemein-menschlicher Interessen" warb. Während der ideologische Systemgegensatz zwischen liberaler westlicher Ordnung und kommunistischer Herrschaft nicht auflösbar war, handelte es sich bei den anderen Elementen des Konflikts – *Machtkonkurrenz* und *Rüstungskonkurrenz* – um abgeleitete Konfliktdimensionen, die grundsätzlich geeignet waren – und sind – für Interessenausgleich, Einhegung und Verregelung (vgl. Czempiel 1991).

Die Vereinigten Staaten von Amerika und der Westen insgesamt verstanden sich als die *Gewinner des Ost-West-Konflikts*, dessen durchaus unterschiedliche Entwicklungsphasen zwischen Konfrontation und antagonistischer Kooperation seither auf den analytisch unscharfen und irreführenden Begriff des *Kalten Krieges* reduziert wurden. Die Russische Föderation trat 1991 die Rechtsnachfolge der früheren Sowjetunion an und übernahm – unter anderem – deren Ständigen Sitz im Sicherheitsrat der Vereinten Nationen, ihr riesiges Nuklearwaffenarsenal sowie eine Vielzahl völkerrechtlicher Verträge, darunter den *Vertrag über die abschließende Regelung in Bezug auf Deutschland* (2+4-Vertrag). Auch wenn Russland rechtlich die Nachfolge der UdSSR antrat, verstand es sich aus der Sicht seiner politischen Führung zu keinem Zeitpunkt als *Verlierer* des Ost-West-Konflikts, sondern als ein Staat mit langer geschichtlicher Tradition, der in erneuerter Eigenständigkeit aus dem sowjetischen Imperium hervorgegangen war. Anders sah die Sicht großer Teile der russischen Gesellschaft aus: für sie bedeutete der *Abschied vom Imperium* einen (kollektiven wie individuellen) wirtschaftlichen Niedergang, den Verlust sozialer Sicherheit und das Auseinanderreißen eines geographischen Großraums, in dem man sich ohne Grenzkontrollen bewegen konnte.

Die These von Francis Fukuyama, dass mit dem Ende des Ost-West-Konflikts auch das „Ende der Geschichte" gekommen sei, nämlich die weltweite Durchsetzung von Demokratie und Kapitalismus als den besten, in ihrer inhaltlichen Qualität und Funktionalität nicht mehr zu übertreffenden Ordnungssystemen, bestimmte die westliche Weltsicht der 1990er Jahre (vgl. Fukuyama 1992). Die *Förderung von Demokratie und Marktwirtschaft* wurden zu den – von Land zu Land – durchaus unterschiedlichen akzentuierten Leitbildern westlicher Außenpolitik. Ausdruck des neuen Wertekonsensus sollte auch die *Aktivierung der Vereinten Nationen* sein, deren Sicherheitsrat seit Ende der 1980er Jahre zunehmend handlungsfähig geworden war. Tatsächlich konnten die USA und ihre Verbündeten die Weltpolitik der 1990er Jahre weitgehend allein bestimmen. *Russland* unter der Führung Präsident Jelzins war im gesamten Jahrzehnt weitgehend *mit sich selbst beschäftigt*: mit seiner schweren Wirtschaftskrise als Folge des missglückten Übergangs zur Marktwirtschaft, die auch den Aufstieg einer Gruppe von Profiteuren (Oligarchen) zur Folge hatte, mit der Abrüstung seiner riesigen Militärarsenale, mit aufflammenden ethnischen Konflikten und mit Auseinandersetzungen über die künftige politische Ordnung zwischen defekter Demokratie, Autoritarismus, Mafiastaat und Oligarchie (vgl. Mommsen 1996). Gleichwohl strebte Russland danach, als *eigenständiger Pol der Weltpolitik* respektiert zu werden und fand dafür – formal, teilweise aber auch inhaltlich – Verständnis bei westlichen Führungspersonen wie Bill Clinton (USA), Helmut Kohl (Deutschland) oder Jacques Chirac (Frankreich), die bi- und trilaterale Dialogformate aufrecht erhielten.

Das Ende dieser Phase uneingeschränkter westlicher Vorherrschaft in der Weltpolitik kündigte sich mit dem *Kosovo-Konflikt* (1999) an, der als Zäsur verstanden werden muss. Weil der Westen einer von Jugoslawien ausgehenden militärischen Eskalation in dessen abtrünniger Provinz Kosovo entgegentreten wollte, entschloss er sich schon 1998 grundsätzlich zu einem militärischen Eingreifen. Dabei spielten die negativen Erfahrungen mit der jugoslawischen Staatsführung um Präsident Milosevic in den jugoslawischen Sezessionskriegen über die Unabhängigkeit Sloweniens und Kroatiens (1991), vor allem aber Bosnien-Herzegowinas (1992-1995) eine entscheidende Rolle. Auch im Kosovo, einem autonomen Gebiet innerhalb des jugoslawischen Staatsverbunds, forderte der größte Teil der albanischen Bevölkerungsmehrheit die Unabhängigkeit; eine Minderheit tat dies auch mit Waffengewalt. Russland unterstützte in allen diesen Sezessionskonflikten stets Jugoslawien. Handlungsleitend dafür war sowohl eine traditionelle *panslawische Verbundenheit* als auch das Bestreben, vergleichbaren *Sezessionsbestrebungen im eigenen Staatsverbund* – zum Beispiel in der Kaukasusrepublik Tschetschenien – keinen Vorschub zu leisten. Aus diesen Gründen war Russland – gemeinsam mit China und anderen Staaten – nicht bereit, einem Mandat des Sicherheitsrates der Vereinten Nationen für einen westlichen Militäreinsatz gegen Jugoslawien zuzustimmen. Der Westen setzte sich über das drohende Veto hinweg und begann am 24. März 1999 mit mehrmonatigen *Luftangriffen* gegen Jugoslawien. Diese konnten die angestrebten Ziele – eine Niederlage Jugoslawiens und die Beendigung von Kriegsverbrechen an der kosovarischen Bevölkerung – nicht erreichen. Erst durch eine *diplomatische Initiative* Deutschlands gelang es, Russland in die Friedensbemühungen einzubinden und die jugoslawische Führung gemeinsam zum Nachgeben zu zwingen. Die jugoslawischen Truppen mussten den Kosovo verlassen, der durch westliche Truppenkontingente besetzt wurde. An der Wiederherstellung der Sicherheit im Zentralsektor um die Hauptstadt Pristina, der von Bundeswehr geführt wurde, beteiligten sich auch russische Einheiten. Der künftige *Status des Kosovo*, dessen völkerrechtliche Zugehörigkeit zu Jugoslawien *de jure* bestehen blieb, sollte in diplomatischen Verhandlungen geklärt werden. Der Sicherheitsrat der Vereinten Nationen stimmte dieser Regelung zu und mandatierte rückwirkend auch das militärische Eingreifen der westlichen Staaten.

Obwohl Russland in die diplomatische Regelung eingebunden werden konnte (und eine solche ohne russische Beteiligung auch nicht möglich geworden wäre), bezeichnet der Kosovo-Konflikt einen *grundsätzlichen Dissens* zwischen Russland und dem Westen in der Weltordnungspolitik. Aus russischer Sicht war es nicht hinnehmbar, dass die westlichen Mächte die *Autorität des Sicherheitsrates in Fragen von Krieg und Frieden* und das in der VN-Charta festgelegte Gewaltverbot missachteten. Mit gleicher Entschiedenheit wurde die Verletzung der ebenfalls in der VN-Charta gewährleisteten Grundsätze der Souveränität und territorialen Integrität der Staaten kritisiert. Aus russischer Sicht hatte sich der Westen aufgrund seiner militärischen Stärke über zentrale Prinzipien der *regelbasierten internationalen Ordnung* hinweggesetzt – ein Regelbruch, den zu akzeptieren es nicht bereit war. Die russische Position wurde nicht nur von der Vetomacht China, sondern von einer Mehrheit der VN-Mitglieder geteilt. Vor allem viele Staaten des *globalen Südens* befürchteten ähnliche Einschränkungen ihrer Souveränität und – in der Folge – auch mögliche militärische Aggressionen. In Indien, Brasilien oder Südafrika ist der Kosovo-Konflikt bis heute zentraler Bezugspunkt der Kritik an einer internationale Normen verletzenden Interventionspolitik westlicher Staaten.

Auch innerhalb des Westens wurde über diese Fragen strittig debattiert; bei der großen Mehrheit der Regierungen fanden solche Standpunkte aber zunächst wenig Resonanz. Sie verwiesen darauf, dass ein militärisches Eingreifen erforderlich gewesen wäre, um Kriegsverbrechen an der kosovarischen Bevölkerung zu verhindern bzw. zu beenden. Dabei konnten sie auf die vorangegangene Aggressionspolitik des Milosevic-Regimes verweisen. Zum Schutz der *Menschenrechte* sei es zwingend notwendig gewesen, sich auch ohne VN-Mandat über das *Gewaltverbot* hinweg zu setzen, nachdem alle Alternativen ausgeschöpft gewesen seien (vgl. Panel 2015, The View from the West: 22). Während einige Regierungen – so die deutsche Bundesregierung – die Kosovo-Problematik als „Sonderfall" betrachteten und auf die nachträgliche Legitimierung durch den Sicherheitsrat verwiesen, sahen andere – so die US-Administration und die britische Regierung – den Kosovo-Fall als Präzedenz für eine Fortentwicklung des Völkerrechts, nämlich eine grundsätzliche Durchbrechung des Gewaltverbotes bei schwersten Menschenrechtsverletzungen. Der Dissens über diese Grundsatzfrage in der internationalen Gemeinschaft führte zu dem vom damaligen VN-Generalsekretär Kofi Annan initiierten Versuch, innerhalb der Vereinten Nationen eine Verständigung herbeizuführen. Dieser Versuch der Konstitutionalisierung einer Schutzverantwortung (*Responsibility to Protect*) im Rahmen des VN-Systems führte zwar zwischenzeitlich zu inhaltlichen Annäherungen, blieb aber in zentralen Fragen umstritten (vgl. Staack/Krause 2015).

Die *Ablehnung der westlichen Interventionspolitik* bzw. die scharfe Kritik an deren (aus russischer Sicht nicht vorhandenen) *völkerrechtlicher Legitimität* blieb auch nach dem Kosovo-Konflikt eine Konstante der russischen Außenpolitik. Im Vorfeld des *Irak-Krieges* (2003) spaltete diese Frage den Westen selbst. Die NATO-Mitglieder Deutschland und Frankreich sprachen sich im VN-Sicherheitsrat gemeinsam mit den Vetomächten Russland und China gegen die US-geführte Invasion des Landes aus. Der *völkerrechtswidrige Angriffskrieg* im Irak ebenso wie die vollständig fehlgeschlagene Besatzungspolitik danach ließen die von den USA und ihren Verbündeten angeführten Rechtfertigungsgründe für diesen Krieg vollends unglaubwürdig werden und erschütterten, darüber hinaus, die globale Führungsposition der Weltmacht USA. In der Folge ließ die Befürwortung solcher unilateraler, vom Sicherheitsrat nicht mandatierter Interventionen innerhalb der westlichen Staatengemeinschaft vorübergehend nach. Erst mit dem militärischen Eingreifen in *Libyen* (2011) erfolgte ein Rückfall. Eine Gruppe führender NATO-Mitglieder – vor allem Großbritannien und Frankreich, aber auch die USA – setzte sich über das Mandat der Vereinten Nationen hinweg, mit dem eine Flugverbotszone zum Schutz der libyschen Bevölkerung gegen Angriffe des Gaddafi-Regimes eingerichtet worden war, und führte stattdessen einen Regimewechsel-Krieg bis zum Sturz dieses Regimes. Nicht nur der VN-Sicherheitsrat, sondern auch regionale Vermittlungsbemühungen seitens der Afrikanischen Union wurden übergangen. Ebenso wie im Irak folgte dem *kurzfristigen militärischen Erfolg* eine *katastrophale politisch-humanitäre Niederlage*. Staatszerfall, wirtschaftlicher Niedergang, Flüchtlingsströme und die Ausbreitung des islamistischen Terrorismus, insbesondere des *Islamischen Staates*, waren die direkten Folgen dieser westlichen Interventionspolitik. Russland betrachtete die Libyen-Intervention als eindeutigen Bruch des Völkerrechts. Es ging nun zu einer rigorosen Ablehnung neuer Interventionsbestrebungen über, was – seit 2011/12 – u.a. zur Blockade des Sicherheitsrates in der Frage eines möglichen Eingreifens in den eskalierenden *syrischen Bürgerkrieg* führte. Im September 2015 griffen die russischen Streitkräfte sogar an der Seite des Assad-Regimes als der international nach wie vor überwiegend anerkannten Regierung direkt in diesen Konflikt ein. Als Folge der russischen Unterstützung konnte sich Assads Regime stabilisieren, ohne dass eine politische Lösung des Konflikts näher kam.

Der Dissens zwischen Russland und dem Westen hatte sich aber bereits vor dem Libyen- und Syrien-Konflikt weiter verschärft. Während Russland bis dahin die *völkerrechtliche Zulässigkeit* der westlichen Interventionspolitik im Kosovo und im Irak mit triftigen *völkerrechtlichen Argumenten* bestritten hatte, griff es im militärischen Konflikt mit Georgien 2008 nunmehr selbst auf solche Rechtfertigungsmuster zurück, die in den vorgenannten Konflikten vom Westen vorgebracht worden waren: Schutz von Minderheiten gegen zentralstaatliche Gewalt, Übergriffe gegen russische Friedenstruppen und Staatsbürger, Wahrnehmung des Rechts auf Selbstverteidigung gemäß Art. 51 VN-Charta (vgl. Schröder 2008). Dieses Verhalten wiederholte sich im Ukraine-Konflikt 2014 (vgl. Allison 2014; Luchterhandt 2014). Ist die Sezession der *Krim*, wie von Russland behauptet, vergleichbar mit der Sezession und späteren Unabhängigkeit des *Kosovo*? Vor allem drei Argumente sprechen gegen eine Analogie zum Kosovo-Konflikt:

1. Den Sezessionsbestrebungen im Kosovo waren mehrjährige, immer stärker auch *gewaltförmige Repressionen* Serbiens gegen die Bürger dieses autonomen Gebiets vorangegangen. Von einer *Unterdrückung* der Krim-Bevölkerung bzw. ihrer russischsprachigen Mehrheit durch die neue ukrainische Zentralregierung konnte hingegen nicht die Rede sein.
2. Der Entscheidung der NATO zum militärischen Eingreifen im Kosovo gingen *intensive diplomatische Bemühungen* für eine friedliche Lösung der Krise voraus. Eine solche internationale Diplomatie mit dem Ziel einer Garantie der Rechte der Krim-Bevölkerung fand nicht statt. Der *diplomatische Weg* wurde von Russland und der Krim-Regierung gar nicht erst beschritten.
3. Im Kosovo gab es seit längerem eine in *freien Wahlen* artikulierte *Mehrheit für die Autonomie*. Die Entscheidungsprozesse auf der Krim wurden aber überschattet durch die Verlegung regulärer russischer Truppen auf die Halbinsel. Damit waren *vollendete Tatsachen* geschaffen. Viele Gründe sprechen dafür, dass sich eine Mehrheit der Krim-Bevölkerung auch bei einem längerfristig vorbereiteten, international – z.B. durch die VN oder die OSZE – überwachten Referendum für den Beitritt zur Russischen Föderation entschieden hätten. Das Völkerrecht kennt aber *kein Recht zur einseitigen Abtrennung von einem Staat gegen den Willen dieses Staates*. Die Anerkennung eines solchen *Sezessionsrechts* hätte weitreichende und tiefgreifende Konflikte in vielen Teilen der Welt, auch in Russland (Kaukasus/Tschetschenien), zur Folge. Deshalb bleibt das Eingreifen der NATO im Kosovo ohne vorherige Zustimmung der *Vereinten Nationen*, also völkerrechtswidrig, rechtlich gesehen ein *Regelbruch*, der keine neue Regel begründet hat. Die Berufung Russlands auf diesen Regelbruch beim Georgien-Konflikt 2008 und im Ukraine-Konflikt 2014 zeigt, welche unerwünschten Folgewirkungen ein solcher Regelbruch nach sich ziehen kann. Eine Legitimationsgrundlage wurde dadurch nicht geschaffen (Staack 2015: 28).

Der Konflikt über die westliche Interventionspolitik ist auch ein *Konflikt über grundsätzliche Fragen der internationalen Ordnung*. Russland erhebt dabei einen Anspruch auf *ordnungspolitische Mitbestimmung*. Aus russischer Sicht hat sich der Westen nach dem Ende des Ost-West-Konflikts, gestützt auf seine militärische und wirtschaftliche Vormachtstellung, über Grundsätze des Völkerrechts hinweg gesetzt. Diese *Missachtung des Völkerrechts* sei Ausdruck eines noch weitergehenden Dissenses über die Gestaltung der Weltordnung:

> „Western interventions in Yugoslavia, Iraq, Libya, the rupture of Kosovo, poor performance in Afghanistan, and open support for the Arab Spring have damaged the most important principles of international security and stability – namely state sovereignty and non-interference into internal affairs. It is the West's actions which are threats to international peace and security. The West has irresponsibly destabilized the international system: stable political orders are upended and replaced with nothing but chaos. Russia has not only lost trust in the West's words, but respect for the West's competence" (Panel 2015, The View from Moscow: 26).

Aus der Perspektive der russischen Führung geht es dabei hauptsächlich um die folgenden Fragen bzw. Themen:

- die *multipolare oder unipolare Struktur* der internationalen Ordnung: eine Gestaltung der internationalen Politik durch mehrere große Staaten (darunter selbstverständlich Russland) oder die alleinige Vorherrschaft der USA und ihrer Verbündeten;
- die strikte Geltung der *Charta der Vereinten Nationen* als zentralem Grundlagendokument einer auf der Souveränität der Staaten ruhenden, regelbasierten internationalen Ordnung;
- die Anerkennung des *Sicherheitsrates* als einziger Autorität dieser internationalen Ordnung, die über Ausnahmen vom Gewaltverbot entscheiden könne;
- die Respektierung des *Verbots der Einmischung in die inneren Angelegenheiten* anderer Länder, was die Unterstützung von Oppositionsgruppen und die Förderung von Regimewechseln ausschließe;
- die Fortentwicklung des Völkerrechts im Konsens der Staatengemeinschaft und nicht durch dessen Bruch.

Das russische Verständnis von Völkerrecht und von den internationalen Beziehungen insgesamt folgt einem *klassischen staatenzentrierten Ansatz* mit einer besonderen Vorzugsstellung für Großmächte (ständige Mitglieder des Sicherheitsrates), denen auch Einflusssphären zustehen würden (vgl. Mälksoo 2015). Es lässt sich theoretisch am besten mit *neorealistischen* und *geopolitischen* Konzepten erfassen, die in Russland – sowohl in der Wissenschaft als auch bei Entscheidungsträgern – auch absolut vorherrschend sind. Demgegenüber wird die zunehmende Bedeutung der *Wirtschafts- und Gesellschaftswelt* vernachlässigt oder als westlich gesteuerter Störfaktor wahrgenommen. Russland versteht sich, gestützt auf seine Ressourcen, seine Nuklearwaffen, die Größe des Landes, aber auch seine Weltmachttradition, als wichtiger *Pol in einer multipolaren Weltordnung*, die nicht vom Westen dominiert werden dürfe. Diesem Ziel dient seine aktive Rolle in den Vereinten Nationen ebenso wie die Zusammenarbeit mit Brasilien, China, Indien und Südafrika im Kooperationsformat der *BRICS*. Als Folge des Verfalls der Energiepreise, der Kosten seiner Rüstung und der Folgekosten der Interventionen in der Ukraine und in Syrien sieht sich Russland mit der Gefahr eines *imperial overstretch*, einer Überdehnung seiner begrenzten Ressourcen, konfrontiert. Daher hat die russische Führung kein Interesse an einer fortgesetzten kostspieligen Konfrontation mit dem Westen, wird aber auch nicht einlenken, solange der eingeforderte Status nicht erreicht ist.

3. Das Integrations- und Sicherheitsdilemma in Europa

Das Ende des Ost-West-Konflikts 1989/91 beendete auch die bipolare Struktur der europäischen Sicherheit. Im *2+4-Prozess* wurden Regelungen vereinbart, mit denen Deutschlands Vereinigung europa- und sicherheitspolitisch verträglich für alle Nachbarn gestaltet werden konnte (vgl. Staack 2000: 199-349). Zur Geschäftsgrundlage der Vereinigung gehörte auch der Wille aller Beteiligten, die damalige Sowjetunion (bis Ende 1991) und nachfolgend Russland in eine neue *gesamteuropäische Sicherheitsordnung* zu integrieren. Beabsichtigt waren eine Stärkung und Institutionalisierung der KSZE, der Aufbau einer Partnerschaft zwischen der NATO und Russland und die zunehmende Einbindung Russlands in einen gesamteuropäischen Wirtschaftsraum. Während die sicherheitspolitischen Regelungen zur deutschen Einheit sehr präzise gefasst waren, blieben die Absichtserklärungen zur Einbeziehung der Sowjetunion bzw. Russlands in eine neue europäische Sicherheitsordnung vage. Innerhalb des Westens gab es in dieser Frage von Anfang an keinen substanziellen inhaltlichen Konsens. Während sich der deutsche Außenminister Hans-Dietrich Genscher immer wieder nachdrücklich für eine *kooperative Institutionalisierung der gesamteuropäischen Sicherheit* im Rahmen der KSZE und unter gleichberechtigter Mitwirkung Moskaus einsetzte, wurden solche Vorschläge von den USA und Großbritannien stets abgelehnt. Aufgrund seiner ökonomischen und politischen Schwäche reduzierte sich der Einfluss Russlands erheblich. Anfang oder Mitte der 1990er Jahre stellte die Russische Föderation tatsächlich mehr eine *Regionalmacht* dar als einen *Pol der Weltpolitik*, wie von Moskau gewünscht.

Mit der von den USA, aber auch Deutschland (nach Genschers Rücktritt) seit 1993/94 befürworteten *Öffnung der NATO* für neue Mitglieder gehörte der Versuch, eine neue *gesamteuropäische* Sicherheitsarchitektur zu schaffen, der Vergangenheit an und *teileuropäische* Organisationen rückten in den

Vordergrund (vgl. Staack 2000: 513-520):

> „Als fatal erwies sich [...] die fortschreitende politische Marginalisierung der OSZE. Insbesondere der Westen entkleidete sie ihrer sicherheitspolitischen Funktion. Er reduzierte sie auf eine Einrichtung, die vor allem auf dem Gebiet der ehemaligen Mitglieder der Warschauer Vertragsorganisation (WVO) Demokratisierung begleitete und Wahlen beobachtete. [...] Die thematische Schieflage zulasten der sicherheitspolitischen Aufgaben der OSZE widerspricht indes ihrem Gründungsdokument, nämlich der Schlussakte von Helsinki 1975: Hierin verpflichteten sich die Teilnehmerstaaten, *alle* Prinzipien des Dekalogs zu achten“ (Kommission 2015: 3).

Die *Öffnung der NATO* war nicht gegen Russland gerichtet, verletzte aber dessen selbst definierte Sicherheitsinteressen. Der Westen reagierte mit seiner veränderten Politik auf den Wunsch zahlreicher mittel- und osteuropäischer Staaten (allen voran Polen, Ungarn und Tschechien), sich der westlichen Integration anschließen zu wollen und auf diesem Weg ihr *Sicherheitsdilemma* zu überwinden. Ein Beitritt zur *Europäischen Union* setzte einen umfangreichen und länger dauernden Prozess der Anpassung der neuen Mitglieder an den *acquis communitaire* dieser Friedens-, Wirtschafts-, Werte- und Rechtsgemeinschaft voraus und erfolgte deshalb erst 2004. Dagegen war die Erfüllung der NATO-Aufnahmekriterien weitaus leichter zu erreichen und der 1997 beschlossene Beitritt Polens, Tschechiens und Ungarns zur Nordatlantischen Allianz konnte bereits 1999 vollzogen werden. Die entscheidenden westlichen Akteure der damaligen Zeit, US-Präsident Clinton, Frankreichs Präsident Chirac und Bundeskanzler Kohl, stimmten darin überein, dass die Öffnung der NATO nach Osten mit einer *Verstärkung der NATO-Russland-Beziehungen* einhergehen müsse. Auf dieser Grundlage gewannen sie den russischen Präsidenten Jelzin für diese privilegierte Partnerschaft, deren Grundlage die *NATO-Russland-Grundakte* darstellen sollte. Um den Gleichklang zwischen NATO-Öffnung und NATO-Russland-Partnerschaft symbolisch zu demonstrieren, erfolgte der formelle Beschluss zur ersten Erweiterung während des NATO-Gipfeltreffens am 8. und 9. Juli 1997, die Unterzeichnung des Grundlagendokuments bereits am 27. Mai 1997.

Diese Symbolik konnte einen *fundamentalen Unterschied* nicht verdecken: Polen, Ungarn und Tschechien sollten künftig mit allen Rechten und Pflichten dem Bündnis angehören und insbesondere dessen *Beistandsgarantie* genießen. Dagegen erhielt Russland das Versprechen von Konsultation und Mitwirkung, aber nicht die angestrebte institutionalisierte Mitgestaltung, insbesondere *keine Mitentscheidung* in Krisensituationen. Auch blieb offen, wann und bis zu welchen Grenzen sich die NATO künftig erweitern würde. Präsident Jelzin unterzeichnete die NATO-Russland-Grundakte zwar; Russland sah diese Vereinbarung aber von Anfang an als unbefriedigend an und fühlte sich *sicherheitspolitisch marginalisiert* (vgl. Zagorski 1997). Nur zwei Jahre später, im Kosovo-Konflikt, setzten sich die NATO-Staaten über die ablehnende Position Russlands hinweg und begannen mit Luftangriffen gegen Rest-Jugoslawien. Aus russischer Sicht war die NATO-Russland-Kooperation damit weitgehend entwertet. Mit der Entscheidung für eine NATO-Erweiterung wurden zwei Fragenkomplexe auf die politische Agenda gesetzt, die bis zur Eskalation des Ukraine-Konflikts nicht im Konsens aller europäischen Staaten beantwortet werden konnten: (1) Gibt es eine *geographische Grenze* für die NATO-Erweiterung? Soll die Mitgliedschaft im Bündnis tatsächlich allen europäischen Staaten offenstehen, wie in zahlreichen NATO-Kommuniqués festgestellt? Gehört die Russische Föderation in diesem Sinne zu Europa? Und (2): Auf welche Weise soll das *Verhältnis der Allianz zu Russland* ausgestaltet werden, um die vereinbarte Partnerschaft im Interesse beider Seiten inhaltlich auszufüllen?

Diese beiden Fragenkomplexe fokussieren das *Integrationsdilemma*, das die gesamteuropäische Sicherheitskonstellation zunehmend prägte. Für die Staaten, die an der Integration teilnehmen, bedeutet diese einen Zugewinn an Sicherheit (NATO) oder Wohlfahrt (EU). Für die Staaten aber, die nicht an einer solchen Integration partizipieren, entstehen entgegengesetzte Wirkungen: ihnen wird nicht nur die Partizipation an Sicherheits- und Wohlfahrtsgewinnen versagt; sie können die sich räumlich ausdehnende Integration auch als Bedrohung perzipieren. In dem Maße, in dem die NATO (und die EU) geographisch an die Grenzen Russlands heranrückte, entstand als direkte Folge dieses Integrationsdilemmas eine *Integrationskonkurrenz*. Während Teile des Westens – vor allem die USA – alle post-sowjetischen europäischen Staaten mit Ausnahme Russlands integrieren wollten, arbeitete Russland darauf hin, diese Staaten in seine Integrationsprojekte (zunächst *Gemeinschaft Unabhängiger Staaten*; später *Vertrag über kollektive Sicherheit* und *Eurasische Wirtschaftsunion*) einzubinden. Das gemeinsame Interesse an Kooperation nahm immer mehr ab und stattdessen traten Konkurrenz und Konfrontation in den Vordergrund (vgl. Charap/Troitskiy 2013).

Auf die Entfaltung des Integrationsdilemmas als Spezialfall des Sicherheitsdilemmas wurde seit Einleitung der NATO-Öffnungspolitik *wissenschaftlich* hingewiesen und *politisch* davor gewarnt. „Der Fehler von 1994" (Czempiel 1999: 103) war „mehrfach suboptimal": „gefährlich, weil sie (die NATO-Erweiterung, MS) – längerfristig – eine russische Reaktion hervorruft, die zu einer neuen Teilung Europas, zu einem Konflikt führen kann" und „überflüssig, weil andere bessere Strategien (Erweiterung der EU und Aktivierung der OSZE, MS) zur Verfügung gestanden haben, die die Ängste Osteuropas hätten beruhigen können, ohne die Russlands auszulösen" (ebd.: 104). Solche Alternativen hätten besonders im Interesse Deutschlands gelegen, denn „eine Strategie […], die sich auf eine Ostverschiebung des Westens reduziert, wäre gerade für Deutschland ein fragwürdiger und möglicherweise sehr kurzfristiger Sicherheitsgewinn" (Staack 1997: 285). Die „positive Funktion" der NATO „als Sicherheitsgemeinschaft ist nach innen gerichtet und wirkt sich nicht automatisch auf die Außenbeziehungen aus. Für eine auf dauerhafte Sicherheit abzielende Politik stellt die Erweiterung der Allianz deshalb nur die zweit- oder drittbeste Lösung dar“ (Staack 1997: 284).

George F. Kennan, Architekt der Containment-Politik der USA nach dem Zweiten Weltkrieg, warnte Anfang 1997 davor, dass sich eine Ausweitung der NATO als der „verhängnisvollste Fehler“ des Westens „in der gesamten Ära nach dem Kalten Krieg“ erweisen könne; sie sei sachlich überflüssig und bringe schwere Nachteile für die Entwicklung der russischen Demokratie (Kennan 1997: 8). Wenige Wochen vor dem NATO-Öffnungsbeschluss wurde in den USA ein Schreiben von mehr als 40 früheren Ministern, Senatoren und Spitzendiplomaten, darunter Robert McNamara, Paul Nitze und Sam Nunn, an den amtierenden Präsidenten Clinton veröffentlicht. Die Außen- und Sicherheitspolitiker aus beiden Parteien und mit ganz unterschiedlichen Grundeinstellungen warnten eindringlich und mit ähnlichen Argumenten wie George F. Kennan vor einer NATO-Erweiterung (Open Letter to President Clinton 1997). Auch Hans-Dietrich Genscher, der sich in den fünf Jahren seit seinem Rücktritt jeder Kritik an der deutschen Außenpolitik enthalten hatte, wies im Februar 1997 darauf hin, dass eine „NATO-Osterweiterung ohne umfassendes gesamteuropäisches Stabilitätskonzept“ nur Unruhe und Unsicherheit innerhalb und außerhalb des Bündnisses schaffen werde. Die NATO benötige ein „Gesamtkonzept für eine gesamteuropäische Stabilitätsordnung“, über das mit allen Staaten im Osten diskutiert werden müsse. Ein solches Konzept habe den Platz Russlands in einer neuen Sicherheitsordnung zu definieren, eine Vertiefung der Kooperation mit allen Nachfolgestaaten der Sowjetunion anzustreben und neue Abrüstungsinitiativen vorzusehen. Außerdem erinnerte Genscher daran, dass die Sicherheit Europas „immer weniger […] von militärischen und immer mehr von politischen, wirtschaftlichen, sozialen und ökologischen Faktoren bestimmt“ werde. Deshalb müsse das Gesamtkonzept auch eine Stärkung der OSZE und vor allem einen konkreten Fahrplan zur Osterweiterung der Europäischen Union beinhalten. Nur wenn die Aufnahme neuer Mitglieder in die Allianz als Bestandteil eines solchen Gesamtkonzepts erkennbar sei, werde sie „entproblematisiert“ (Genscher 1997: 8).

Mit dem Amtsantritt der Administration George W. Bush (2001), aber auch mit der NATO-Erweiterung um sieben zusätzliche Mitglieder (2004) änderte sich die Politik des Bündnisses in Bezug auf die Partnerschaft mit Russland. Die in den 1990er Jahren noch ernsthaft verfolgte Absicht, die *Öffnung* der Allianz mit einer *Vertiefung* der Beziehungen zu Russland zu verbinden, rückte in den Hintergrund: „Dies umso mehr, als die Kompensationsangebote des Westens immer schmaler ausfielen, je größer die NATO wurde – vor der ersten NATO-Osterweiterung 1999 wurde die NATO-Russland-Grundakte verabschiedet, vor der zweiten 2004 der NATO-Russland-Rat reformiert, die dritte Erweiterung 2009 erfolgte ohne Kooperationsangebote an Russland“ (Kommission 2015: 4). Der Versuch der US-Administration (2008), *Georgien* und die *Ukraine* noch vor dem Ende der Bush-Präsidentschaft in das westliche Bündnis aufzunehmen, scheiterte zwar am Widerstand Deutschlands, Frankreichs und Spaniens. Beide Staaten erhielten aber eine grundsätzliche Zusage. Damit war aus russischer Perspektiver einer substanziellen Kooperationsbeziehung mit der NATO die Grundlage entzogen. Der durch Provokationen beider Seiten herbeigeführte, dann von Georgien begonnene kurze militärische Konflikt mit Russland führte zu einer *Aussetzung der Partnerschaft*. Obwohl diese im Jahr 2009 – besonders auf deutsche Initiative, aber auch durch die veränderte Haltung der neuen Obama-Administration – wieder aktiviert wurde, blieb das Beziehungsmuster angespannt. Eine Vertrauensbasis war nicht mehr vorhanden. Der von Präsident Medwedjew vorgelegte Vorschlag für einen *Europäischen Sicherheitsvertrag* wurde nicht als Ausgangspunkt für ein neues Nachdenken über gesamteuropäische Sicherheit genutzt, sondern weitestgehend ignoriert (vgl. Kühn). Der Ukraine-Konflikt 2014 beendete die „Partnerschaft" dann auch formal. Die in *Russland* vorherrschende *Sichtweise* sieht den Niedergang der Beziehung durch eine anhaltende Vernachlässigung und zunehmend auch Geringschätzung russischer Sicherheitsinteressen verursacht:

> „Starting with the negotiations on German unification, the West systematically took advantage of Russia's weakness. The West never acted in the spirit of the Charter of Paris, in which the indivisibility of security was a key concept. The West never tried to address security with Russia, only without it, or against it. The United States instead seized the opportunity to dominate international affairs especially in Europe. The ‚common European home' failed because the West was unwilling to build new, open security architecture – and to fulfil its promises. The West talked of co-operation and expected co-operation from Moscow, but believed in Russia's perennial aggressiveness or/and weakness" (Panel 2015, The View from Moscow: 24).

Von russischer Seite wurde auch, immer wiederkehrend (zuletzt nach 2014), das Argument vorgetragen, der Westen habe im Zuge des deutschen Vereinigungsprozesses den Verzicht auf eine NATO-Erweiterung nach Osten zugesagt (dazu ausführlich Sarotte 2010a, 2010b). Diese Auffassung ist völkerrechtlich falsch und politisch bedingt richtig. Es gibt kein rechtsverbindliches Dokument, in dem eine solche Zusage enthalten ist. Das vereinte Deutschland erhielt das Recht auf freie Bündniswahl und optierte für die NATO. Durch sicherheitspolitische Sonderregelungen wurde versucht, den Bedenken der damaligen Sowjetunion gegen eine Ostverschiebung des westlichen Bündnisses Rechnung zu tragen. Deshalb wurde im 2+4-Vertrag eine Stationierung von Atomwaffen auf dem früheren DDR-Gebiet ebenso ausgeschlossen wie eine dauerhafte Präsenz ausländischer Truppen. In den vorangegangenen Verhandlungen hatte die UdSSR u.a. eine Doppelmitgliedschaft des vereinten Deutschlands in NATO und Warschauer Vertrag und eine Demilitarisierung des DDR-Territoriums vorgeschlagen (vgl. Staack 2000: 286ff.). Ein Deutschland, das die NATO verlassen würde, war für Moskau vorstellbar

– es bestand aber zu keinem Zeitpunkt auf einer solchen Bedingung und ebenso wenig auf einem Erweiterungsverbot für die Atlantische Allianz. Eine solche Forderung hätte die deutsche Einheit ernsthaft behindert, denn die USA und Großbritannien waren strikt dagegen. Innerhalb Deutschlands hätte die Alternative Einheit oder NATO-Zugehörigkeit zu einer Zerreißprobe führen können. Im Gegensatz zu Bundeskanzler Kohl war Außenminister Genscher bereit, auch über eine „Überwindung" der Bündnisse nachzudenken.[2] Möglicherweise bestand für die Sowjetunion in den ersten Wochen des Jahres 1990, vor ihrer Zustimmung zur deutschen Einheit und vor der Verständigung auf den 2+4-Prozess, das einzige Zeitfenster, in dem eine solche Forderung überhaupt eine Erfolgschance gehabt hätte (Sarotte 2010a). Da die UdSSR auf einer solchen Regelung nicht bestand, bleiben alle weitergehenden Annahmen spekulativ. Auch ist zu berücksichtigen, dass die nach Einheit strebende große Mehrheit der damaligen DDR-Bürger die Dynamik der politischen Entwicklung entscheidend mitbestimmte und auf friedlichem Weg – für den sich die sowjetische Führung bereits entschieden hatte – kaum aufgehalten werden konnte. Für Gorbatschow und Schewardnadse waren ein gutes Verhältnis zum vereinten Deutschland und wirtschaftliche Unterstützung des Westens erkennbar wichtiger als die NATO-Frage.

Allerdings erklärten die am Verhandlungsprozess beteiligten Parteien auch, dass an eine Ostausdehnung der NATO über das vereinte Deutschland hinaus nicht gedacht sei. „The very fact that we are ready not to deploy NATO troops beyond the territory of the Federal Republic gives the Soviet Union firm security guarantees", so etwa der damalige NATO-Generalsekretär Manfred Wörner im Mai 1990 (zitiert nach Panel 2015: 25). Ein Teil der westlichen Akteure sah, ungeachtet der Schwäche der Sowjetunion, den schnellen Zerfall des sowjetischen Machtbereichs und der UdSSR so nicht voraus. Eine andere Gruppe, vor allem in der US-Administration, war gerade aufgrund der diagnostizierten Schwäche nicht bereit zu irgendwelchen verbindlichen Konzessionen in dieser zentralen Frage (vgl. Sarotte 2010a: 137-

2 Der Außenminister sprach sich am 6.1.1990 dafür aus, die zukünftig stärker „kooperativ strukturierten Bündnisse in einen Verbund gemeinsamer kollektiver Sicherheit" zu überführen, „das heißt, es sollten zwischen den Bündnissen Strukturen entstehen, die den Antagonismus der Bündnisse Schritt für Schritt überwinden" (Zitiert nach Genscher 1995: 712). Am 23.3.1990 ging er vor der Versammlung der Westeuropäischen Union (WEU) noch einen Schritt weiter: „Sie (die kooperativ strukturierten Bündnisse) schaffen neue Strukturen der Sicherheit in Europa, von denen sie zunehmend überwölbt werden, in denen sie schließlich aufgehen können." Ein „System gegenseitiger kollektiver Sicherheit" bilde die „endgültige Perspektive" für eine europäische Friedensordnung, die sowohl im Grundgesetz als auch im Harmel-Bericht der NATO als grundlegende Zielsetzung festgelegt worden sei (Genscher 1991). Genschers Einlassungen waren in der Richtung klar, aber dennoch deutbar. Nach Auffassung seines Biographen, des deutschen Spitzendiplomaten Hans-Dieter Heumann, hielt er es später „für den folgenreichsten Fehler [...], der nach dem Ende des Kalten Krieges begonnen wurde", dass „die Chance zur Einbeziehung Russlands in die Gesamteuropäische Friedensordnung" verpasst worden sei (Heumann 2012: 315).

140; Sarotte 2010b: 115ff.). Aus diesen unterschiedlichen Gründen war die NATO-Erweiterung kein Thema. Dennoch gehörte das *politische* Versprechen, die Allianz nicht zu erweitern, zweifellos ebenso zur Geschäftsgrundlage der Vereinigung wie die Zusage, die Sowjetunion in neue europäische Strukturen politischer und wirtschaftlicher Kooperation einzubinden. Dieser Logik folgend, sprach sich Hans-Dietrich Genscher noch kurz vor seinem Rücktritt als deutscher Außenminister gegen eine Erweiterung der NATO aus und warnte vor „einer neuen Spaltung des Kontinents entlang der ehemaligen sowjetischen Westgrenze" (Süddeutsche Zeitung 1992: 2). Mit der Desintegration der UdSSR änderte sich die Geschäftsgrundlage. Auf das geschwächte Russland wurde nicht in gleichem Maße Rücksicht genommen wie auf die untergegangene Sowjetunion und ein politisches Versprechen war nicht einklagbar. Vier Jahre nach der Herstellung der deutschen Einheit änderten die westlichen Mächte ihre Politik und strebten die Öffnung der NATO für neue Mitglieder an.

Die *konzeptionelle Funktionalität und Angemessenheit* dieser Politik wurde in diesem Aufsatz bereits diskutiert. *Zeitgeschichtlich* bleibt bemerkenswert, dass die bundesdeutsche Außenpolitik seit den 1960er Jahren konzeptionell stets von einer Überwindung der *deutschen* Teilung als Folge einer Überwindung der *europäischen* Teilung im Rahmen einer *gesamteuropäischen Friedensordnung* ausgegangen war (vgl. Link 1986: 169-179). Deutschlands Vereinigung als Mitglied der NATO war seinerzeit schlicht nicht vorstellbar. Henry Kissinger hatte dazu 1966 ausgeführt: „Auf welche Weise die deutsche Einheit auch verwirklicht werden mag [...], eines ist klar: es wird nicht dadurch geschehen, dass die Grenzen der NATO nach Osten verschoben werden" (Kissinger 1966: 832-833). Diese Auffassung vertrat auch Konrad Adenauer, so 1960 in einer Bundestagsdebatte: „Wenn wir eines Tages zu einer Verständigung auch mit Sowjetrussland kommen – und ich hoffe, dass wir dies mit viel Geduld erreichen werden -, werden Warschauer Pakt und NATO der Vergangenheit angehören. Das müssen Sie sich doch einmal klarmachen. Das sind doch keine Ewigkeitsinstitutionen" (Adenauer 1960: 5939). 1989/90 kam dann alles ganz anders. Die europäische Friedensordnung im Sinne eines neuen Sicherheitssystems für den ganzen Kontinent blieb ein Desiderat, das bald zu den Akten gelegt wurde und im *mind set* der allermeisten außenpolitischen Akteure gar nicht mehr vorhanden war.

Während eine Erweiterung der NATO von Russland stets abgelehnt wurde, sah Moskau die *Europäische Union* zunächst nicht als Gegner – im Gegenteil versprach man sich wirtschaftliche Vorteile durch Kooperation. Gleichwohl bevorzugte Russland den *Bilateralismus* mit großen EU-Mitgliedsstaaten wie Deutschland, Frankreich oder Italien, um seine Interessen in der Union zu fördern. Auch gegen die ersten Erweiterungsrunden zwischen 1995 und 2004 wurden keine Einwände erhoben. Das änderte sich, als die EU (2009) ihre *Östliche Partnerschaft* begründete, mit der ehemalige Sowjetrepubliken der Union assoziiert und dadurch neue Absatzmärkte, aber auch eine politische Bindung geschaffen werden sollten. Obwohl die *Östliche Partnerschaft* als *Alternative zur Beitrittsperspektive* konzipiert worden war, wurde sie von einigen EU-Mitgliedern in Skandinavien und Mittelosteuropa als *Vorstufe* für eine spätere EU-Zugehörigkeit dargestellt. Parallel dazu stagnierte die *Strategische Partnerschaft* der EU mit Russland. „The EU's idea of partnership is that Russia should adopt it's rules", so Russlands offizielle Perzeption (Panel 2015, The View from Moscow). Aus russischer Sicht hatte die Europäische Union mit ihrem auf die Anpassung an die EU-Standards ausgerichteten Partnerschaftsangebot nach der NATO die zweite *Integrationskonkurrenz* auf post-sowjetischem Territorium eröffnet. In den Auseinandersetzungen über die politische Orientierung der Ukraine, eskalierend in den *Maidan*-Protesten im Winter 2013/14, avancierte die EU aus der Perspektive der Moskauer Führung zum *strategischen Rivalen.* Für beide Seiten grundsätzlich interessante Kompromisse wie eine seit Anfang der 1990er Jahre immer wieder diskutierte Freihandelszone von Lissabon bis Wladiwostok oder die Zugehörigkeit von Staaten sowohl zur EU-Assoziierung als auch zur *Eurasischen Wirtschaftsunion* unter russischer Führung wurden nicht ernsthaft ausgelotet. Während in den 1990er Jahren eine (damals nicht erfolgte) zügige Erweiterung der EU eine friedenspolitisch sinnvolle Alternative zur NATO-Öffnung dargestellt hätte, war dieses friedenspolitische Potenzial mit Beginn des Ukraine-Konflikts verbraucht. Russland empfand sich als ausgegrenzt von der europäischen Integration und Assoziation. Damit war ein zweites, vermeidbares *Integrationsdilemma* konstituiert worden, das sich mit strategischer Weitsicht viel leichter hätte vermeiden lassen als der Konflikt über die Ostausdehnung der NATO.

Rückblickend betrachtet, war es – ungeachtet der genauen Gewichtung der vielfältigen Gründe – zweifellos ein großer *Fehler*, nicht mehr politische Energie in eine wirklich gesamteuropäische Friedens- und Sicherheitsordnung investiert zu haben. Eine *Überwindung* der in über zwanzig Jahren gewachsenen und verfestigten Dissenspunkte ist nunmehr nur in einem *längerfristigen Prozess* vorstellbar, der zu *neuen Strukturen* führt. Dazu ist es notwendig, „unabdingbare Voraussetzungen für einen langen, mühsamen und teilweise auch schmerzlichen Prozess der Deeskalation" zu schaffen, an erster Stelle durch „Empathie und Vertrauen" (Kommission 2015: 2). Auf dem Weg, den Grunddissens zu regeln oder einzuhegen, sollte ein Dialog über folgende Themenfelder erfolgen:

- die völkerrechtliche Interpretation von Schlüsselbegriffen wie Gewaltverbot, Souveränität und Selbstbestimmung,
- das Verhältnis von Staat und Zivilgesellschaften,
- die institutionelle Organisation von Frieden und Sicherheit in Europa,
- wirtschaftliche Kooperation und Integration (ebd.: 6).

4. Deutschlands Schlüsselrolle und die Neubestimmung der Russland-Politik im Weißbuch 2016

Deutschland kommt im Ukraine-Konflikt und bei der Gestaltung der künftigen Beziehungen zu Russland eine Schlüsselrolle zu. Bis zum Beginn des Ukraine-Konflikts hatte Deutschland unter den westlichen Staaten nicht nur die politisch und wirtschaftlich engsten Beziehungen zu Russland unterhalten, sondern innerhalb von EU und NATO grundsätzlich die Rolle eines *Anwalts* (*berechtigter*) *russischer Interessen* übernommen. Diese seit der Überwindung des Ost-West-Konflikts eingenommene Rolle war nach der Annexion der Krim beendet. Die deutsche Bundesregierung trug nachfolgend entscheidend dazu bei, eine *einheitliche Position des Westens* herbeizuführen. Dazu gehörte die Aufrechterhaltung eines *Dialogs*, aber auch die schrittweise Verhängung von politischen und wirtschaftlichen *Sanktionen*. Deutschlands Eintreten für eine *regelbasierte internationale Ordnung* auf der Grundlage des Völkerrechts machte es unmöglich, die russischen Regelbrüche zu akzeptieren. Zugleich wurde – im Gegensatz zu politischen Kräften z.B. in den USA – der Rückgriff auf *militärische Gewalt* unter Einschluss von Waffenlieferungen kategorisch ausgeschlossen. Stattdessen konzipierte Deutschland – gemeinsam mit Frankreich – das *Normandie-Format*, um in Verhandlungen mit Russland und der Ukraine eine Einhegung und schlussendliche Beilegung des Konflikts zu erreichen. Zwischen 2014 und 2016 vollzog sich eine grundsätzliche Neubestimmung der deutschen Russland-Politik, die im *Weissbuch 2016 zur Sicherheitspolitik und zur Zukunft der Bundeswehr* ihren präzisesten, zwischen dem Bundeskanzleramt, dem Auswärtigen Amt und dem Verteidigungsministerium abgestimmten Ausdruck fand. Die bisherige *strategische Partnerschaft* gehört vorerst der Vergangenheit an, weil „Russland die europäische Friedensordnung offen in Frage“ stellte (BMVg 2016: 31):

> „Die Krise in der und um die Ukraine ist konkreter Niederschlag einer langfristigen innen- und außenpolitischen Entwicklung. Russland wendet sich dabei von einer engen Partnerschaft mit dem Westen ab und betont strategische Rivalität. International präsentiert sich Russland als eigenständiges Gravitationszentrum mit globalem Anspruch“ (BMVg 2016: 32).

Stattdessen wird Russland als eine *strategische Herausforderung* betrachtet – nicht als Gegner, aber als ein politischer und militärischer Akteur, dessen Verhalten schwer vorherzusagen ist und der teilweise als Kontrahent agiert:

> „Hierzu gehört auch eine Erhöhung russischer militärischer Aktivitäten an den Außengrenzen von Europäischer Union (EU) und Nordatlantischer Allianz (NATO). Im Zuge einer umfassenden Modernisierung seiner Streitkräfte scheint Russland bereit, an die Grenzen bestehender völkerrechtlicher Verpflichtungen zu gehen. Der zunehmende Einsatz hybrider Instrumente zur gezielten Verwischung der Grenze zwischen Krieg und Frieden schafft

Unsicherheit in Bezug auf russische Ziele. Dies erfordert Antworten der betroffenen Staaten, aber auch von EU und NATO" (ebd.).

Dieser russischen Politik müsse mit einer *Doppelstrategie* begegnet werden: „glaubwürdiger Abschreckung und Verteidigungsfähigkeit sowie [...] der Bereitschaft zum Dialog" (BMVg 2016: 66); „der richtigen Mischung aus kollektiver Verteidigung und dem Aufbau von Resilienz einerseits und Ansätzen kooperativer Sicherheit und sektoraler Zusammenarbeit andererseits" (BMVg 2016: 32). Das strategische Ziel sei, die Gemeinsamkeiten mit Russland wieder zu stärken und das Land *als Partner zurückzugewinnen*: „Deutschland hält am langfristigen Ziel einer strategischen Partnerschaft zwischen der NATO und Russland fest" (BMVg 2016: 66).

Da dieses Ziel unter den Bedingungen des Ukraine-Konflikts nicht zu verwirklichen sei, müsse der Doppelansatz im Vordergrund stehen:

„Ohne eine grundlegende Kursänderung wird Russland [...] auf absehbare Zeit eine Herausforderung für die Sicherheit auf unserem Kontinent darstellen. Zugleich verbindet Europa mit Russland aber nach wie vor ein breites Spektrum gemeinsamer Interessen und Beziehungen. Als größter Nachbar der EU und ständiges Mitglied im Sicherheitsrat der VN kommt Russland regional wie global eine besondere Verantwortung bei der Bewältigung gemeinsamer Herausforderungen und internationaler Krisen zu. Nachhaltige Sicherheit und Prosperität in und für Europa sind daher auch künftig nicht ohne eine belastbare Kooperation mit Russland zu gewährleisten" (ebd.).

Auf der Grundlage dieser Analyse und Zielvorstellungen gestaltete die Bundesregierung auch die Strategieentwicklung in der Europäischen Union und der NATO mit. Im Bündnis setzte sie das Festhalten an der *NATO-Russland-Grundakte* von 1997 ebenso durch wie das Angebot eines „substantial and meaningful dialogue" (NATO 2016), dass auch zu einer – bisher allerdings wenig ertragreichen – Wiederaufnahme der Beratungen des *NATO-Russland-Rates* führte. Deutschland setzte sich nicht nur für *Dialog mit Russland* ein, sondern beteiligte sich aktiv an der *militärischen Rückversicherung der osteuropäischen Bündnismitglieder.* Auf diese Weise sollte Russland die Entschlossenheit der Allianz zum Schutz des Bündnisgebiets und der besonders exponierten Staaten – Estland, Lettland, Litauen und Polen – demonstriert werden. In der Folge wurde Anfang 2017 ein von der Bundeswehr geführtes, multinationales Bataillon unter Beteiligung von rund 450 deutschen Soldatinnen und Soldaten in Litauen stationiert, während Großbritannien, Kanada und die USA die Führungsfunktion in den drei anderen Staaten wahrnahmen. Diese Stationierung erfolgte im Einklang mit der NATO-Russland-Akte. Sie ist – mit etwa 1000 Soldat/innen pro Land – eher *symbolisch* als *militärisch relevant*, gleichwohl als Solidaritätsversprechen ernst zu nehmen und *angemessen* zur Stärkung der subjektiven Sicherheitsperzeption. Deutschland machte außerdem seine Bereitschaft zur schrittweisen Aufhebung der gegen Russland verhängten Sanktionen deutlich, was allerdings die volle Umsetzung der Minsker Abkommen zur Voraussetzung hatte. Besonders Außenminister Steinmeier brachte mehrfach eine schrittweise Aufhebung dieser Sanktionen ins Gespräch und sprach sich unter Bezugnahme auf Großmanöver der NATO an der russischen Grenze gegen „Säbelrasseln und Kriegsgeheul" aus (Spiegel Online 2016). Deutschland beteiligte sich führend an der ökonomischen und politischen *Stabilisierung der Ukraine*, vetierte aber unverändert – wie vor Beginn des Konflikts – *gegen eine Zugehörigkeit des Landes zur EU oder NATO*. Auch die ukrainische Regierung wurde aufgefordert, ihre Verpflichtungen aus den Minsk II-Vereinbarungen einzuhalten, insbesondere die Schaffung einer Autonomieregelung für die Gebiete Donezk und Lugansk umzusetzen.

Obwohl die Bundesregierung ihre bilateralen Beziehungen zur russischen Führung immer wieder diplomatisch nutzte, kam für sie ein *bilaterales Sonderverhältnis* oder eine bilaterale Politik über die Köpfe der mittel- und osteuropäischen Partner hinweg zu keinem Zeitpunkt in Frage. Gerade weil sich Deutschland für eine *Doppelstrategie* von Dialog und Abschreckung einsetzte, blieb sein Handeln fest im Rahmen von EU und NATO verankert. Im Ukraine-Konflikt wuchs es „als zentraler Akteur in Europa" (BMVg 2016: 22) in eine *außen- und sicherheitspolitische Führungsrolle* hinein, auf die es – den eigenen Interessen folgend – nicht verzichten wird. Das Ziel der deutschen Politik besteht unverändert darin:

- die territoriale Integrität und Souveränität der Ukraine voll wiederherzustellen;
- die regelbasierte internationale und europäische Ordnung zu verteidigen;
- ein einheitliches Handeln der EU und der NATO zu gewährleisten; damit
- die Glaubwürdigkeit des Bündnis- bzw. Solidaritätsversprechens zu stärken;
- den Dialog mit Russland aufrecht zu erhalten und Russland auf längere Sicht und nach einer Regelung des Konflikts als Partner zurückzugewinnen.

5. Antagonismus managen, Eskalation einhegen, Vertrauen schrittweise aufbauen

Die fünf folgenden Vorschläge zielen darauf ab, destruktive Entwicklungen zu verhindern und neue Zusammenarbeit zu ermöglichen. Sie können dazu beitragen, den Konflikt zwischen Russland und dem Westen in friedenstauglicher Weise einzuhegen. Auch unter den gegenwärtigen politischen Rahmenbedingungen sind *kleine Schritte* besser als *große Worte*.

5.1 Vertrauensbildende Maßnahmen und Rüstungskontrolle

Die Konfrontation zwischen Russland und dem Westen findet ihren Ausdruck auch in neuen *militärischen Spannungen und Risiken*, z.B. in gefährlichen Flugbewegungen und Luftraumverletzungen, in Beinahe-Kollisionen von Kriegsschiffen, in der Rückkehr zu größeren und in Grenznähe stattfindenden Manövern sowie in der Stationierung zusätzlicher Truppen und Waffen. Diese Entwicklungen müssen äußerst ernst genommen werden, denn aus einer kleineren militärischen *Kollision* kann unter den gegenwärtigen Umständen durchaus eine nicht intendierte, gefährliche *Eskalation* erwachsen. Daher ist es zwingend erforderlich, dass die vorhandenen Instrumente des *Krisenmanagements* und der *Krisenkommunikation* aktiviert und – sofern nicht mehr vorhanden – neu aufgebaut werden. Bei *militärischen Zwischenfällen* muss eine schnelle und sichere Verständigung im militärischen sowie im politisch-diploma-tischen Bereich gewährleistet sein. Generell sollten regelmäßige Kontakte zwischen Militärs themenbezogen (z.B. Cybersicherheit) ausgebaut und institutionalisiert werden. Darüber hinaus ist es unbedingt erforderlich, die innerhalb der OSZE vor und vor allem nach dem Ende des Ost-West-Gegensatzes vereinbarten *Vertrauens- und Sicherheitsbildenden Maßnahmen* (VSBM) politisch wieder ernst zu nehmen und umfassend zu praktizieren. Das gilt besonders für das grundlegende *Wiener Dokument*. Die volle Anwendung der dort vereinbarten Vertrauens- und Sicherheitsbildenden Maßnahmen würde nicht nur zur allseitigen *Berechenbarkeit* und *Transparenz* beitragen, sondern auch dem um sich greifenden Misstrauen über konkrete militär- bzw. sicherheitspolitische Absichten der jeweils anderen Seite entgegenwirken und *neues Vertrauen* fördern. Vertrauens- und Sicherheitsbildende Maßnahmen sind gerade in einer Spannungssituation unverzichtbar, um Risiken zu minimieren und Eskalationen vorzubeugen oder diese bei möglichen Zwischenfällen zu verhindern. Es ist daher nicht funktional, ihre Anwendung oder Weiterentwicklung von Fortschritten in der politischen Gesamtentwicklung abhängig zu machen.

Auch die bestehenden *Rüstungskontrollregime* in und für Europa wurden in der Folge des Ukraine-Konflikts beschädigt und ihr Bestand teilweise in Zweifel gezogen.[3] Damit hat sich eine bereits seit längerer Zeit um sich greifende *Geringschätzung des politischen Instruments der Rüstungskontrolle* noch verstärkt. Hauptursächlich dafür war – und ist – die quantitative und qualitative Überlegenheit des Westens – besonders der USA – im Rüstungssektor, die Rüstungsbegrenzung überflüssig erschienen ließ.[4] Ursächlich für

---

3 Vgl. den Beitrag von Ulrich Kühn in diesem Band.

4 August Pradetto (2017: 98) weist zutreffend darauf hin, dass die NATO über die Hälfte und der politische Westen insgesamt sogar drei Viertel der weltweiten Verteidigungsausgaben bestreitet. Die von Präsident Trump angestrebte Aufrüstung dürfte diese Verhältnisse noch verfestigen.

diese negative Entwicklung ist aber auch der *Verlust an Wissen über die Funktionen dieses politischen Instruments*. Rüstungskontrolle erzeugt Berechenbarkeit, indem sie Waffen bzw. Waffensysteme vertraglich und überprüfbar beschränkt. Ähnlich wie VSBM leistet sie damit einen Beitrag zur *Reduzierung sicherheitspolitischer Risiken* und zur Herstellung von *Erwartungsverlässlichkeit*. Ebenso kann sie dazu beitragen, dass knappe Ressourcen für andere staatliche Aufgaben zur Verfügung gestellt werden können (vgl. Neuneck 2012). Aufgrund der Entwicklung von modernen Rüstungstechnologien und der (noch) schwer zu verregelnden Cybersphäre ist Rüstungskontrolle unter qualitativen Aspekten gegenwärtig schwerer zu erreichen als in den 1970er oder 1980er Jahren. Es fehlt beiderseits am politischen Willen. An neuen *Rüstungswettläufen* haben gerade die Staaten Europas objektiv kein Interesse. Mehr Rüstung führt nicht zwangsläufig zu mehr Sicherheit. Eine NATO-weite Erhöhung der Verteidigungshaushalte auf zwei Prozent des Bruttosozialprodukts würde nicht nur bestimmte Fähigkeitslücken schließen, sondern – darüber hinausgehend – zu neuen Instabilitäten und Gegenmaßnahmen führen. Die Kontrolle von Rüstungen bleibt deshalb die angemessenste und *friedenstauglichste Strategie* auch angesichts eines neuen Antagonismus. Für den Bereich der konventionellen Rüstungskontrolle hat der deutsche OSZE-Vorsitz 2016 zielführende Vorschläge vorgelegt (vgl. Richter 2016b). Dringend notwendig ist außerdem ein Dialog der USA und Russlands über die Beibehaltung des Vertrags zur vollständigen Abschaffung der nuklearen Mittelstreckenwaffen (INF-Vertrag), in dessen Rahmen auch öffentlich diskutierte Vertragsverletzungen zu klären sind (vgl. Kühn/Péczeli 2017).

5.2 Politischer Dialog unter Ausschöpfung der Möglichkeiten der OSZE

Der Ukraine-Konflikt hatte umgehend die Reaktivierung der OSZE zur Folge: „Nach einer Dekade der Marginalisierung hat sich die Organisation für Sicherheit und Zusammenarbeit in Europa seit Frühjahr 2014 als die einzige Regionalorganisation erwiesen, die […] zur Deeskalation der Ukraine-Krise beitragen kann“ (Richter 2016a: 1). Die OSZE richtete mit der *Special Monitoring Mission* (SMM) zur Überwachung der Minsk-Vereinbarungen in der Ost-Ukraine ihre bisher größte Langzeitmission ein und wurde, darüber hinaus, wieder zu einem zentralen Forum für den Dialog über europäische Sicherheit. Nachdem EU und NATO als *teileuropäische Organisationen* die europäische Sicherheitspolitik über zwei Jahrzehnte hinweg nahezu vollständig dominiert hatten, rückte mit dieser Reaktivierung der OSZE die *gesamteuropäische Perspektive* stärker in den Vordergrund (vgl. Hauser 2016). Die OSZE ist *funktional unverzichtbar*, weil alle Konfliktbeteiligten allein in dieser Organisation gleichberechtigt mitwirken (*Inklusivität*) und Beschlüsse nur einvernehmlich möglich sind (*Konsensprinzip*). Es erwies sich als außergewöhnlich glücklicher Umstand, dass 2014 der Außenminister der Schweiz den OSZE-Vorsitz innehatte und die eidgenössische Diplomatie ab März 2014 äußerst engagiert dafür arbeitete, eine weitere Eskalation zu verhindern und den Dialog wiederherzustellen (vgl. Nünlist 2014). Der Schweiz folgten mit Serbien (2015), Deutschland (2016) und Österreich (2017) weitere *like-minded states*, die dieses Engagement in enger Abstimmung untereinander fortsetzten: 2018 wird sich Italien dieser Serie anschließen. Mit Frank-Walter Steinmeier übernahm nach Hans-Dietrich Genscher (1991) zum zweiten Mal ein deutscher Außenminister den Vorsitz der Organisation. Das unter die Devise *Dialog erneuern, Vertrauen neu aufbauen, Sicherheit wieder herstellen* gestellte Arbeitsprogramm der deutschen Präsidentschaft 2016 zielte darauf ab, Dialog und Kooperation in allen Politikbereichen zu verdichten, die vollständige Umsetzung der Minsk-Vereinbarungen herbeizuführen und Vertrauensbildung sowie Rüstungskontrolle für den OSZE-Raum durch konkrete Projekte neu anzustoßen.[5] Dabei konnte der deutsche Vorsitz auf Vorschläge des 2014 ebenfalls auf deutsche Initiative hin eingesetzten *Panel of Eminent Persons on European Security as a Common Project* zurückgreifen. Dieses Gremium unter Leitung des deutschen Diplomaten Wolfgang Ischinger hatte in seinem Abschlussbericht u.a. vorgeschlagen: neue Vertrauensbildung durch einen Prozess aktiver Diplomatie, Bekräftigung der Prinzipien der Helsinki-Schlussakte, Neustart der konventionellen Rüstungskontrolle, Überprüfung der Möglichkeiten ökonomischer Konnektivität als Kooperationselement, Wiederaufnahme der Anstrengungen zur Lösung der *eingefrorenen Konflikte* wie in Georgien (Abchasien/Südossetien) oder Moldawien (Transnistrien) (Panel 2015).

Die große Leistung der OSZE seit 2014 besteht darin, einen wesentlichen Beitrag zur *Einhegung* des Ukraine-Konflikts erbracht und den *Dialog* über gesamteuropäische Sicherheit neu initiiert und dann verstetigt zu haben. Unter den gegebenen Rahmenbedingungen stellt diese Aufrechterhaltung eines inklusiven Dialogs einen *Wert an sich* dar. Darüber hinaus haben sich die Vorsitze insbesondere Deutschlands und Österreichs um Fortschritte bei konkreten Projekten (z.B. VSBM und Rüstungskontrolle) bemüht, ohne damit – kurzfristig – erfolgreich zu sein. Die Widerstände gegen diese Initiativen kommen keineswegs allein aus Russland, sondern – je nach Thematik – auch aus westlichen Staaten. Einige Staaten sperren sich generell gegen eine Aufwertung der OSZE; andere machen wiederum eine Regelung des Ukraine-Konflikts zur Vorbedingung für Verhandlungen oder für Ergebnisse bei Fragen, die mit der Ukraine nichts zu tun haben. Diese divergierenden Strategien erinnern stark an entsprechende Lagerbildungen innerhalb der KSZE

5 Vgl. die Dokumentation des Arbeitsprogramms in diesem Band.

während des Ost-West-Konflikts. Ebenso zurückgekehrt ist das mangelnde Vertrauen. Gerade deshalb kommt der OSZE als einzigem gesamteuropäischem Forum eine unverzichtbare Funktion zu. Im Prozess eines anzustrebenden Wandels der politischen Rahmenbedingungen sollte:

- ihr Potenzial und ihre Instrumente vor allem bei Konfliktprävention und Konfliktmanagement, Vertrauens- und Sicherheitsbildung sowie gesamteuropäischer Sicherheitskooperation voll ausgeschöpft werden;
- sich die Aktivierung der OSZE nicht auf die Sicherheitspolitik beschränken, sondern andere Bereiche der ganzheitlich zu verstehenden Schlussakte von Helsinki wie die *wirtschaftliche Zusammenarbeit* und die *menschliche Dimension* in vergleichbarer Intensität erfassen;
- dem KSZE-Vorbild folgend, die themenbezogene Zusammenarbeit über Bündnis- bzw. Organisationszugehörigkeiten hinweg gesucht werden.

Ebenfalls wieder belebt werden muss der Dialog zwischen NATO und Russland. Die *NATO-Russland-Grundakte* von 1997 liefert dafür einen institutionellen Rahmen. Ihre Erhaltung und Respektierung liegt deshalb im Eigeninteresse aller Beteiligten. Es war und ist falsch, die Arbeit des NATO-Russland-Rates – wie schon 2008 beim Georgien-Konflikt – in Krisenzeiten zu unterbrechen. Gerade der Umgang mit Krisen erfordert den offenen und häufigen Austausch. Daher ist es funktional geboten, dass auch der NATO-Russland-Rat aktiviert wird und zu regelmäßigen Sitzungen zurückkehrt. Diese sollten regelmäßig auch auf Ebene der Außen- bzw. Verteidigungsminister erfolgen.

5.3 Track II-Dialoge

Vertrauen zwischen Russland und dem Westen muss, wie bereits begründet, wieder aufgebaut werden. Zwischenstaatliche Gesprächsformate in bilateralen oder multilateralen Beziehungen sind dafür unverzichtbar, reichen aber – wie sich in den letzten Jahren gezeigt hat – nicht aus. Sie sollten ergänzt und vorbereitet werden durch möglichst auf Zeit angelegte und thematisch eingegrenzte *Dialogformate zwischen Expert/innen* unter Beteiligung von Wissenschaft, Diplomatie und Wirtschaft. Solche in der Regel nicht-öffentlichen Track II-Formate haben sich in den unterschiedlichsten Spannungs- und Krisensituationen bewährt, um offizielle Gespräche durch inhaltlich offene, prozedural aber vertrauliche Diskussion erfolgreich vorzubereiten. Sie können insbesondere dazu dienen, vorhandene *Gemeinsamkeiten* genau zu definieren (und ggfs. in den Vordergrund zu stellen), *unvereinbare Auffassungen* zu identifizieren und evtl. einzuhegen (*agree to disagree*), *Verständigungsmöglichkeiten* über inhaltliche und prozessuale Themen unterhalb der

Schwelle förmlicher Kontakte auszuloten bzw. vorzubereiten.[6] Außerdem können in diesen Track II-Formaten *Vertrauensbeziehungen* zwischen den beteiligten Akteuren entstehen und auf diese Weise *Krisenkommunikation* unterstützt werden. Aufgrund der früheren und zu großen Teilen immer noch vorhandenen Kooperationsdichte insbesondere zwischen Russland und vielen europäischen EU- und NATO-Mitgliedern können Track II-Formate in verschiedenen Bereichen sinnvoll sein; ganz besonders sind sie das in Bezug auf die politischen Beziehungen und die Sicherheitspolitik.

5.4 Verbindung zwischen den Gesellschaften stärken: Wissenschaft, Tourismus, Kultur, kommunale Partnerschaften

Als Folge des Ukraine-Konflikts haben sich nicht nur das Verhältnis zwischen den westlichen *Staaten* und Russland verschlechtert, sondern auch die Beziehungen zwischen den westlichen und der russischen *Gesellschaft*. Diese Entfremdung hat schon vor dem Konflikt eingesetzt. Auf westlicher Seite wurde sie gefördert durch die zunehmend *autoritäre Herrschaftsausübung* Präsident Putins, insbesondere die Behinderung von Zivilgesellschaft und politischer Opposition. Eine weitere Konfliktlinie stellte die *Geschichts- und Vergangenheitspolitik* dar, insbesondere in den Staaten, die bis 1989/91 zum sowjetischen Machtbereich gehört hatten. Dabei mischten sich berechtigte Forderungen nach einer Auseinandersetzung Russlands mit der sowjetischen Repressions- und Besatzungspolitik mit nationalistischen, grundsätzlich gegen Russland gerichteten Einstellungen. Dagegen kritisierten Teile der russischen Gesellschaft gegenüber dem Westen mangelnde Empathie für russische Interessen und eine Abwendung von traditionellen Konzepten von Ehe und Familie. Einseitigkeiten medialer Berichterstattung sind als ein weiterer Einflussfaktor anzusehen. Beide Seiten entfernten sich immer mehr vom Leitbild eines *Gemeinsamen Hauses Europa*, das unmittelbar nach dem Ende des Ost-West-Konflikts die europäisch-russischen Beziehungen geprägt hatte. Der Ukraine-Konflikt hat diese wechselseitigen Perzeptionen noch befördert und zugespitzt. Als überwunden angenommene *Feindbilder* sind zurückgekehrt. Die Unterstützung der russischen Führung für rechtspopulistische bzw. rechtsextreme Parteien und Bewegungen in der EU wie *Front National* und *Alternative für Deutschland* sowie eine offensive bis aggressive Desinforma-

---

6 Ein sehr gutes Beispiel für einen solchen Track II-Dialog stellt die gemeinsame Expertengruppe des US-amerikanischen Center for Strategic and International Studies (CSIS), Russia and Eurasia Programm, und des Russian International Affairs Council dar, die im März 2017 einen Bericht mit zahlreichen Empfehlungen (betreffend Cybersicherheit, Energie- und Arktiskooperation, den Nahen und Mittleren Osten, die Ukraine, Rüstungskontrolle/strategische Stabilität, Terrorbekämpfung, wirtschaftliche Zusammenarbeit) für eine künftige US-amerikanisch-russische Zusammenarbeit vorlegte. Vgl. CSIS/Russian International Affairs Council 2017.

tionspolitik russischer Auslandsmedien haben zum weiteren Auseinanderdriften beigetragen.

Auf dem Weg zur Bildung neuen Vertrauens sind intensive Verbindungen zwischen den Gesellschaften des europäischen Kontinents unverzichtbar, um einer geistig-politischen Abschottung voreinander entgegenzusteuern. Umfassende gesellschaftliche Kontakte können das Verständnis für andere Sichtweisen erhöhen und Zusammenarbeit im nicht-politischen Bereich verstärken oder neu begründen. Das Spektrum solcher Kontakte reicht vom Tourismus über Kultur- und Wissenschaftskooperation bis hin zum Jugend- und Studierendenaustausch. Die große Mehrzahl dieser Kontakte besteht auch nach dem Konflikt fort. Sinnvoll sind u.a. eine Intensivierung der Wissenschaftskooperation, die Begründung neuer Partnerschaften und die Ausweitung des Austausches von Wissenschaftler/innen und Studierenden; die Ausweitung von Städte- und Gebietspartnerschaften, die sich inhaltlich mit allen Fragen ihrer Kompetenz befassen können, sowie der bereits im *deutsch-russischen Partnerschaftsvertrag* von 1990 grundsätzlich angestrebte Verzicht auf die *Visapflicht* im bilateralen Reiseverkehr zwischen Russland und dem Schengen-Raum.

5.5 Eurasische Konnektivität in der Seidenstraßen-Initiative als Kooperationsfeld

Die wirtschaftlichen Beziehungen zwischen Russland (zuvor der Sowjetunion) und wichtigen europäischen Staaten haben immer eine stabilisierende Wirkung auf die politischen bzw. Gesamtbeziehungen gehabt. Diese Funktion sollte stärker genutzt werden. Die seit 2014 verhängten Wirtschaftssanktionen behindern zwar in einigen Sektoren die russische Volkswirtschaft, sie beeinträchtigen den vorhandenen ökonomischen Austausch aber nicht in der Substanz. Durch die Sanktionen werden neue Projekte bzw. Investitionen jedoch eher abgeschreckt und eine Abwendung Russlands vom Wirtschaftsraum Europa bewirkt. Eine solche Entwicklung ist kontraproduktiv. Daher sollten neue Möglichkeiten genutzt werden, um Wirtschaftskooperation zu fördern. Ein solches Kooperationsfeld könnte die Mitwirkung in der chinesischen *Seidenstraßen-Initiative* (*One Belt, One Road*) sein (vgl. Godehardt 2014). Mit dieser strategisch konzipierten Initiative will China seine ökonomischen Verbindungen nach Europa unter Einschluss Russlands, nach Zentralasien und nach Südasien stärken; u.a. durch Aufbau von Infrastrukturen. Die Europäische Union beurteilt dieses Projekt grundsätzlich positiv und hat als erste Antwort eine eigene *Konnektivitätsinitiative* formuliert, die unter der deutschen Präsidentschaft auch in die OSZE eingeführt wurde. Eine Kooperation in diesem Format würde die Verbindungen zwischen den Beteiligten in einem Sachbereich stärken, der politisch weniger sensitiv ist als Sicherheitspolitik. Erfolge bei dieser Kooperation könnten sich, dem Modell des *spill-over* folgend, positiv auf die Gesamtbeziehungen auswirken und neue Gemeinsamkeiten schaffen.

5.6 Fazit

Ein friedlicher Wandel auf der Grundlage von wechselseitigem Verständnis für die jeweiligen Interessen und Respekt vor der jeweils anderen Seite bleibt möglich. Ein solcher Wandel wird nur stattfinden, wenn keine Seite versucht, der anderen Seite ihren Willen aufzuzwingen. Die Fähigkeit zur Empathie bildet die unverzichtbare Grundlage für eine rationale Außen- und Sicherheitspolitik. Nach wie vor gibt es zwischen Russland, der Europäischen Union und der NATO bedeutsame gemeinsame Interessen, die stärker in den Vordergrund gerückt werden sollten. Eine Rückkehr zu *strategischen Partnerschaften* ist ohne Regelung des Ukraine-Konflikts nicht denkbar, wohl aber ein *kluges Management des Antagonismus*, um auf diese Weise die Perspektive einer friedenstauglichen *neuen Normalität* offen zu halten.

Literatur

Adenauer, Konrad (1960): Rede im Deutschen Bundestag. Verhandlungen des Deutschen Bundestages, Stenographische Berichte, Band 45, Bonn, S. 5939.

Allison, Roy (2014): Russian „deniable“ intervention in Ukraine. How and why Russia broke the rules. In: International Affairs 90, Nr. 6, S. 1255-1297.

Bundesministerium der Verteidigung (BMVg) (Hrsg.) (2016): Weissbuch 2016 zur Sicherheitspolitik und zur Zukunft der Bundeswehr. Berlin.

Center for Strategic and International Studies (CSIS), Russia and Eurasia Program/Russian International Affairs Council (2017): A Roadmap for U.S.-Russia Relations. Washington D.C./Moscow.

Charap, Samuel/Troitskiy, Mikhail (2013): Russia, the West and the Integration Dilemma. In: Survival 55, Nr. 6, S. 49-62.

Czempiel, Ernst-Otto (1991): Weltpolitik im Umbruch. Das internationale System nach dem Ende des Ost-West-Konflikts, München.

Czempiel, Ernst-Otto (1999): Kluge Macht. Außenpolitik für das 21. Jahrhundert, München.

Fukuyama, Francis (1992): The End of History and the Last Man. New York.

Genscher, Hans-Dietrich (1991): Rede vor der Versammlung der Westeuropäischen Union am 23.3.1990. In: Genscher, Hans-Dietrich (1991): Unterwegs zur Einheit. Reden und Dokumente aus bewegter Zeit, Berlin, S. 257-268.

Genscher, Hans-Dietrich (1995): Erinnerungen. Berlin.

Genscher, Hans-Dietrich (1997): Ein Gesamtkonzept statt Hektik. In: Der Tagesspiegel, 13.2.1997, S. 8.

Godehardt, Nadine (2014): Chinas „neue“ Seidenstraßeninitiative. Regionale Nachbarschaft als Kern der chinesischen Außenpolitik unter Xi Jinping, SWP-Studie, Juni 2014, Berlin.

Hauser, Gunther (2016): Die OSZE. Konfliktmanagement im Spannungsfeld regionaler Interessen, Opladen/Berlin/Toronto.

Heumann, Hans-Dieter (2012): Hans-Dietrich Genscher. Die Biographie, Paderborn.

Kennan, George F. (1997): Ein Fehler mit schlimmen Folgen. In: Die Zeit, 14.2.1997, S. 8.

Kissinger, Henry (1966): Die deutsche Frage als Problem der europäischen und der internationalen Sicherheitspolitik. In: Europa-Archiv 21, Nr. 23, S. 831-838.

Kommission „Europäische Sicherheit und Zukunft der Bundeswehr“ am Institut für Friedensforschung und Sicherheitspolitik Hamburg (IFSH) (2015): Ost-West-Beziehungen: Vertrauensbildung ist notwendig, Hamburg.

Kühn, Ulrich (2010): Russlands Vorschläge für eine neue europäische Sicherheitsordnung: Déjà-vu oder Chance zum Dialog? In: Staack, Michael (Hrsg.) (2010): Gesamteuropäische Friedensordnung 1989-2009, Bremen, S. 138-159.

Kühn, Ulrich/Péczeli, Anna (2017): Russia, NATO, and INF Treaty. In: Strategic Studies Quarterly 11, Nr. 1, S. 66-99.

Link, Werner (1986): Außen- und Deutschlandpolitik in der Ära Brandt 1969-1974. In: Bracher, Karl D./Jäger, Wolfgang/Link, Werner (Hrsg.) (1986): Republik im Wandel 1969-1974. Die Ära Brandt, Stuttgart/Mannheim 1986, S. 169-179.

Luchterhandt, Otto (2014): Die Krim-Krise von 2014. Staats- und völkerrechtliche Aspekte. In: Osteuropa 5. Zerreißprobe. Ukraine: Konflikt, Krise, Krieg, S. 61-86.

Mälksoo, Lauri (2015): Russian Approaches to International Law, Oxford.

Mommsen, Margareta (1996): Wohin treibt Russland? Eine Großmacht zwischen Anarchie und Demokratie, München.

NATO (2016): NATO after the summit in Warsaw: adapting to new security challenges – a German perspective. Key-note address by Ambassador Hans-Dieter Lucas at the Adenauer Forum on 28 September 2016, in Brussels, http://www.nato.diplo.de/Vertretung/nato/de/01/2016-09-28__Key-note__address__Adenauer__Forum.html (Zugriff am 8.3.2017).

Neuneck, Götz (2012): Nichtweiterverbreitung, Abrüstung und Rüstungskontrolle. In: Staack, Michael (Hrsg.) (2012): Einführung in die Internationale Politik. Studienbuch, 5. Aufl., München, S. 737-785.

Nünlist, Christian (2014): Testfall Ukraine-Krise. Das Konfliktmanagement der O-SZE unter Schweizer Vorsitz. In: Bulletin 2014 zur schweizerischen Sicherheitspolitik, S. 35-61.

Open Letter to President Clinton (1997): Global Beat. Former Policy-Makers Voice Concern Over NATO Expansion, June 26, 1997, http://www.bu.edu/globalbeat/nato/postpone062697.html (Zugriff am 8.3.2016).

Panel of Eminent Persons on European Security as a Common Project (2015): Back to Diplomacy. Final Report and Recommendations of the Panel of Eminent Persons on European Security as a Common Project, Vienna.

Pradetto, August (2017): Der Krieg finanziert den Krieg. Die Transatlantischen Beziehungen vor und mit Trump, In: Blätter für deutsche und internationale Politik 62, Nr. 4, S. 97-106.

Putin, Vladimir (2007): Speech and the Following Discussion at the Munich Conference on Security Policy. February 10, 2007, http://en.kremlin.ru/events/president/transcripts/24034 (Zugriff am 21.3.2017).

Richter, Wolfgang (2016a): Neubelebung der konventionellen Rüstungskontrolle in Europa. Ein Beitrag zur militärischen Stabilität in Zeiten der Krise, SWP Aktuell, Berlin.

Richter, Wolfgang (2016b): Deutscher OSZE-Vorsitz 2016. Strategische Herausforderungen, SWP Aktuell, Berlin.

Sarotte, Mary Elise (2010a): Not One Inch Eastward? Bush, Baker, Kohl, Genscher, Gorbachev, and the Origin of Russian Resentment toward NATO Enlargement in February 1990. In: Diplomatic History 34, Nr. 1, S. 119-139.

Sarotte, Mary Elise (2010b): Perpetuating U.S. Preeminence. The 1990 Deals to „Bribe the Soviets Out" and Move NATO In. In: International Security 35, Nr. 1, S. 110-137.

Schröder, Hans-Henning (2008): Ein kurzer siegreicher Krieg … . Russische Sichtweisen der Kaukasus-Krise. In: Schröder, Hans-Henning (Hrsg.): Die Kaukasus-Krise. Internationale Perzeptionen und Konsequenzen für deutsche und europäische Politik, SWP-Studie, Berlin, S. 7-11.

Spiegel Online (2016): Steinmeier kritisiert Nato-Manöver: Säbelrasseln und Kriegsgeheul. In: Spiegel Online, 18.6.2016, http://www.spiegel.de/politik/ausland/frank-walter-steinmeier-kritisiert-nato-manoever-in-osteuropa-a-1098360.html (Zugriff am 1.7.2016).

Staack, Michael (1997): NATO-Erweiterung und gesamteuropäische Sicherheit – Ein Zielkonflikt für Deutschlands Außenpolitik? In: Die Friedens-Warte 72, Nr. 3, 1997, S. 273-286.

Staack, Michael (2000): Handelsstaat Deutschland. Deutsche Außenpolitik in einem neuen internationalen System, Paderborn.

Staack, Michael (2015): Der Ukraine-Konflikt und die gesamteuropäische Sicherheit, Opladen/Berlin/Toronto.

Staack, Michael/Krause, Dan (Hrsg.) (2015): Schutzverantwortung in der Debatte. Die „Responsibility to Protect" nach dem Libyen-Dissens, Opladen/Berlin/Toronto.

Süddeutsche Zeitung (1992): Zitat von Hans-Dietrich Genscher, 15.2.1992, S. 2.

Zagorski, Andrej (1997): Die Entwicklung der russischen Position zur NATO-Erweiterung. In: Die Friedens-Warte 72, Nr. 3, S. 259-272.

Anlage: Ziele der bundesdeutschen KSZE-Politik (1990-1991)

- Der Sowjetunion, die eine Isolierung befürchtete, eine neue Rolle in der europäischen Zusammenarbeit zu sichern und ihre Mitsprache in europäischen Angelegenheiten zu legitimieren;
- Den mittel- und osteuropäischen Reformstaaten im Vorfeld einer EG-Assoziierung oder -Mitgliedschaft den Anschluss an Demokratie, Rechtsstaat und Marktwirtschaft zu gewährleisten und damit auch deren innenpolitische Reformprozesse abzusichern.

Vorschläge der Bundesregierung bzw. von Außenminister Genscher für den institutionellen Ausbau des bisherigen Konferenzprozesses KSZE (1990-1991)

- Regelmäßige Gipfelkonferenzen etwa im Zwei-Jahres-Rhythmus
- Ein regelmäßig tagender Rat der Außenminister und ein Rat der Verteidigungsminister;
- Ein parlamentarisches Gremium für die KSZE Einrichtung eines Europäischen Sicherheitsrates;
- Regelmäßige Treffen der Generalstabschefs;
- Ein Zentrum für die Verifikation von Rüstungskontrollabkommen;
- Ein Europäisches Konfliktverhütungszentrum zur frühzeitigen Erkennung und Schlichtung von Konflikten;
- Eine Vernetzung aller KSZE-Staaten durch ein hochmodernes Kommunikationssystem („Heißer Draht“);
- Eine Institution zur Koordinierung der wirtschaftlichen Zusammenarbeit, z.B. unter Einbeziehung der (1991 gegründeten) Europäischen Bank für Wiederaufbau und Entwicklung (EBRD);
- Eine Europäische Umweltagentur;
- Eine Ausdehnung der Forschungszusammenarbeit im Rahmen der EG-Forschungsinitiative EUREKA auf ganz Europa unter dem Dach der KSZE;
- Ebenfalls im Rahmen der KSZE eine institutionalisierte Zusammenarbeit der Europäischen Weltraumbehörde (ESA) mit entsprechenden Einrichtungen des Ostens;
- Ein Zentrum für die Entwicklung einer europäischen Telekommunikationsstruktur;
- Ein Zentrum für die Entwicklung einer europäischen Verkehrsinfrastruktur und Verkehrspolitik;

- Ein Zentrum für die Entwicklung eines einheitlichen Rechtsraums mit dem Ziel der Rechtsangleichung in ganz Europa;
- Eine gesamteuropäische Institution zur Sicherung der Menschenrechte, z.B. durch die Ausdehnung der Zuständigkeit des Menschenrechtsgerichtshofes bzw. der Menschenrechtskommission des Europarates.

Dokumentation: Renewing dialogue, rebuilding trust, restoring security: The priorities of the German OSCE Chairmanship in 2016

Federal Foreign Office 2016

Germany is assuming the Chairmanship of the Organization for Security and Co-operation in Europe in turbulent times. We are taking on this job in full awareness of the crisis currently besetting Europe's security architecture and of the OSCE's central significance for our common security in Europe and of the role it could play.

45 years ago, Willy Brandt spoke of that „redeeming cooperation" which is necessary if we are to join forces and address the challenges of our time that affect us all. We can only do so successfully if we reaffirm the principles and foundations on which our security architecture is built. We ought to strengthen the OSCE and its institutions and instruments and draw on the expertise the organization has acquired in the course of decades spent working for peace and security. We will work to renew dialogue between the OSCE participating States in order to regain mutual trust and to restore common security.

By assuming the Chairmanship of the OSCE Germany is also assuming more responsibility for peace and security in Europe. We aspire to the vision of a space of indivisible security and cooperation in a spirit of trust, as enshrined in CSCE and OSCE documents ever since the Helsinki Final Act. It is my conviction that we will be able to turn this vision into reality and bring it to life if together we find the political will to do so. I look forward to serving as Chairperson-in-Office and I hope that together with the 57 OSCE participating States and the Partners for Co-operation, we will in 2016 move closer to realizing this vision.

Frank-Walter Steinmeier

In assuming the OSCE Chairmanship in 2016, Germany is taking on *responsibility for security and cooperation in Europe* during one of the severest crises in Europe's security order since the end of the Cold War.

Germany wants to use its OSCE Chairmanship in 2016 to foster dialogue and restore trust, thus enhancing long-term security in Europe. The motto of the German OSCE Chairmanship in 2016 is therefore *Renewing dialogue, rebuilding trust, restoring security*.

Europe is facing a large number of serious *threats* and *challenges*, some of which are new. They can only be overcome through joint cooperative action. To this end, Germany wants to use, maintain and consolidate the OSCE as a cornerstone of European security.

- The CSCE/OSCE has always stood for *dialogue and confidence-building in Europe* – including and indeed particularly during times of great tension. As an organization, it has important *operational capacities* in the fields of early warning, conflict prevention, conflict management and conflict resolution.
- With its *comprehensive view of security* comprising a politico-military dimension, an economic and environmental dimension, and a human dimension, the OSCE is a cornerstone of Europe's *security architecture*. It has *strong independent institutions* – the Office for Democratic Institutions and Human Rights (ODIHR), the High Commissioner on National Minorities and the Representative on Freedom of the Media – and effective *field operations* in the Western Balkans, Eastern Europe, the Southern Caucasus and Central Asia.

As Chair, Germany places utmost importance on strengthening the CSCE and *OSCE's principles and commitments* jointly agreed by all participating States since the Helsinki Final Act of 1975 and on working towards their implementation in all States. The following action lines and projects will shape Germany's commitment to its Chairmanship.

1. Crisis and conflict management

The German Chairmanship will put an emphasis on *crisis* and *conflict management* in the OSCE area. This applies in particular to the conflict in and around *Ukraine*.

As OSCE Chair, Germany has political responsibility for the work of important OSCE instruments for resolving the conflict in Ukraine, in particular for the work of the *Special Representative* of the OSCE Chairperson-in-Office in Ukraine and in the Trilateral Contact Group, the *Special Monitoring Mission to Ukraine* (SMM), the *Observer Mission at the Russian Check-*

points Gukovo and Donetsk (OM) and the *OSCE Project Co-ordinator in Ukraine* (PCU). The German Chairmanship will also support the ODIHR and the High Commissioner on National Minorities' work in Ukraine. Germany will augment the OSCE's efforts in Ukraine by providing voluntary financial and staff contributions. There will be a focus on seconding personnel to the SMM. Germany will also support the ODIHR and PCU's National Dialogue projects, as well as activities aimed at clearing territories in the East of Ukraine from Explosive Remnants of War.

In addition, Germany will step up its activities to resolve other *protracted conflicts* in the OSCE area.

To this end, the OSCE Chairmanship will actively support the OSCE's current negotiating formats and mechanisms for the conflicts on Nagorno-Karabakh (*the Minsk Process*) and Transdniestria (*5+2 Talks*) and foster the *Geneva International Discussions* on the conflict in Georgia. The German Chairmanship plans to back up the work of these formats by promoting specific *confidence-building measures* and events, such as continuing the series of annual informal conferences on Transdniestria in Germany. The *Special Representatives* of the OSCE Chairperson-in-Office for the Southern Caucasus and the Transdniestrian Settlement Process will play a key role in this.

2. Strengthening the OSCE's capacities over the entire conflict cycle

The OSCE has proved in Ukraine that it can react rapidly to critical developments. At the same time, the crisis has revealed the urgent need to strengthen the OSCE's *capacities over the entire conflict cycle*.

Germany will continue the efforts made to date to strengthen the OSCE in all phases of the *conflict cycle* (early warning, conflict prevention, crisis management and post-conflict rehabilitation). To this end, the German Chairmanship will launch a *structured dialogue process* on a series of key topics, including early warning and early action, strengthening the OSCE's operational capacities, dialogue facilitation and mediation, reconciliation processes and the further development of confidence- and security-building measures (particularly the Vienna Document), also with regard to their role in the conflict cycle.

In line with the OSCE Action Plan for the Promotion of Gender Equality, there will be a particular focus on women's participation in conflict prevention, crisis management and post-conflict rehabilitation, with the aim of implementing UN Security Council Resolution 1325.

Germany plans to concentrate on cooperation between the OSCE and other regional and international stakeholders.

The German Chairmanship will also endeavor to make progress on the issue of the OSCE acquiring a *legal personality* under international law.

3. Using the OSCE as a platform for dialogue

It must also be possible in the future to *designate the violation of OSCE principles and commitments* by participating States *clearly as such* within the OSCE framework. At the same time, the OSCE provides a *forum*, particularly at times of crisis, for maintaining channels of communication and safeguarding *dialogue*. This is why the German Chairmanship will also concentrate on topics with the potential to *bridge differences* and foster renewed *dialogue*, *trust* and *security* in Europe in the long term.

1. Dialogue on pan-European security issues

Since the Ministerial Council in Dublin in 2012, the OSCE participating States have conducted their dialogue on pan-European security in the „Helsinki+40 Process", which ended in 2015. However, the issues discussed in this process remain as relevant and topical as ever, both for the OSCE's operational ability to act and for the foundations of common security in Europe.

Wherever possible, the German Chairmanship plans to readdress these issues in informal dialogue processes. Germany aims to promote initial steps towards renewed substantive discussions on fundamental issues of European security, particularly at events in 2016 with a focus on the politico-military dimension. Recommendations by the Panel of Eminent Persons on European Security as a Common Project can also be included in these various discussions and processes.

2. Confidence- and security-building measures (CSBM) and arms control

Confidence- and security-building measures (CSBM) and conventional arms control are core tasks of the first dimension and vital components of military security. They have always been the key topics of the CSCE process and the OSCE. Because of their crucial importance to European security, it is particularly important to continue the dialogue among OSCE participating States, especially the dialogue on the Vienna Document and the CFE Treaty. 7 Germany will work closely in this field with the States chairing the OSCE Forum for Security Co-operation (FSC) in 2016 (the Netherlands, Poland and Portugal).

In 2016, Germany will continue – and if possible intensify – the talks on *revising and updating the Vienna Document*. During its OSCE Chairmanship, Germany wants to help prevent or overcome situations of escalation, to foster the use of confidence- and security-building measures, and to rebuild trust in the long term. To this end, Germany plans to put forward its own ideas on modernization, particularly with a view to enhancing the Vienna Document's capacities, ability to withstand crises, provisions on transparency and verification mechanisms. A series of events on substantial advancements und implementation issues is planned.

In February 2016, a *High-Level Military Doctrine Seminar* will take place under the terms of the Vienna Document. This event will give military and civilian decision-makers from the entire OSCE area an opportunity to discuss strategic issues of military direction. Germany serves as co-coordinator. In addition to this seminar, it will raise public awareness and foster a broader security dialogue and the further development of CSBM during 2016.

Germany also plans to continue promoting the further *modernization of the Treaty on Open Skies* and its cooperative implementation. In this context, Germany will procure its own *national observation aircraft*. In addition, a *CFE Treaty review conference* is scheduled to take place in autumn 2016. We should make use of this opportunity to strengthen dialogue on the future of conventional arms control.

The German OSCE Chairmanship will also support the OSCE's ongoing activities in the field of small arms and light weapons (SALW). Finally, a high-level outreach event on parliamentary control of the armed forces is scheduled to take place in Berlin within the framework of the *OSCE Code of Conduct on Politico-Military Aspects of Security*.

3. Addressing common threats

There is intense cooperation within the OSCE among the participating States as regards addressing *common threats and challenges*, e.g. in the fields of *international terrorism*, *radicalization*, *organized crime*, the *illicit drug trade*, *cyber risks* and *human trafficking*. In particular, the threat posed by international terrorism has now reached a new dimension, which affects all OSCE participating States.

The German Chairmanship will make targeted use of the OSCE formats in 2016 in order to find joint answers to these threats through greater cooperation, while fostering *cooperation* and *trust* in the OSCE area through this dialogue.

To achieve this aim, the German Chairmanship will hold several conferences in Berlin in 2016, including a conference on *cyber security* in January, an event on border-management issues in April and the OSCE's annual *counter-terrorism conference* in May/June. The schedule of events will also include the OSCE Annual Police Experts Meeting and, in October 2016, the annual conference on combating the threat of illicit drugs in Vienna. In addition, the German Chairmanship will support various training measures for international security authorities, e.g. at the OSCE Border Management Staff College in Dushanbe.

The conference with the *OSCE Mediterranean Partners*, which took place in Jordan under German chairmanship of the Mediterranean contact group on 20-21 October 2015, lent new impetus to the cooperation between the OSCE and its Partner countries on *radicalization*, *terrorism*, *migration* and *inter- and intra-faith dialogue*. This should be followed up in 2016.

4. Promoting sustainable connectivity and good governance in the OSCE area

Germany wants to *strengthen* the OSCE's *economic* and *environmental dimension* under the heading of „*sustainable connectivity*". The German Chairmanship wants to create impetus for greater economic exchange in the OSCE area and to further the removal of barriers to cross-border cooperation on business and the environment.

In view of the different economic order and integration systems in the OSCE area, the OSCE provides a useful platform for dialogue on common interests and better economic and environmental conditions. This includes topics such as the key sectors in transport infrastructure, investment conditions, customs cooperation, access to the labor market, regulation and administration or sharing experiences with environmental protection.

In holding a *business conference with companies and trade associations from the OSCE area* linked to the annual series of events of the OSCE Economic and Environmental Forum, Germany's main aim is to make use of the business sector's ideas and suggestions in the OSCE's work.

Good governance is a prerequisite for long-term sustainable connectivity and closer economic exchange. Germany will therefore highlight aspects of good governance *in the OSCE Economic and Environmental Forum*. The key issues here are the fight against corruption, better investment conditions and challenges in environmental governance and labor migration.

5. Focusing on the human dimension

The German Chairmanship will devote particular attention to the OSCE's human dimension, that is, to the field of human rights and fundamental freedoms. Adherence to and implementation of human dimension commitments is of vital importance to sustainable security and stability in the OSCE area.

Current deficits must be clearly stated within the OSCE. A devaluation – let alone a lowering – of these commitments must not be allowed. *Better implementation* of the commitments remains a necessity in all OSCE participating States. Germany will work closely on these issues with the OSCE institutions, the Office for Democratic Institutions and Human Rights (ODIHR), the High Commissioner on National Minorities (HCNM) and the Representative on Freedom of the Media (RFoM), thus visibly strengthening them. In the human dimension, Germany will put a strong emphasis on actively including civil society and address its concerns.

The German Chairmanship will concentrate in particular on topics closely linked to the current crisis in the European security order. With regard to freedom of expression and the media, the focus will be on the role of the *media and journalists* in times of crisis. A further focus will be put on the situation of *minorities* in times of crisis, their positive contribution to social integration and their potential to build bridges in international relations.

Germany will *highlight tolerance and non-discrimination* in 2016. The German Chairmanship will hold a conference on these issues in Berlin and continue the long-standing practice of appointing representatives on combating intolerance and discrimination. This field is of particular importance for States and societies in the OSCE area, especially with regard to the medium and long-term challenges of current developments concerning refugees and migration.

Germany will continue to focus in particular on *combating anti-Semitism*. Among other events, the Chairmanship is planning a meeting of Special Representatives on Combating Anti-Semitism from the OSCE States, with the aim of discussing effective strategies for combating anti-Semitism and sharing experiences. Combating intolerance and discrimination against Roma and Sinti is also a key issue for the German Chairmanship.

The Chairmanship is committed to *strengthening the position of women* and addressing the topic of gender as a cross-cutting issue. The Special Representative of the OSCE Chairperson-in-Office on Gender Issues and the OSCE Secretariat's Gender Section will play an important role in this work.

The German Chairmanship will also focus on the *rule of law*. Activities will include an event on responsibility and accountability in the judiciary.

6. Strengthening exchange between societies and the public

In order to counteract the risk of further alienation and a lack of communication between societies in Europe, we need to strengthen *transnational exchange between societies* and to actively involve *civil society*. This is why the

German Chairmanship will maintain close contact with stakeholders from civil society on all areas of the OSCE agenda, with a focus on fostering youth exchange and young people's political participation.

Germany aims to make both the Chairmanship agenda and the OSCE's work and topics accessible to the public in a wide range of ways by *working* closely *with foundations and academia* and holding cultural side events in 2016. The *OSCE Secretary General* is planning an *OSCE Security Days event in Berlin in June 2016* in cooperation with the Friedrich-Ebert-Stiftung and the Konrad-Adenauer-Stiftung. The German Chairmanship will support and promote this event. The OSCE Network of Think Tanks and Academic Institutions and the Hamburg-based Centre for OSCE Research (CORE) will provide academic support to the German Chairmanship.

The German Chairmanship will also build on initiatives by Switzerland and Serbia to involve young people. In order to strengthen young people's voice in the OSCE, three *Special Representatives on Youth and Security* from the Troika countries of Serbia, Germany and Austria will be appointed. In addition, Germany will support two *European Youth Parliament forums* and hold a two-part *Young Leaders Conference* for young decision-makers from politics, business and civil society in cooperation with private foundations. *A closing event with young people from all over the OSCE area* will be held towards the end of the German Chairmanship. Ideally, this will include members of the OSCE Parliamentary Assembly.

Verzeichnis der Autoren

Erich Csitkovits

Generalleutnant Mag. Erich Csitkovits ist seit 2011 Kommandant der *österreichischen Landesverteidigungsakademie* und Projektverantwortlicher des Strategischen Führungslehrgangs. Von 2002 bis 2004 war er Leiter der Stabsabteilung im Kabinett des Bundesministers für Landesverteidigung und Sport, sowie von 2004 bis 2011 Stabschef des Bundesministers.

Egbert Jahn

Prof. em. Dr. phil. Egbert Jahn, geb. 1941, Lehrstuhl für Politische Wissenschaft und Zeitgeschichte an der *Universität Mannheim*, ehem. Leiter des Forschungsschwerpunkts Konflikt- und Kooperationsstrukturen am MZES. Zuvor Professor für Politikwissenschaft und Politische Soziologie in Frankfurt am Main, Gastprofessor an der *Universität Kopenhagen*, der *University of California*, Irvine und der *Universität Vilnius*. Autor zahlreicher Arbeiten über sowjetische Gesellschafts- und Außenpolitik, die Ost-West-Beziehungen und über Nationalismus und die Nationalstaatsbildung im spät- und postkommunistischen Europa. Zur Zeit Lehrbeauftragter an der *Universität Frankfurt*.

Gerhard Jandl

Dr. Gerhard Jandl, geboren 1962; Doktorat Rechtswissenschaften (*Universität Wien*), Diplom Volkswirtschaftslehre (*Universität Graz*); seit 1986 im Diplomatischen Dienst, Verwendungen an den Botschaften Kairo, Tunis und der UNO-Vertretung New York (österreichischer Delegierter zum Sicherheitsrat 1991-1992); Leiter des Balkanreferats im Außenamt; österreichischer Botschafter in Sarajewo (2000-2005) und in Belgrad (2005-2008); nunmehr der Sicherheitspolitische Direktor des Außenamtes.

Ulrich Kühn

Dr. Ulrich Kühn studierte Geschichte an der *Rheinischen-Friedrich-Wilhelms-Universität Bonn*. Von 2007 bis 2008 arbeitete er als wissenschaftlicher Mitarbeiter der *Waitangi Tribunal Unit* des neuseeländischen Justizministeriums. 2008-2009 absolvierte er den postgradualen Masterstudiengang *Master of Peace and Security Policy Studies* am IFSH. Von 2010 bis 2011 arbeitete er als externer Berater für nukleare Rüstungskontrolle des Grundsatzreferats Abrüstung, Rüstungskontrolle und Nichtverbreitung (Ref. OR-09) beim *Auswärtigen Amt* in Berlin. 2011 wurde er als *United Nations Fellow on Disarmament* ausgezeichnet. 2015 promovierte er zum Thema des Regimeverfalls kooperativer Rüstungskontrolle in Europa. Seit 2013 leitet er die Arbeit der trilateralen deutsch-russisch-amerikanischen Expertenkommission zu *Deep Nuclear Cuts*. Derzeit ist Dr. Ulrich Kühn Associate und Stanton Nuclear Security Fellow am *Carnegie Endowment for International Peace* in Washington und Fellow des *Instituts für Friedensforschung und Sicherheitspolitik an der Universität Hamburg*.

Rudolf A. Mark

Prof. Dr. Rudolf A. Mark: Geboren 1951 in Bad Mergentheim/Baden-Württemberg. Studium: Slawische Sprachen, Soziologie und Wirtschaft in Germersheim, Osteuropäische Geschichte, Slawistik und Ethnologie in Mainz, Sarajevo und Simferopol. Nach der Promotion in Mainz wissenschaftlicher Mitarbeiter der Hessischen Landeszentrale für politische Bildung, des Johann-Gottfried-Herder-Instituts in Marburg und Lehrbeauftragter an der *Universität Mainz*. 1989 Gastdozent an der *Harvard University* in Cambridge, Massachusetts, 1993-2004 wissenschaftlicher Mitarbeiter an der Ost-Akademie in Lüneburg und Lehrbeauftragter an der *Helmut-Schmidt-Universität* und der *Universität Lüneburg*. 1994 und 1995 Mitglied der KSZE/OSZE-Missionen in Moldova und der Ukraine. Seit 1996 Gutachter des Europarat für Nationalitätenangelegenheiten in Russland und den GUS-Staaten. 2006 bis 2011 Vertretungsprofessur für Internationale Beziehungen und Dozent für Osteuropäische Geschichte an der *Helmut-Schmidt-Universität/Universität der Bundeswehr Hamburg* 2011 und 2012 Forschungsmitarbeiter am *University College Dublin* und am *Nordost-Institut* in Lüneburg. Seit 2013 Vertretungsprofessor für Geschichte Mittel- und Osteuropas an der *Helmut-Schmidt-Universität/Universität der Bundeswehr Hamburg*; 2016 Ernennung zum Professor.

August Pradetto

Prof. Dr. August Pradetto war bis zu seiner Emeritierung (2014) Professor für Internationale Politik an der *Helmut-Schmidt-Universität/Universität der Bundeswehr Hamburg* und forscht insbesondere über die Außen- und Sicherheitspolitik osteuropäischer Staaten. Aktuelle Schwerpunkte sind die Außenpolitik und die regionale Sicherheit in Ost- und Südeuropa, die NATO-Osterweiterung, die Entwicklung Zentralasiens sowie die deutsche Sicherheitspolitik und die Auslandseinsätze der Bundeswehr.

Michael Staack

Prof. Dr. Michael Staack ist Professor für Politikwissenschaft, insbesondere Theorie und Empirie der Internationalen Beziehungen, an der *Helmut-Schmidt-Universität/Universität der Bundeswehr Hamburg*. Er war als Gastprofessor u.a. an der *Peking Universität*, der *Beijing Foreign Affairs University* und der *China Foreign Affairs University* tätig und ist seit 2006 Präses des *Wissenschaftlichen Forum Internationale Sicherheit* (WIFIS) an der Führungsakademie der Bundeswehr. Seine aktuellen Forschungsschwerpunkte sind die deutsche Außenpolitik, europäische Sicherheit, Kooperation und Konflikt in Ostasien sowie die Theorie und Praxis der *Responsibility to Protect*.

Klaus Wittmann

Brigadegeneral a.D. Dr. Klaus Wittmann, geboren 1946 in Lübeck, trat im Oktober 2008 nach 42 Jahren Bundeswehrdienst in den Ruhestand. Seine Laufbahn beinhaltete Truppenkommandos (Bataillons- und Brigadekommandeur), akademische Abschnitte (Geschichts- und Politikstudium mit Promotion zum Dr. phil. und Forschungsaufenthalt am *International Institute for Strategic Studies* in London), militärpolitische Arbeit im BMVg und im

NATO-Hauptquartier sowie höhere Offizierausbildung national (Direktor Lehre an der *Führungsakademie der Bundeswehr*) und international (Director Academic Planning and Policy am *NATO Defense College*, Rom). Zahlreiche Veröffentlichungen zur Geschichte sowie zur Außen- und Sicherheitspolitik. Klaus Wittmann ist Senior Fellow beim *Aspen Institute Deutschland* und hat einen Lehrauftrag für Zeitgeschichte an der *Universität Potsdam*.